Robert Mederer

Rache für 1866

Motorrad
Märchen

Die Deutsche Bibliothek – CIP-Einheitsaufnahme

Mederer, Robert:
Rache für 1866! Motorrad-Märchen
Roigheim: Bernhard Götz Verlag 2006
ISBN 3-9802242-4-4

Buchgestaltung und Lektorat: Hans Dölzer
Zweites Lektorat: Birgit Hoss
Abbildungen:
Robert Mederer, Gaby Gohlke (S. 293), Hans Dölzer (Rücktitel)
Herstellung: Strube OHG, 34587 Felsberg

Bernhard Götz Verlag
Ahornweg 4
74255 Roigheim
Fon 06298 / 928884
Fax 06298 / 928981
E-Mail: info@motorrad-gespanne.de
Internet: http://www.motorrad-gespanne.de

ISBN 3-9802242-4-4
€ 14,80

Zum Buch

In Deutschland existiert eine zweistellige Zahl an professionellen Motorrad-Zeitschriften. Umso erstaunlicher ist es, daß sich seit bereits über 30 Jahren eine nichtkommerzielle Zeitschrift hält, die ehrenamtlich erstellt wird, vierteljährlich erscheint und nahezu weltweit gelesen wird: STRESS PRESS International, *kurz „SPI". Noch erstaunlicher, daß dies – ausgerechnet in Deutschland! – ohne Verein oder Club funktioniert, ohne Präsidenten, Schriftführer oder Koordinator. Die Redakteure sind die Leser und die Leser die Redakteure. Zensur findet nicht statt, auch das ist erstaunlich, weil in der kommerziellen Landschaft unüblich.*

Seit Mitte der 80er Jahre begann jemand regelmäßig zu schreiben, dessen Geschichten den Lesern Lachfalten ins Zwerchfell trieben. Gezeichnet waren die Beiträge mit „Mederers Vadder".

Schnell war klar, daß der Autor Franke ist (und darauf Wert legt), seine Lieblings-Motorradmarke jedoch aus Sachsen stammt. Robert Mederer, so der Klarname, schöpft aus einem reichen Fundus jahrzehntelanger Motorraderfahrung sowie einem enormen Faß an Kakao, durch den er jedes und jeden zieht, sich selbst nicht ausgenommen.

Ein kleiner Verlag aus Baden-Württemberg, spezialisiert auf Motorradliteratur und personell verquickt mit sowie geschädigt von STRESS PRESS International, *entschloß sich, Mederers* xammelte Gschichten *in Buchform zu veröffentlichen.*

Und hier sind sie nun, wahllos unterteilt in Kapitel und versehen mit dem Hinweis: Für Risiken und Nebelwirkungen wird nicht verhaftet; es wird empfohlen, die Gschichten *komplett, aber häppchenweise zu genießen.*

Hans Hohmann,
im September 2006

Unterwegs

Zieht es den Franken in die Karawanken?
Nein, er fühlt sich wohl doch eher in Tirol.

Wer nach alpinen Kurven giert, kann beruhigt den einen oder anderen Tourentip befolgen, wenn auch nicht unbedingt Mederers meist unfreiwillige Seitensprünge ins Gelände. Weder Autor noch Verlag übernehmen Rechtshaftung für fehlende Reifenhaftung.

Spritztour mit Folgen

Mich hatte es wieder einmal in die Alpen gezogen, Pässe rauf und runter, einsame Gebirgssträßchen, bei denen die Gräben so tief sind, daß bei einem Flug über die (meist gar nicht vorhandenen) Leitplanken der Krankenschein schon ungültig ist, bevor du unten ankommst. Da brauchst' ihn eh' nimmer. Vom TÜV-Stempel nicht zu reden, der ist sowieso immer überzogen. Aber auch angenehme Überraschungen gibt's dort, in den allereinsamsten Almhütten kriegst' plötzlich eine fast neue alte MZ geschenkt, wie's im Leben eben so spielt.

Doch bald zog's mich mit Macht wieder heimwärts zur zweitbesten aller Ehefrauen (die beste hat angeblich mein weltweit unbekannter Kollege Ephraim Kishon), und ab Felbertauern-Nord war allerhöchste Luftfeuchtigkeit. Nicht daß es regnete, nein, Petrus ließ der Einfachheit halber die Wolken komplett runterfallen.

Nun ist ja so ein Tunnel eine geräumige Umkleidekabine, in der ich hupfender-, dehnender- und streckenderweise in meiner Regenkombi verschwand. Wie in einem rückwärtslaufenden Film, in dem ein Schmetterling wieder in seine Raupenhaut schlüpft. So gerüstet, trotzte ich wie ein germanischer Recke den Unwettern durch Tirol und Oberbayern.

Doch irgendwann ist alles vorbei, und im geliebten Frankenland schien vom blauen Himmel die Sonne mit voller Heizleistung. Petrus weiß schon, wer was verdient! Kombi wieder runter? I wo, und das war wieder einmal einer von meinen unzähligen weisen Entschlüssen, wie der geneigte Leser gleich sehen wird. Denn kurz vor der Ausfahrt Feucht – nomen est omen – erwischte mich auf der Überholspur, neben einem Kastenwagen fahrend, ein fürcherlicher Schwall grüner Brühe.

Blick aus dem Augenwinkel zum Laster: Aha, Viehtransporter, aus dem sich eine verängstigte Schlachtkuh erleichterte! Ihr wahrscheinlich letzter G(r)uß galt mir, haargenau getimt. Und so lauwarm hat mich das letzte Mal meine Hebamme gewässert. (An einem 31. März, merkt's euch!)

Regenkombi und Visier verhinderten das Schlimmste, aber ich sah von nun an die Landschaft nur mehr in einem leichten Grünstich, außerdem roch ich etwas streng, und Fahrer und Kawa faßten sich leicht pappig an. Weder Lachen noch Weinen waren angeraten, zu beidem hätte ich ja tief Luft holen müssen.

Also volle Pulle bis heim und praktischerweise mit allen Klamotten unter die Dusche. Unglücklicherweise bemerkte die zweitbeste aller Ehefrauen nicht gleich, daß ich unser trautes Heim wieder betreten hatte und wurde erst unruhig, als sie die Dusche rauschen hörte.

Der Anblick, der sich ihr nach Öffnen der Badtüre bot, hätte gewiß auch nervenstärkere Naturen umgehauen: Hinterm Vorhang bewegte sich etwas Rotblaues, das sich nach vorsichtigem Hinsehen als ihr langjährig Angetrauter erwies. Einfach Wahnsinn, wieso schrubbt er sich die Wampe, die in der Kombi steckt? Und zweifach Wahnsinn, wenn sich ein Glatzkopf die Rübe mit Shampoo bearbeitet und dabei den Helm draufhat.

Ihr ganzes Gesicht war zuerst ein Frage-, dann ein Ausrufezeichen: „Jetzt spinnt der Alte endgültig!" Verständlich, und meine undeutlich aus dem Schaum herausblubbernden Worte verstärkten diese Überzeugung: „Kuh auf der Autobahn überholt, schifft! Nein, keine Gummikuh, 'ne echte: Außen Leder, vorne Horn, hinten schifft, quer über Überholspur."

„Also von Kuh auf der Autobahn überholt, wie, wo, was?" – „Na ja, die fuhr Auto, schifft, und ich naß."

Wahrscheinlich reimte sich meine Süße zusammen, daß eine Kuh mit Gummihorn sowie einem Schiff auf dem Auto mich mit der Überholspur vollgespritzt habe. Daß ich dabei auch noch narrisch lachte, war für sie endgültig das Signal zum Handeln. Denn als ich aus dem Bad kam, hing sie am Hörer, tuschelnd und nuschelnd, und als sie mich bemerkte, war das Gespräch plötzlich beendet. Nun konnte ich endlich alles in Ruhe und der Reihe nach erzählen, und Frage-, Ausrufe- und sonstige Zeichen verschwanden aus ihrem Gesicht. Auch war sie sichtlich erleichtert, daß ich mich um mein Kawalein kümmern wollte und nach draußen verschwand.

Daß sie sofort wieder zum Telefon griff, bemerkte ich nur ganz am Rande; und einem weißen Kleinbus, der in unserer Straße wendete und langsam an mir vorbeifuhr, schenkte ich nur wenig Beachtung. Allein die Beschriftung blieb mir im Gedächtnis: „Städtische Krankenanstalten Nürnberg, psychiatrische Abteilung." Und der Beifahrer hing am Telefon. Nein, ich will nicht wissen, mit wem meine Olle telefoniert hat, ich will's nicht wissen!

Es wär ja so peinlich gewesen, hätten mich die Männchen in den weißen Turnschuhen ins Hotel zur vergitterten Aussicht geschleppt, wo doch in der Nachbarschaft so viel getratscht wird! Und der Seelenklempner-Chef wäre bei der Geschichte von der Lederkuh mit der Gummispur auf dem Überholschiff überzeugt gewesen, daß von meinem Hirn ein paar Auswuchtgewichte davongeflogen sind. Der hätte mir glatt eine Verlängerungswoche in seinem Hotel verschrieben. Aber die sitz' ich lieber im Hilton Pattaya ab, selbst wenn die Kasse nicht die Übernachtung zahlt, sondern nur die eventuellen Folgen. Aber auch dagegen ist der Biker gefeit, hat er doch stets sein Flickzeug bei sich. (Setzer, in diesem Satz brauchst du ein **L**!)

Jetzt, nach Jahren, da ich diese Geschichte im Bett liegend niederschreibe, holt mich die Erinnerung an das arme Kuhviech wieder ein: Ich rieche deutlich Milchprodukte; Quark und Käse vielleicht? Irrtum, Robert, sag ich mir, ziehe die Bettdecke übers Gesicht und beschließe zu schlafen. Und im Traum erscheinen mir die nettesten Mädels (wir haben nur solche) vom Stammtisch und flüstern mir zu: „Mederers Vadder, du riechst Zehenkäs', deine Nase steckt in der allgäuer Seite von deiner Bettdecke!" – „Macht nix, Mädels", grantle ich zurück, „die Geschichte erscheint ohnedies in einem Käseblatt!"

Links 3-plus in der Sofaecke

Heut bin ich mal wieder auf meiner Lieblingsstrekke unterwegs (wo, wird nicht verraten), wie so oft, wenn ich in dieser Gegend Urlaub mache. „A Wahnsinn, sechzig Kilometer Geisterbahn!" charakterisierte sie treffend einer meiner besten Spezis.

Nun, auf dieser Geisterbahn hatte ich schon vor Jahren (damals mit dem Wagen) meine weiblichen Familienmitglieder das Gruseln gelehrt – wegen meines flotten Fahrstils hatten beide schlichtweg ihr Frühstück zum Fenster hinausgereihert. Was natürlich – im Gegensatz zum Hosenschiß – das Leistungsgewicht positiv beeinflußt. Und nach derartiger Erleichterung waren die Kurvengeschwindigkeiten eh' Wurst, hing diese doch samt restlichem Frühstück und Kaffee in den Leitplanken. Sohnemann aber hat darüber gejauchzt und mich noch angefeuert, sowas verbindet uns Männer – und trennt uns vom ängstlichen Weibervolk.

Aber ich schweife gedanklich von meiner Fahrerei ab und werde dafür auch gleich bestraft. An mein linkes Ohr dringen Viertakttöne, und ein Jüngelchen auf etwas Grünem schiebt sich an mir vorbei. KLR 250! In mir wird's hektisch. Runterschalten, ihm nach, das Nummernschild weist ihn als Eingeborenen aus, er kennt sich also hier aus.

Der glaubt wohl, mit mir ein leichtes Spiel zu haben, nur weil ich ein N auf dem Nummerntafel hab'? Dabei bin ich hier schon durchgedüst (siehe oben), da hat ihn sein Vater noch geschaukelt – auf dem Arm, wo sonst? Vor der nächsten Kurve hängt er auch noch sein inneres Haxerl raus, aha, ein Mitglied der Kniescheibenschleiferinnung. Als Vertreter des Schorsch-Meier-Stils werd' ich dem Milchgesicht jetzt mal zeigen, was bei uns Franken die Butter kostet. Normal bin ich ja gegen jede Jägerei, aber mein heiliger Zorn gebietet mir, dem Japsentreiber eine Lektion zu erteilen. Sportlich, fair und mit der Erfahrung meiner 40jährigen Motorradpraxis werd' ich den doch schon im Vorwaschgang zu einem Häufchen Elend niedermachen!

So komm ich Meter um Meter an ihn ran, er merkt's natürlich, vielleicht mach ich ihn zunächst etwas nervös? Nach ein paar weiteren Kurven (die Geisterbahn besteht nur aus solchen!) häng' ich dicht hinter ihm, immer wackliger kurvt er rum, jetzt verschaltet er sich, und ich bin vorbei. Wenn nur meine verdammt elendigen Bremsen das tun würden, wozu sie da sind! Die nächste Serpentine kommt viel zu schnell ran, und der Graben daneben ist locker 50 Meter tief. Sankt Radius, Beschützer der Kurvenwetzer, halt deinen Daumen zwischen mein Knie und die Leitplanke! Geschafft, der Schweißausbruch ebbt ab, Blick in den Spiegel: Ein paar Meter Distanz gewonnen!

Die Bauern auf ihren Wiesen grüßen mit ihrem Rechen, freundliche Leute, ein Hund salutiert verschreckt mit angelegten Ohren und eingeklemmter Rute, ich grüße ebenso zurück, denn Helm und Kombi sind eng.

Doch es heißt wachsam zu sein, der Feind hängt am Zipfel meiner Zweitaktfahne, ja, mir scheint, er rückt näher. Die Rettung ist Trick 17 (nicht anwendbar auf Autobahnen): Die reichliche Hinterlassenschaft glücklicher Kühe! Voll durch, und er wirkt! Er haut's Visier zu, zu spät natürlich! Ich lach mich tot, so geht's, wenn man mit dem Chef der Geisterbahn anbandelt, und ein paar Meter Vorsprung gibt's außerdem.

Mit vollem Speed nähern wir uns dem Sahnestückchen der Bahn, rechts, links, links, nun ein im Weg stehendes Bauernhaus, wenn du dort nicht aufpaßt, zischst du durch's Küchenfenster direkt auf die Pfanne auf'm Herd, verwandelst blitzschnell die dort bruzzelnden Spiegel- in Rühreier (Metzeler Block empfehlenswert), baust ein Wheelie übers Sofa, und die 14 im Herrgottswinkel versammelten Nothelfer fordern Verstärkung von den himmlischen Heerscharen. Nur der für den Motorsport verantwortliche St. Christophorus hebt mißbilligend die Augenbraue, wenn du nicht auf der Ideallinie durch den Hühnerstall zurück auf die Straße findest. („Links 3-plus!" hör ich im Geist den Geistdörfer dem Röhrl ins Ohr schrein.)

Aber ich verkneif mir die Abkürzung und kurve brav um die Hütte herum, im Schlepptau die Kombination Japan-Tirol. Ein paar Hühner wechseln im letzen Moment verschreckt die Straßenseite, klinken im Notabwurf ihre Eier über'm Graben aus, und der Hahn nimmt verstört hinterm Misthaufen Deckung. Für seine zu erwartende Impotenz in den kommenden Wochen hat er jedenfalls eine passable Ausrede. Überhaupt scheinen die Viecherl heut die einzig vernünftigen Menschen auf der Straße zu sein.

Im Tal der Mühlen (Lesachtal)

Der Tirolerbua hinter mir gibt nicht auf, kommt näher, also: Robert, greif in die Trick-Kiste! Vor der nächsten Kehre tipp ich viel zu früh auf die Bremse, das Stopplicht irritiert meinen Gegner, und er steigt voll in die Eisen – wieder ein paar geschenkte Meter. Allmählich wird's ein Duell zwischen jugendlichem Leichtsinn und sportlich-reifem Fahrstil,

Vier- gegen Zweitakt, Franken gegen Tirol, Asien gegen Europa. Vielleicht beginnt hier und heut eine Weltrevolution, und kein Schwein außer mir bemerkt's!

Um's nächste Dorf führt eine Umgehungsstraße, da kann's für mich brenzlig werden, doch: Halleluja, er biegt ab in den Ort, er gibt auf! Vielleicht wohnt er auch da, und er wird sich deprimiert ins Klo einschließen (oder was man hierzulande hat) und eine Stunde in die Schüssel flennen. So kommt das Kaff ungewollt zu seiner ersten Wasserspülung. (Als freiberuflicher Klempner sollte ich mal dort Prospekte und Angebote verteilen!)

Und nun wird mir klar: Ich hab gewonnen, hab einen Tiroler auf seiner Hausstrecke besiegt, *ich*, Robert Mederer, die fränkische Antwort auf Andreas Hofer! Der Berg ruft, ich jodle zurück, die Sonne, der Himmel und ich strahlen um die Wette, heut hab ich mir ein Denkmal verdient. Carrara-Marmor, bittschön, sollt's schon sein.

Doch was sieht mein freudenfeuchtes Auge ausgangs der Umgehungsstrecke? Eine KLR schießt aus der Dorfgasse und donnert gleich darauf einen Hangweg hoch, uneinholbar! Wahrscheinlich fährt der Saukopf jetzt auf die Alm und auf seine Zenzi! Den Dünnpfiff soll er kriegen!

Und das mit dem Denkmal? Der Marmor bleibt, wo er ist. Die Sonne brennt auf den Helm, die Berge versperren den Blick zur Adria, und die Bauern drohen mit Sense und Rechen! Eine unfreundliche Gegend, ein hinterfotzig' Volk! Morgen reise ich ab!

Der Vadder unterwegs

Uns Germanen zieht's ja immer südwärts. Klar, weil meist schönes Wetter ist jenseits der Alpen, herrliche Gegend, und wo ich immer rumkurve, sind die Garagenauffahrten der Einheimischen die längsten Geraden. Wenn ich nur daran denke – beim Schreiben häng' ich wie besoffen über die kurveninnere Armlehne meines Sessels.

Und so fallen mir wieder einige Geschichten ein, die ich den Millionen von Lesern nicht vorenthalten möchte. 1992 war's, da fanden meine MZ und ich instinktiv wieder mal die tollsten Alpensträßchen in Friaul. Und total *high* vom Fahren, vom Wetter und von der Landschaft, flitzte ich über eine Bergstrecke, die voll von Reifengummispuren war, und etliche Radierungen der unbekannten Meister endeten in total verbogenen Leitplanken. Aha – eine Rennstrecke, richtig für Vaddern! Aber Übermut tut selten gut, und in einer Serpentine hat's mich plötzlich fürchterlich gebeutelt, wir brauchten die ganze Straßenbreite (Gott sei Dank kein Verkehr weit und breit), um zum Stehen zu kommen. Uff!

Ich schüttete den Angstschweiß aus dem Helm, Blick zum Hinterrad: Platt! Sch...ade! Aber Glück im Unglück, denn wenn ich über die Leitplanken gestochen wär', hätten mich höchstens noch die Aasgeier aus dem Unterholz gezupft. Mir kam der Gedanke, daß Anfang und Ende meines Lebens von gleichen Defekt bestimmt worden wären: Loch im Gummi. Also eierte ich gaaanz vorsichtig mit dem Hintern auf dem Tank kilometerweit bergab, fragte im nächsten Kuhdorf (oder eher Schaf- und Ziegendorf) nach einer „Pompa", und ein Schulbub stöberte eine solche in Papas Fiat auf.

Den Hinterreifen pumpte ich damit steinhart auf und rollte dann weiter bergab in der Hoffnung auf eine Tankstelle unten im Tal. Tatsächlich gab's dort so etwas, und dem Herrn der Oktane und Kohlenwasserstoffe gab ich Anweisung: „Sei bar!" (ital.: *sei* = sechs.) Der rannte zu seiner Reifentabelle und meinte dann mit einem mitleidigen Blick auf mich: „Swei!" (dt. mit ital. Akzent: *swei* = zwei.) – „No, sei!" wiederholte ich, spitzte die Lippen und tönte: „Pfffft!" Er begriff nun und gab mir sechs Bar gegen tausend in bar, und zwar Lire. Gebirgsluft ist eben etwas teurer, außerdem war sie jetzt Exportgut.

An der nächsten Tanke bat ich wieder um „Sei, prego!" Doch die *sei bar* von vorhin waren immer noch drin, und Fahrer und Tankwart wunderten sich, jeder allerdings aus einem anderen Grund. So ging's noch ein paar Mal, und die sechs Atü hielten sich tapfer. So geht's, wenn man im richtigen Augenblick mit unternehmerischem Weitblick die Tausender in ein Luftgeschäft investiert.

Nun ging es den Plöckenpaß rauf und runter, schon wieder im alten Räuberstil. Rein zur Vorsicht wickelte ich mein Steißbeinnervenende um die Hinterachse – ihr wißt schon, was ich meine. So ganz traute ich nämlich den *sei* nicht.

Zu recht, denn am anderen Morgen waren diese zu Null entfleucht. Warte, du krummer Hund, du ärgerst mich nicht! Wofür gibt's Reifenpilot? Für 100 Alpendollars war eine Dose die meine. Zurück an der Karre, zwangsbeatmete ich den Hinterreifen mit dem Zeug, der wurde bockelhart. Dir hab' ich's aber gegeben! Jetzt mußte ich nur noch nach Gebrauchsanleitung „einige Kilometer in mäßiger Fahrt zurücklegen", und der Kittel wäre wieder geflickt.

Leider haben sich über Nacht Gummi- und Kupferwurm verbündet, und die geliebte, verdammte ETS („ewig treten und schieben") springt nicht an. Im Geist sehe ich das Loch im Schlauch oben und die Dichtmasse unten – das gibt eine Unwucht wie ein Erdbeben. Also schieben!

Heiß ist's. Die Karre mag um's Verrecken nicht, dabei muß ich dringendst pinkeln. So schiebe ich, vorsichtig um mich schauend, die Kiste hinter eine Plakatwand, bocke sie eiligst auf und beginne, auf einem Bein stehend und mit dem zweiten das Hinterrad in Schwung haltend, die hektische Suche nach der Schiffsarmatur. Ein Einheimischer entdeckt mich, ich verschütte vor Schreck die Hälfte (seitdem sind meine Schuhe nur als Sandalen zu gebrauchen), und ich erkläre ihm, daß er soeben den ersten erfolgreichen Probelauf meiner geheimen kombinierten und patentierten Windwasserhochdruckstrahlkaffeezweitaktmühle erleben durfte.

Er verschwand sprachlos. Doch dies hielt nicht lange an, denn mein Beobachter war der einzige Friseur am Ort, und wer weiß, was er seinen Kundinnen von meiner geheimnisvollen mächtigen Wasserkraft zwischen Dauerwellen und Glatzenföhnen alles erzählt hat?

Und mir widerfuhr Eigenartiges an meinem Urlaubsort. Manche Mannsleut' grüßten mich höhnisch mit erhobenem Bein (als Hundehalter steht man über so etwas); doch die Frauenzimmer bekamen glitzernde Augen, wenn sie mich erblickten, und eine hat sogar dabei ein klitzekleinwenig den Rocksaum gehoben, und mir wurde per Dorfklatsch zugetragen, sie sei eine reiche Müllerswitwe.

Doch ich bleib' meiner ETS treu, die irgendwann in mässiger Fahrt den Dichtungsrotz gleichmäßig im Hinterrad verteilte. Die zweite Dose Reifenpilot, die ich mir vorsorglich gekauft hatte, explodierte im Werkzeugfach und rotzte unter anderem die umliegenden Ortschaften mit der milchigen Brühe ziemlich voll. Seitdem fuhr ich mir keinen Platten mehr ein, ein Beweis, daß Reifenpilot auch äußerlich angewendet werden kann.

Hanuta-Racing-Team

Es ist weltweit unbekannt, wird von niemandem gesponsort, hat nie einen Sieg errungen, doch für die Mitglieder ist es das wichtigste Team im Diesseits. Es besteht aus zwei äußerst erfahrenen und wagemutigen Fahrern. Und einer davon bin ich.

Wahrscheinlich deswegen, weil er mich und meine 600er BMW vor 25 Jahren so gnadenlos abgeledert hat (mit einer 250er Yamaha!), läßt mein Freund mich immer vorausfahren. Daß er dabei das von der MZ ausströmende Aroma ein- und wieder ausatmen darf, macht ihn sozusagen zum Bio-Katalysator. Da er sowieso Camel und Reval raucht, ist er inzwischen giftimmun wie eine pensionierte Laborratte.

Unsere Weibsen, die besten von allen, lassen uns für unsere Streifzüge nur ungern ziehen. Verständlich, wer trennt sich selbst nur für Stunden von den besten Ehemännern aller Zeiten? Beim Abschied hängen sie an uns, als hätte uns der Pfarrer mit Sekundenkleber getraut. Doch der Mann muß hinaus ins feindliche Verkehrsleben, das uns mit der StVO, StVZO, Radarfallen, Laserpistolen und Flensburger Punkten vergällt wird.

Deswegen trauen wir uns nie so, wie wir könnten, weil wir immer so möchten, wie wir nicht dürfen und nicht wollen, daß wir sollen, und zwar Strafzettel zahlen. (Lieber Leser, bitte erkläre mir diesen Satz!)

Auf unseren Ausfahrten ergänzen wir uns perfekt: Ich kenne die Uhr, er ist bestens im Kopfrechnen (Zweitaktmischungsverhältnis), und die Landkarte halten wir beide für

Schnittmusterbogen aus Burdas Hausfrauenmagazin. So kommt es, daß wir meist zu spät mit qualmenden Moppeds im falschen Ort stehen und ratlos Gastarbeiter und Asylanten nach dem Weg fragen.

Penserjoch mit Vadder

„Gehist hiewoust her Koma seidz." Dies war nicht etwa die Antwort eines Türken, dessen Gebiß in den Straßengulli gefallen war, sondern eines Fans des FC Bayern, der an diesem Tag vom FC Nürnberg geschlagen worden war. Dies ist lange her und wird auch in nächster Zeit nicht wieder vorkommen.

Aber lustig ist's schon. Zur Belohnung genehmigen wir uns immer ein Hanuta. Zu Weihnachten und zum Geburtstag habe ich also jede Menge Hanutas (Hanutae? Hanutanten?) bekommen und dummerweise im Buffet gelagert. Jetzt bei Saisoneröffnung waren fast alle weg, Packung aufgerissen, Papierschnipsel und Brösel überall. Ich werd' eine Mausefalle bei meinen Hanuta-Vorräten aufstellen. Hör' ich dann nächstens einen Schrei, weiß ich, der Schädling ist gefangen, und ich bin vermutlich seit 35 Jahren mit dieser Knabbermaus verheiratet. Mal sehen, ob's klappt. Falle, Heftpflaster und Jod habe ich bereits besorgt.

Die 50 Prozent unseres Racing-Teams, die nicht mit Hanuta-Kleptomaninnen verheiratet sind, hören auf den Spitznamen „Käpt'n Blaubeer". Seit der letzten Saison bin ich bei ihm etwas im Ansehen gestiegen. Mir lief eine MZ (was sonst?) ETZ 250 A zu. Das A ist wichtig, es ist ein Militärfahrzeug der ehemaligen Nationalen Volksarmee. Seitdem nennt er mich respektvoll „Major", und wir haben pro Ausfahrt höchstens zweimal zu schrauben: Tankdeckel auf, Tankdeckel zu, direkt langweilig.

Auch Watt und Ohm müssen nicht mehr bekämpft werden, obwohl er eigentlich mein lebendiger Schutzbrief ist als gelernter Autoelektriker. Allein durch sein Handauflegen auf Klemme 15 sind sämtliche Kupferwürmer meiner ETS feige mit erhobenen Händen und Füßen aus dem Kabelbaum gekrochen und haben sich bedingungslos ergeben.

Auch die übrige Mechanik ist für Blaubeer ein Klacks. Virtuos wie einst Karajan dirigiert er sein Orchester aus Gabel-, Ring- und Steckschlüsseln. Vereint mit Schraubenziehern und sonstigem Graffl hat er einst sein *Opus 1* erschaffen: Er hat sich selbst ein eigenes Auto komponiert! Den Ausrutscher verzeihen wir, er ist geborener Zweiradfahrer.

Da sein Hausmeister bestimmt nicht dieses Büchlein liest, darf ich's ja verraten: Seine Yammi (RD 400) hat er in seiner Wohnung top-restauriert und zur Geisterstunde durchs Stiegenhaus auf die Straße transportiert. Aber er fährt halt immer noch die falsche Marke.

Letzten Sommer haben wir uns sogar zweimal in die Alpen gewagt, Großglockner, Penserjoch und so weiter. Das höchste der Gefühle war aber die Strecke Sarntal, dann westlich Richtung Kastelruth ins Villnößtal und übers Würzjoch. Da konnten wir die Wildsau rauslassen, wenig Verkehr, Berge und Kurven bis zum Schwindligwerden.

In Zwischenwasser haben wir einen Hanuta-Stopp eingelegt, dabei kräuselte Qualm von der hinteren Bremstrommel meiner MZ; ich hab' das sofort mit nassen Tüchern bekämpft. Es war aber nur das Konservierungswachs, denn die NVA-Emme war selbstverständlich neu (wer mich kennt, der weiß: Ich kauf' kein altes MZ-Gelumpe).

Beim Abkühlen meines edlen Renners fiel mir ein: Hätten wir echte Pferdestärken so geschunden wie bei der Kavallerie, dürften wir unsere schäumenden, zitternden und schwitzenden Gäule mit Stroh abreiben, wie es bei der Reiterei früher so üblich war. Blaubeer hätte über vierzig Pferdchen schrubben müssen, ich hätte ihm schon nach 18 zuschauen dürfen. Woraus der geneigte Leser schließen darf, daß Blaubeer mir maschinell haushoch überlegen ist.

Noch schlimmer: Ich weiß, er ist's mir auch im Fahrenkönnen, und das stinkt mir, weil's immer schon so war, seitdem wir 1970 erstmals unsere Klingen kreuzten. Er mit dem eleganten Florett namens DS 250, und dagegen war meine R 69 S ein schwerer Säbel, ein stumpfer noch dazu. Zwecks seelischen Wiederaufbaus bin ich manchmal auch alleine unterwegs über die übelsten Ackerwege, die NVA mag so was, Blaubeer weniger.

Da bin ich aber neulich fürchterlich in eine Schlaglochserie reingekracht, der MZ war's wurscht, aber ich hab' mir deswegen eine Gebärvatersenkung zugezogen. Mit meinen straffsten Sport-Hosenträgern, eingestellt auf härteste Zugstufe, brachte ich das Problem wieder in den Griff, und Blaubeer hat von meiner Schwarzfahrt nix mitgekriegt.

Ab und zu hab' ich aber schon meine Highlights. Kürzlich blieb er mit Spritmangel auf der Autobahn stehen, bisher unmöglich, weil KBB konsequent alle 200 Kilometer tankt. Ich hatte aber heimlich die MZ etwas entdrosseln lassen, und sie rannte erheblich schneller. KBB mit der Yammi hinterher, und da hat sie etwas mehr gesoffen.

Großmütig habe ich seine große RD aus dem Tank von meiner schwachen MZ zuzeln lassen. Es hat sozusagen die Kuh vom Kalb gesoffen. Darauf ein Hanuta! Wo er doch meine NVA immer abfällig als vollgefressenes Fahrrad beleidigt! Aber deswegen die Freundschaft kündigen? Niemals, wo wir jetzt Hanuta-süchtig geworden sind, und schließlich ist er Kfz-Elektriker.

Drum, Blaubeer, auf noch viele Kilometer in alter Freundschaft, selbst wenn wir irgendwann die Hanutas in die Milli eintunken und lutschen müssen, das versprech' ich dir – ins Roth-Händle!

Kilometer 50.000

Mit Käpt'n Blaubeer vom Hanuta-Racing-Team traf ich mich in seinem Urlaubsdomizil im bayerischen Wald. Eine ideale Gegend, um wieder mal etliche Kilometer gemeinsam zu touren. Meine gelbe ETS 300 eignet sich für diese Gegend hervorragend, zieht richtig von unten raus. Und an diesem Tag ging sie wie die Sau, was mich mißtrauisch hätte machen sollen, denn KBB gefiel das Motorengeräusch überhaupt nicht. „Die tut's immer so", beruhigte ich ihn – und vor allen Dingen mich.

Aber sie ging wirklich prächtig. Wir zogen etliche Kondensstreifen über Berge und Täler des Bayernwaldes. Unterbrochen nur von etlichen CHP-(Camel-, Hanuta-, Pinkel-) Stopps. Spätnachmittags trennten wir uns, ich düste Richtung Nürnberg, und gleich nach der nächsten Bergkuppe stak ich in einem Superwolkenbruch. Nix wie durch, irgendwo wird's schon wieder aufhören! Und die ETS rannte.

Auf der Autobahn Amberg-Nürnberg war's wieder trocken, nix wie heim, denn heut' spielt Deutschland gegen England wg. Europameisterschaft, vielleicht seh' ich davon noch was. Auf dem Kilometerzähler erscheint die Zahl 50.000. „Braves Tier!" lobe ich sie im Stillen. „Dich behalt' ich und verscheuere die NVA-ETZ. Mit ihren neumodischen 12 Volt und so."

50.001 erscheint, und durch die so Gelobte geht ein Ruck (Klemmer?), auskuppeln (Vadder hat immer den vorsichtigen Finger am Hebel), ausrollen lassen, einkuppeln – nanu? Nix geht mehr.

Am Standstreifen Helm und Jacke runter, Kerze raus. Ein komischer Belag ist da drauf, hm! Der Motor dreht aber noch durch, also nix Klemmer. Loch im Kolben? Tank runter, Zylinderkopf runter, nein, keine Sparbüchse, aber Einschlüsse von Fremdkörpern im Kolbenboden! Vadder weiß Bescheid.

Kurbelwelle hin- und hergedreht: Klacker-klacker, unteres Pleuellager im Arsch. Na ja, vielleicht könnt's bis heim noch reichen. Alles zusammengebaut, Karre angeschoben, hurra, sie läuft! So schieb' ich die Karre wieder rückwärts bis zu den Klamotten, ziehe mich an, setze mich drauf – der Motor steht. Erneut schiebe ich an. Nun gibt's mir einen mächtigen Riß in der linken Wade, es ist aus mit Kicken und Schieben.

Zum ersten Mal im Leben schiebhumpele ich zur nächsten Notrufsäule, natürlich bergauf. Und an mir ziehen trotz Winkens eine Harley, eine Gummikuh und nacheinander insgesamt sechs Bullenkutschen vorbei. Alle glotzen blöd, keiner denkt ans Helfen. Ich schicke ihnen meine Flüche hinterher und wünsche ihnen innigst ein kleines Rahmenbrüchlein und Kabelbaumsterben.

Ich lasse meinen Jammer ins gelbe Kästchen ab. Die Autobahnmeisterei verspricht, bei mir zu Hause anzurufen und Sohnemann mit dem Transporter zu schicken. Die naßgeschwitzten Klamotten runter, und dann habe ich viel Zeit. Ich teile meiner verdammten gelben Pest mit, daß ich sie morgen mit der Flex in Fetzen schneiden (und jedes Trum beim Wegschmeißen einzeln beweinen) und die NVA-ETZ behalten würde, jetzt reicht es mir nämlich! So geht's, wenn man sein Mopped lobt. Und obwohl der Prophet in einer Sure des Koran seinen Gläubigen verbietet, sein Kamel zu schlagen, verpasse ich ihm einen fürchterlichen Tritt . (Inzwischen wächst der neue Zehennagel ohne Komplikationen kräftig nach.)

Endlich, ich bin direkt elektrisiert, taucht Sohnemanns LKW (unverwechselbar) an der Bergkuppe auf: gerettet! Doch warum bremst er nicht? Er muß mich doch sehen! Ich rudere mit den Armen und brülle um mein Leben. Der DAF bremst auf der Standspur, und Tony, Juniors Fahrer, steigt aus. „Was tust du denn here?" Er sagt's in diesem drolligen Ami-Akzent. – „Ja, ham's dich denn nicht am Autotelefon erwischt, daß du mich aufklauben sollst?" – „No, ich liefere heute Oberpfalz aus. Komme zufällig here vorbei." Na ja, ist ja wurscht, ich hieve die gelbe Pest in den LKW, Wade und Zehe tun scheußlich weh. Trotzdem kraxle ich erleichtert ins Führerhaus und albere schon wieder herum.

Tony dreht den Zündschlussel rum – der DAF sagt keinen Mucks. Die Batterie ist leer. Tony ist erschüttert: „Das gibt's doch nix! Ganze Tag geliefert, dreißig Stops and now...!" Wir fluchen fränkisch-englisch um die Wette. Ich stelle mich mit dem Überbrückungskabel hinter den DAF und winke – erfolglos. Dann taucht als Rettung Thomas aus SC mit dem Audi auf und stoppt. Mein Weibi hatte ihn als einzigen Helfer im Bekanntenkreis mobilisieren können, und er ist natürlich sofort losgedüst, um Vaddern zu retten.

Zum Überbrücken muß er auf der Autobahn wenden, denn die Autos müssen ja Schnauze an Schnauze stehen. Na ja, irgendwann sind wir dann doch zu Haus', obwohl Tony die Karre noch einmal abgewürgt hat. Was soll ich sagen? Die gelbe Pest läuft natürlich wieder mit dem 250er Reservemotor. (Vielleicht wär' am Schlachttag die Flex auch noch verreckt.) Die Haxe ist einigermaßen auskuriert, und der alte Zehennagel war sowieso schon dreckig.

Eins bringt mich aber sehr ins Grübeln: Wo ist denn die vielgerühmte Motorradfahrersolidarität geblieben? Ohne mich loben zu wollen: Für mich ist es selbstverständlich, einem bekannten oder auch unbekannten Fahrer zu helfen. Da kann nachts deswegen das Telefon oder die Hausglocke klingeln, da schlepp ich sogar zentnerleichte Frauen auf dem Buckel.

Meine Vorurteile jedoch wurden vollauf bestätigt: Harley- und BMW-Fahrer zockelten an mir vorbei, obwohl ich auf der Autobahn weit voraus zu sehen war. „Soll der doch mit seiner Panne schaun, wie er zurechtkommt!"

Wenn du unterwegs bist, wird hundertmal zum Grüßen die Hand gehoben, zum Helfen aber nicht mal gerührt. Mach' ich in Zukunft auch so! Jawoll! Bin ich denn die Heilsarmee, der vierzehnte Nothelfer, der ADAC, blauer oder gelber ~~Sack~~ Engel?

Mit diesen Gedanken schlafe ich an diesem Abend ein. Doch standesgemäß auf einer Silberwolke schwebt meine Traumfrau durch die Gehirnwindungen und spricht mir begütigend und verheißungsvoll zu: „So böse kannst du doch gar nicht sein! Denn siehe, ich sende dir noch heute nacht eine reine Jungfrau, der du helfen kannst, ihren Zustand zu beseitigen, denn ihr Mopped ist defekt." Und sie drückte mir ein himmlisches Bussi aufs Glatzi (dazu ist die ja da), und ich fühlte mich wie ein Kolben auf OT.

Und tatsächlich, es läutet an der Haustüre, ich schrekke aus dem Schlaf, draußen steht triefend die Stresserin DS aus SC. ‚Heute wird dein Traum wahr, Mederers Vadder!' frohlocke ich im Inneren, denn auch sie will nur das Eine, nämlich ins Bett, und dazu braucht sie meinen Golf, denn ihr Gespann ist tatsachlich defekt, und zu ihrem Heia sind's noch zehn Kilometer, und es ist nachts halb drei!

Frühmorgens ist der Golf tatsächlich weg, ich hab's nicht geträumt. Man sollte die Nacht nicht vor dem Morgen loben, und in meinem Alter sind die Träume auch nicht mehr das, was sie mal waren.

Bella Italia 1959

Stellt euch vor – könnt ihr wahrscheinlich gar nicht –, stellt euch trotzdem vor, wir würden das Jahr 1959 schreiben, Wirtschaftswunderblütezeit. Meine Wenigkeit träumte wie viele meiner Landsleute, jedenfalls hier im Westen, von einem Urlaub in *bella Italia*. Dauernd wurde einem der Mund wässrig gemacht von Leuten, die Land und Leute schon besucht hatten. Man fuhr zum Gardasee, zur Riviera und zur Adria (hat sich bis heute wenig geändert), wo es bei Venedig sogar einen extra Campingplatz für NSU-Fahrer gab: NSU-Lido! Anhänger anderer Marken wurden dort auch geduldet, und Japsenschüsseln gabs' weit und breit noch nicht. Das verstehe ich unter guter alter Zeit!

Der Zug der Germanen über die Alpen muß manchmal ganz lustig ausgesehen haben. Wenn beispielsweise so ein Fräuleinwunder mit ihrem Petticoat in einen Käfer einstieg (an ein Goggomobil wollen wir erst gar nicht denken), war die Kiste bis Oberkante Armaturenbrett bündig voll mit ihrem Raschelzeugs. Das Suchen nach dem Schalthebel war Glückssache, und die Gänge lagen, je nach Sympathie mit dem Fahrer, zwischen Stöhnen und „Griffel weg, Saubär!" Erst mit dem Verschwinden der Petticoats kamen die Automatikgetriebe auf; so naiv-kindlich bin ich schon lange nicht mehr, um da an einen Zufall zu glauben.

Meist war der Kofferraum oder Beiwagen voller Konserven und Zelt, das manchmal sogar noch die Abstammung von der alten Wehrmacht nicht verleugnen konnte. Sooo reichlich hatten wir es trotz Wirtschaftwunder doch noch nicht. Und auch heutzutage sollen die Ravioli in der Dose als Tourifutter in ihr Herkunftsland reimportiert werden. Sooo reichlich haben wir es heutzutage nicht mehr.

Der Begriff Urlaubsgeld war noch nicht erfunden, vorher sparen war angesagt, dafür gab's nur zwei Wochen arbeitsfrei. Mit Konserven, geklaut aus Mutters Beständen, kam man über die Runden. Nach meiner Erfahrung durfte man diese nur nicht zu früh abstauben, fünf Minuten vor dem Start waren angemessen. Heutzutage kann ich diesen Satz gelassen aussprechen, meine Kinder sind längst aus dem Haus.

Damals flatterte mir, ich erinnere mich, als wär' es gestern gewesen, ein Italienprospekt zu: Im Hintergrund köchelte ein Vulkan, drumherum etwas Umgebung mit Meer, aber als Blickfang eine rassige, schwarzhaarige Schöne. Ihre knallrote Bluse gab eine herrliche Aussicht auf ihr Silikon-Valley frei. (Die Amis erfanden das erst Jahrzehnte später.) Und darüber der blauste aller Himmel und Sonne, Sonne, Sonne. Für mich der letzte Anstoß: Da muß ich hin – nach Italien!

Reisefahrzeug: Zündapp-Elastic, 200 cm³, 9,5 PS, mit Steib-Seitenwagen, selbstverständlich ungebremst, Spitze um die 70 km/h. Reisebegleiter: mein Freund und Kollege Hans, Lebendgewicht 0,1 t! Die Zündapp ächzte beim Anblick von Gepäck und Passagieren in allen Fugen und Schweißnähten.

Nach besagtem Konservenklau ging es los Richtung Val d'Isére, von dem ich gelesen hatte, es sei wunderschön und naturbelassen – und es war nicht in Italien! Dort kamen wir aber nie an, uns fiel ein: Schweiz, Genfer See, und von dort aus soll's endlich weitergehen nach Italien.

Unterwegs oberhalb eines Steinbruches wurde wild gezeltet. Natürlich war es schon finster, als wir unser Zelt am Boden festnagelten, und wir wähnten uns am Ende der Welt. Am anderen Morgen blickte uns durch einen Maschenzaun, so drei Meter entfernt, ein Riesenbernhardiner treuherzig an, und wir bemühten uns krampfhaft, ebenso zurückzublicken. Sind schon brave Hunderl, nur sein Schnapsfäßchen hatte er vergessen, war er vielleicht nicht im Dienst? Oder degradiert, weil nicht reinrassig?

Weiter ging's Richtung Genfer See, zum Val d'Isére wollten wir nicht mehr, es ließ sich so schlecht aussprechen. Doch dann begann uns Petrus mit geballten Ladungen von Regenwolken zu bewerfen, wir fuhren durch eine Wasserwand, grau in grau in grau. Geneigte Leser kennen das, es ist genau jenes Wetter, das freitags vor einem Motorradtreffen ausbricht.

Hinter Montreux beschlossen wir, bergauf ein billiges Dorfquartier zu suchen und hoffentlich auch zu finden. Im ersten Bergnest rechts 'ran, in einen „Bauerngasthof" rein, nix in der Welt bringt uns heut noch dazu, einen Meter zu fahren. Leute, was soll ich sagen? Es war die teuerste Karawanserei weit und breit, die Preise der Speisekarte machten uns Appetit, und zwar auf einen Fastentag! Dennoch gab es erstklassigen Service, der Hotelknecht holte unser Gepäck aus dem Steib und hing unsere nassen Klamotten in die Heizung. In Deutschland hätten uns in einem gleichklassigen Hotel bestenfalls Herr Dobermann oder Fräulein Rottweiler bedient.

Anderntags strahlend blauer Himmel, die Sonne heizte mit Höchstleistung, sie und der Fahrtwind trockneten uns so schnell, daß wir bestimmt einen Kondensstreifen hinter uns herzogen. Über die alte Sankt-Bernhard-Straße – wir trauten uns was! –, und schon damals verstopften Holländer und andere Flachlandtiroler die Bergstraßen. Notgedrungen erfand ich eine neue Gespannbergauffahrtechnik: Ich konnt' ja in der Kolonne mit dem überladenen Gespann zwar stehenbleiben, aber nicht wieder anfahren. So fuhr ich also in den Kehren so lange um den Beiwagen herum, der wie eine schwangere Sau in seinem Rahmen hing, bis die Bergstrecke frei war, dann „schoß" ich wieder auf die nächste Kehre zu. Hat fei geklappt! Weltraumfahrtechnik, erst ein paarmal um den Globus, dann raus ins All!

Auf der Paßhöhe lief der Motor fröhlich weiter trotz abgezogenem Schlüssel: Glühzündungen noch und noch, Gang rein, Bremse, Kupplung schnalzen lassen. Dann ging es runter ins Aosta-Tal, herrlich. Aber wieder holte uns ein Unwetter ein, Bäume und sogar ein Tankwagen lagen auf der Straße, Heu und Strohballen segelten durch die Gegend, wir erlebten es sozusagen in der ersten Reihe in einem Tunnelausgang.

Irgendwo überquerten wir die italienisch-französische Grenze Richtung Süden, und bei Imperia sah ich das erste Mal das Mittelmeer. Doch die Freude wurde getrübt, denn in Rechtskurven zwitscherte es im Motor so komisch. Bedenkt, liebe Leser, es gab ja noch keinen Schutzbrief, und jeder von uns hatte so knappe 150 Märker in der Tasche. Deshalb ging's wieder ab nach Norden; wenn's Zündapple verrecken sollte, dann schon möglichst nahe der Heimat. Über Cuneo, Alessandria, Mailand zum Comer See, dort bei Dervio östlich rein in die Berge.

In Introzzo war unser Quartier das einzige Gasthaus im Ort. Der Besitzer hatte in der Schweiz als Schuster gearbeitet, und wir konnten uns gut mit ihm unterhalten. Er zeigte uns seinen alten Backofen im Haus in dem er – als Schuster! – Brot und Brötchen backe und in die umliegenden Dörfer verkaufe. Großes Staunen bei uns: Wo gibt's hier noch Dörfer?

Zündapp Elastic (undicht), Kind (undicht), Vadder (dichtet).

Abgemacht, nächsten Morgen fahren wir mit. Und tatsächlich, kaum mehr erkennbare Fußwege führten durch die Berge und Wälder, unser Bäcker mußte zuletzt seinen Topolino stehen lassen und schickte seinen kleinen Bruder mit einem Sack Semmeln auf dem Rücken los. Ehrensache, daß wir den Kleinen samt Semmelsack in den Beiwagen steckten, und er wies uns den Weg durch Wiesen und Wälder zu einem Ruinen-Bergnest. Wieder großes Staunen, aber dahinter war das Dorf neu aufgebaut. Dann kamen auch die Dörflerinnen und machten vielleicht Augen! Ich war garantiert der erste Motorradfahrer in ihrem Nest.

Bei mir machte sich Enttäuschung breit: Die rassigen Schwarzhaarigen hatten ihre Kopfzier leider an der falschen Stelle, sie hatten alle einen Schnurri wie Wilhelm Zwei! Das waren die versprochenen Schönen? Auch die Berge ringsum trugen keine Rauchwölkchen, sondern weiße Schneekappen, weit und breit kein Meer (das letzte gab's hier vor 200 Millionen Jahren), und mir wurde klar: So verspätet und verfahren hatte ich mich noch nie! So zerplatzen Träume, und Prospekten traue ich seitdem auch nicht mehr.

Nichtsahnend, da wir ja eine italienische Straßenkarte hatten, nahmen wir auf der Heimfahrt Kurs auf den Passo Stelvio. Irgendwann dämmerte es uns, daß wir mit unseren lausigen 9,5 PS auf Europas höchster Paßstraße unterwegs waren. Auf der nördlichen Abfahrt hätt' uns um ein Haar ein entgegenkommender Linksabbieger abgeschossen. Ham wa echt gezittert, Hans hat sich an seiner Beruhigungszigarette festhalten können, mir als Nichtraucher blieb nur Nägel kauen, die damals wie heute nach Zweitaktöl schmeckten. Nach zwei Wochen kamen wir wohlbehalten und selbstverständlich pannenfrei wieder zu Hause an.

Bleibt noch zu sagen, daß wir glaubten, an einem Samstag eingetrudelt zu sein, tatsächlich war's bereits Sonntag. Wo der fehlende Tag geblieben ist, das ist mir bis heute schleierhaft.

Kinderausflug 1994

Es war das erste sonnig-warme Wochenende im März, der Tag begann schön, und er sollte für mich noch schöner enden. Klar, daß es bei diesem Wetter meinen Freund Käpt'n Blaubeer und mich, beide bekannt als Hanuta-Racing-Team, längst in der Gashand juckte. Also nix wie raus, so hatten wir es am Telefon vereinbart, und KBB (ich kürze das ab) hatte angekündigt, daß sich beim ihm noch drei Bekannte als Gastfahrer zum Ausflug angemeldet hätten. Warum nicht, geteilte Freude ist doppelte Freude.

Am Treffpunkt dann bei mir leiser Schreck, waren die Neulinge doch bewaffnet mit Honda 750, K 75 und K 1! Dagegen sahen wir beide ziemlich nackert aus: KBB mit Yamaha RD 400 und ich mit MZ ETS 300. Heut' würden wir unsere Meister finden, die ledern uns doch schon auf der Leerlaufdüse ab!

Großzügig boten sie uns alten Knackern die Plätze in der ersten Reihe an, das heißt, wir durften die Kolonnenspitze übernehmen. Wahrscheinlich mit dem Hintergedanken, daß wir die Radarblitze auslösen und sie dann ihre Renner rechtzeitig auf's legale Tempo runterbremsen könnten.

Um unser Leistungsmanko wenigstens etwas ausgleichen zu können, steuerte ich also unsere Hausstrecke im fränkischen Jura an. In einem dortigen Dorf nämlich hatte ich in der Kriegszeit einen Teil meiner Kindheit verbracht, und seitdem bin ich dort mit jeder Kurve per du. Vielleicht sahen wir dann gegen die PS-Protze nicht mehr ganz so alt aus.

Doch es kam alles ganz anders. Schon nach etwa dreißig Kilometern lechzten die Neuen nach einer Erholungspause, und da wurden wir wegen unserer Raserei fürchterlich zusammengeschissen. Ehrlich, nie hat uns eine Standpauke besser geschmeckt! Von da an herrschte bei uns beiden Stimmung wie bei einer likörbeschwipsten Affenbande. Das Hanuta-Stammpersonal blickte sich stumm in die Augen, und ohne Worte wußte es, was zu tun war: Sau rauslassen!

August 1934:
Noch-nicht-Vadder spottet über die Kindereien in 60 Jahren.

Im Laufe der Zigarettenpause stellte sich heraus: Der K-1-Fahrer hatte seine Kiste nach seinen Angaben gebraucht für sage und schreibe 29.000 DM gekauft (täglich steht ein Dummer auf), seine Freundin kutschierte die K 75. Zierlich, wie das Weiberl war, fürchtete sie sich vor dem Auf- und Abbocken, Umfallen kostet...! Ich fragte sie, warum sie sich nichts Leichteres gekauft habe. Sie antwortete, daß ihr Freund ihr BMW empfohlen habe. (Die Leut' sollen sehen, daß wir reich sind.) Die Honda schien noch ziemlich neu, aber sein Besitzer prahlte, daß seine Stärke die schnellen Landstraßen seien und er das „Kurvenschmeißen" liebe.

Na ja, weiter in die Thalmässinger-Eichstätter Gegend. KBB und ich mußten immer wieder auf die PS-gewaltigen Schnecken warten, und mein Freund prägte mit süßsaurem Lächeln das Wort des Jahres: Kinderausflug! Recht hatte er, wie immer.

Nach weiteren dreißig Kilometern: Zweite Zigarettenpause, zweiter Anschiß. Wir Hanuta-Brüder würden bald auf dem Seziertisch landen und als Nachwuchsunfallchirurgenpuzzle enden. „Macht nix, schlimm wird's nur, wenn ich versehentlich KBBs Marlboro-Lunge eingesetzt krieg'. Da stinkt er mir noch als Leich'", meinte ich, und KBB konterte: „Für dein Hirn würde sich höchstens die Mikrochirurgie interessieren." Alle lachten. Außer mir.

Dann ging es in die nächste Wirtschaft in Titting. Sehr empfehlenswert – wen's nicht stört, daß dort überall Franz-Josef-Strauß-(der Häuptling aller Schwarzen)Fotos an den Wänden hängen. Als Franke ist man etwas allergisch gegen solchen Personenkult.

Am Wirtshaustisch waren die BMW- und Honda-Treiber wieder die Schnellsten, Besten, Größten. 140 wären sie heute schon gefahren, und eigentlich hätten sie schon eine halbe Stunde vor uns im Wirtshaus sitzen müssen. Wäre nur die K 1 richtig eingestellt und die 750er nicht noch ziemlich neu. (Hätte, wäre.)

Die BMW-Fahrerin war ja eigentlich ganz sympathisch *(angeben können immer nur die Mannsbilder! Mederers Tochter)*, und als alter Trapper hätte ich für sie mindestens fünf Biberfelle gegeben, für ihre Karre nicht einmal ein Hamsterfell. Sie hätte von mir noch viel lernen können. Moppedfahren, was sonst?

Beim Aufbruch putzten unsere Helden noch eifrig die Fliegen von ihren Helmen. Hinten! Na ja, nach dem Vespern war es auch nicht besser, und bei den Wartepausen auf unsere Kinder beschlossen wir, in Zukunft doch wieder alleine zu fahren.

Abends in der Garage lobte ich meine schöne gelbe ETS, verzieh ihr alle vergangenen und zukünftigen Wehwehchen, und seitdem nenne ich sie im Geheimen die „Mutter aller Schlachten". (So großmäulig wie Saddam bin ich schon lange.)

Freundlich lächelnd erschien mir im Schlaf zur Geisterstunde meine Traumfrau und fragte mich: „Vadder, war nicht heute euer Wäre-Hätte-Tag?" – „Recht hast", entgegnete ich, „hätt'st einen Bauernburschen geheiratet, hätt'st heut a a Sau!"

Liberté – Egalité – Galibier

Am 27. Juni 1998 wurde Herr Robert Mederer von den Beschwernissen des Alters erlöst. Seine Seele fühlte sich wie im siebten Himmel, und sein Astralkörper schwebte samt seinem Erlöser (MZ ETS) durch die Filialen des Paradieses, die da heißen Galibier, Bonette, Turini usw.

Am Dienstag, dem 7. Juli jedoch erschien wie gewohnt sein allseits bekanntes klappriges Gestell seinen Jüngern des Stammtisches in Katzwang und sprach: „Fürchtet euch nicht mehr als sonst, ich bin's", und lehrte seine Apostel die Seligkeiten der vergangenen Tage.

Doch diese zeigten wie gewohnt keinen Respekt vor dem Silberrücken, verhöhnten ihn, behaupteten frech, schon längst vor ihm in den Gefilden der Bikerseligkeit gewesen zu sein. Und überhaupt: 2800 km in siebeneinhalb Tagen, was er denn nachmittags so getrieben habe? Bestimmt sei die MZ so störrisch gewesen wie Sancho Pansas Esel.

Ich schwor mir, nie wieder Säue vor diese Perlen zu schütten, aber Millionen von Leser/innen werde ich von den Tagen des Heils berichten.

Monatelang hatten mein Freund Käpt'n Blaubeer (KBB) und ich von diesem Trip geschwärmt und ihn geplant. Heuer geht's zur *Route des Grandes Alpes*! Unsere Böcke wurden aufgemöbelt, neue Bremsklötze, neue Reifen usw. Daß sich die Reifenlieferung für KBBs Yammi (RD 400) verzögerte, war letztlich auch kein Drama, denn mir fiel der Helm von der Emme, und dabei verreckte dessen Visierraster. Sofort bestellte ich beim hiesigen Bikertreff das Ersatzteil, es kam und kam nicht, ich wurd' nervös. Rief selber bei Schuberths Ersatzteilabteilung an und bekam gerade noch rechtzeitig am Abfahrtstag das passende Teil.

Nach dem Aufrödeln des Gepäcks quetschte ich noch scheinheilig ein paar Abschiedstränen vor meinem Weibi raus, und dann ging's auf die berühmte Route 66 nach Süden. (Na ja, es steht noch eine 4 davor, aber wer wird in unserer Hochstimmung so kleinlich sein?) Und ich sah von da eigentlich nur noch eins: N-NA 834, KBBs Nummernschild.

Abends auf einem Campingplatz in der Nähe von Rheinfelden haben wir dann unser Zelt erstmals aufgebaut und Futter in der Dose auf dem Kocher erwärmt. Toll, zwei Büchsenöffner hatte ich dabei, und beide waren das Wegschmeissen nicht wert. KBB bekam mir gegenüber natürlich sofort Oberwasser und zeigte mir deutlich, daß er mich für einen absoluten Versager hielt.

Nachts regnete es, und sein neues Zelt, Werbeprämie einer Motorradzeitung, war undicht. Überall! Die Zeitschrift bezeichnete es korrekt als leichtes Zelt, denn bei leichtem Regen haste innen einen Wolkenbruch. Daß sie dicht sind, die Stuttgarter, haben sie ja nicht behauptet. Na ja, jetzt laß' ich den Satz so stehen, interpretiert ihn selber.

Etwas zu oft in dieser Nacht jammerte ich KBB vor: „Weißt du, was vor meinem Haus steht? Mein Campingbus! Warm, trocken und gemütlich!" Er versprach mir, daß ich in nächster Zeit aus einem Schnabeltäßchen speisen würde, sollte ich diesen Satz noch einmal gebrauchen. Nächstes Jahr werden meine Enkerln in diesem Zelt spielen – an Sonnentagen!

In der Früh' lag KBB auf dem Boden: Seine von mir geliehene Luftmatratze war undicht. Allmorgendlich lag er nun Aug' in Aug' mit dem diensthabenden Zeltplatzmaulwurf. Ich blickte auf ihn hinunter und tat mitleidig.

Sonntags ging es dann durch die Schweiz, jemineh. Wir hatten uns geschworen, keinen Rappen in CH auszugeben. Unsere private Rache wegen der bekannten Abzockermethoden der Schweizer Polizei gegenüber uns Deutschen.

Und so trödelte ich hinter N-NA 834 hinterher. Dabei schlafen fünf Viertel des Gehirns ein, der Rest kommt auf Gedanken, die mit Verkehr und dessen Sicherheit nichts zu tun haben. Da schenk' ich dem KBB doch letzte Weihnachten ein Motorradtourenbuch über die Schweiz, die Fränkische, aber er lotst mich in die Schweizer Schweiz. Fehlinvestition! – Und schon bin ich ihm viel zu nah hinten drauf. Seine TÜV-Plakette ist deutlich lesbar: 00-2. Zudrehen, Robert!

Dann laufend Geschwindigkeitsbegrenzungsschilder 80, 60, 40. Geßlerhüte, bei deren Nichtbeachtung dir die Schweizer Gendarmerie so viel Franken aus den Rippen leiert, daß du zu Hause zum Sozialamtskunden wirst. Aber so sind's, die Schweizer, zuerst bekämpfen sie wie Wilhelm Tell die Hüte dieses Herrn Geßler, dann exportieren sie diese Idee weltweit, weil damit Kohle zu machen ist. Die spinnen, die Schweizer!

Ab Freiburg sprechen die Verkehrsschilder französisch, und die Ampeln hängen quer über der Straße, wie in China. Haben die Schweizer einen Restposten von den Schlitzis aufgekauft? Bärtig und angeschimmelt erreichten wir die Rhônemündung, dort ein Mordsstau, weil ein schweizer Motorrad-Club mit Fahnen an ihren Böcken unterwegs war und ihre Banner schlapp an den Stangen hingen.

Endlich Frankreich, ich lebte auf, durch Evian und Thonon, wo wir auf einem Platz mit vielen Häschen, nein, Kaninchen übernachteten. Echt putzig, aber in die Nähe unseres Kochers haben sie sich nicht getraut. Morgens die erste Überraschung: Das Zelt war nachts dicht! Zweite Überraschung: Es hatte auch gar nicht geregnet. Dann gleich die erste Reparatur: Der Spülkasten im Camping-WC war defekt, jetzt nicht mehr. Der Installateur in mir kann's nicht lassen. Glückliches Frongreisch.

Bei der Weiterfahrt machte mir KBB ernsthaft Sorgen: Er behielt seinen schweizer Fahrstil bei. Wenn er so weitermache, drohte ich ihm freundlichst an, könnten wir doch das Schnabeltäßchen miteinander teilen, wo wir doch alles miteinander teilen, nur beim Klopapier wollte er der erste sein. Dreißig Jahre Freundschaft schweißen eben zusammen.

Neue Erkenntnis: Die französischen Motorradfahrer grüssen nicht nur beim Begegnen (linke Hand hoch), sondern auch beim Überholen (rechten Fuß hoch). Die müssen doch abends diagonal von links oben nach rechts unten einen Muskelkater haben. Die spinnen, die Gallier!

Beim Aufstieg zum Col de l'Iseran überholten wir so peu à peu eine Kolonne Oldtimer aus Holland, schön anzuschauen. Doch plötzlich machte mir beim Überholen die Zweite (Weib am Steuer) den Platz zum Einscheren zum Ersten zu, und ich mußte notgedrungen in der unübersichtlichen Kurve den ersten Wagen auch noch überholen. Uff! Noch mal gutgegangen. Stimmt schon: Erst schuf Gott den Mann, dann das Weib. Und weil ihm der Mann leid tat, gab er ihm ein Motorrad. Gott ist gerecht. Die spinnen, die Holländer!

Abends kamen wir zum Aufstieg des Galli, kehrten aber wieder um, weil wir in der Höhe nicht übernachten wollten. Im Tal klapperten wir die die Campingplätze ab. Der erste war ein Parkplatz mit Straßensplitt ohne Baum und Strauch, der zweite „complet", der dritte ebenfalls mit einem komplett beschwipsten Platzwart – wir wurden nervös. Platz vier in Modane war endlich okay. Nachts starke Regenfälle im Zelt, und vor meinem Haus ... stand eine Schnabeltasse.

Dann endlich auf dem Galli, dem heiligen Berg der Stresser! Ich servierte meinem Kumpel ein Hanuta-Päckchen, denn schließlich sind wir das Hanuta-Racing-Team. Er hatte die gleiche Idee und schrieb ein paar Karten an mir bekannte Stresser, sonst glaubt uns doch niemand.

Elefantengruppe mit Hannibal (nicht im Bild)

Dann tauchten die ersten Schilder auf: „Gravillons". Das Wort bringt einen schon ins Schleudern, und die Franzosen schmeißen tonnenweise Splitt auf die Straßen. Jetzt mußten die grauen Zellen endgültig aus ihrem Schweizer Schlaf erwachen. Wer will schon gern über die nur knöchelhohen Begrenzungsmauern in die Canyons fliegen? Zusätzlich, wie bei uns, jede Menge Bitumenflickstellen. Die Straßenbaubeamtendämlichkeit ist grenzüberschreitend. Ich dachte mir bei jener Abfahrt: „Wenn die Straße noch so ein Flickpogramm über sich ergehen lassen muß, ist die Piste unbefahrbar, auch für Drei- und Vierrädrige."

Nachmittags am 30. Juni standen wir saustolz auf dem Col de la Bonette, dem höchsten Punkt unserer Reise. Aussicht ohne Ende! Etliche Moppedfahrer aus D und A, alle natürlich mit den dicksten Brummern, staunten Bauklötze, wir wir mit unseren „Mofas" diese Wahnsinnsstrapazen so schafften. Speziell meine nun schon über 25 Jahre alte MZ!

Einer hockte sich sogar drauf und ließ sich fotografieren. „MZ, ist die aus der Tschechei? Zweitakter, was is'n das? Wo is'n der Anlasserknopf? Ankicken, wie geht das, mit was und wo?" Originalzitat dieses Ignoranten: „Eine völlig neue Erkenntnis, daß man mit so einem kleinen Motorrad so weit kommen kann." Richtig fertiggemacht hab' ich ihn mit meiner Antwort: „Kumpel! Zwei, drei Serpentinen mehr, und ich hätt' dich geschnappt!" Was gar nicht gelogen war.

Tja, da hat man 20 bis 30 Riesen in seinen Superwetzhobel investiert, vielleicht 'ne Hypothek aufgenommen, die Alte auf den Str...ombuli geschickt, und dann kommen zwei, sagen wir mal: reifere Herren auf ihren alten Zweitaktern und zeigen ihren 300-Kilo-Semi-LKWs, wie's um die Ecke geht.

In einem Kaff namens Isola zelteten wir. Im Morgengrauen entdeckte ich an einer verzwickten Stelle an mir einen Zecken, der sich mit dem Kopfteil schon unter meine Haut gearbeitet hatte. Als Folge seiner Nascherei – das Viech hatte wirklich eine exzellenten Geschmack, ein sogenannter Gourmetzeck – kann das Opfer leicht schwer blöd werden. Mein Freund beruhigte mich, bei mir sei keine Gefahr. Er konnte leicht lachen, ihn hatte der Gourmetzeck verdächtigerweise verschmäht.

Heute, am 1. Juli, wollten wir bis ans Mittelmeer, eine überflüssige und blödsinnige Idee. Aber zwischen hier und dort lag als Sahnebonbon der Col de Turini, einsam, wenig befahren und anscheinend noch weniger bekannt. Unverständlich, spielt sich doch hier alle Winter die Nacht der langen Messer ab, die letzte Sonderprüfung bei der Rallye Monte Carlo.

Lustige Geschichte von Walter Röhrl: Er fuhr damals für Fiat die RMC. Alle teilnehmenden Rennställe schickten abends ihre Eisspione über den Turini, alle kamen zurück mit der Order: „Haut Spikes in die Reifen, was nur geht, es ist spiegelglatt!" Gesagt, getan. Röhrl und Fiat organisierten ein paar Streuwagen, die Tonnen von Salz im Dunkeln der Nacht auf der Piste verteilten. Röhrl zog Sommerreifen auf und gewann haushoch. Die Eisspione sollen übrigens an Ort und Stelle verscharrt worden sein. Aber a Hund is er scho, der Röhrl.

Loide, was soll ich erzählen? Fahrt über den Turini, landschaftlich fantastisch, und die Kurven! Davon gibt's dort zwar auch nur zwei – linke und rechte –, davon aber massig, einfach traumhaft! Das einzige Mal, wo ich mir beim Fahren vorsichtig die Gegend angesehen hab'. Mir kam dabei der Gedanke, daß man diese Gegend eigentlich vom Ballon aus genießen könnte.

Bei größter Hitze in Nizza angekommen, Großstadtverkehr, alles stinkt nach Diesel, die einheimischen Rollerfahrer säbeln dir beim Überholen fast die Kofferschlösser mit ihren Tuntenschüsseln ab. Dort machen die armen Reichen Urlaub? Neben einer sechsspurigen Autobahn? Wenn die wüßten, wie schön ein Frühstück unter Mederers Vadders Rosenstrauch auf der Veranda ist, würde der Jet-Set bei mir einfallen und Kashoggis Yacht in der Vogeltränke ankern.

Vom Meer war kaum was zu sehen und erst recht nichts zu riechen. Schnell wieder nordwärts, KBB fand mit traumhafter Sicherheit Richtung Vence und auch in Castellane einen hübschen Campingplatz. Ich baggerte im Waschraum eine nette Holländerin an und fiel gleich darauf mit meiner Ätzwaffel voll in ein Fettnäpfchen, weil ich mich über die Fahrkünste der Holländer ausließ. War so begeistert von meiner Geschichte, daß ich ein unscheinbares Männchen, das den Waschraum betrat, total übersah. Sie stellte ihn als ihren Gatten vor. Na ja, ihren Büchsenöffner (ich meine das Haushaltsgerät und nicht ihren Mann!) hat sie mir später doch noch geliehen. Aber als Opa ist man halt baggermässig etwas aus der Übung.

Anderntags weiter nordwärts ging's durch blühende Lavendelfelder. Die Nase war entäuscht, weil es nichts zu riechen gab, wurde später aber durch Ginsterfelder entschädigt. Über einen Was-weiß-ich-Col (war's der Labouret?) jagte ich einen Citroën BX. Ein grauhaariger alter Dackel am Steuer, der aber genau gewußt hat, daß man ein Auto schneller um die Kurven lassen kann als ein Motorrad. Na ja, er mußte auch nicht so sehr auf die verdammten *Gravillons* aufpassen. Duch das Rückfenster sah ich, wie ihn seine Alte zusammengeschissen hat, sie hat's halt nervlich nicht durchgehalten. Und der Grauhaardackel winkte mich resignierend vorbei. Erstaaa!

In bester Erinnerung ist mir noch der See bei Le Sauze: Kitschpostkartenblau, glasklar, wunderbar. Beim Zelten abends in St. Martin sur la Sowieso versprachen die Wolken Regen und hielten dies auch. Obwohl wir unseren „Motorrad"-Regensammler unter dichten Eichen aufgebaut hatten, war dies die beschissenste Nacht der ganzen Tour. Zuletzt stapelte ich mir alle Klamotten auf den Bauch und legte die Regenhose darüber. Komisch, wie ich mich auch immer legte, immer fanden Tropfen meine Augenhöhlen und vermischten sich dort mit meinen Heimwehtränen, denn vor meinem Haus ...

Zwischendurch hatten wir KBBs Matratze mit dem Blasebalg wieder aufgepumpt. Das Ding schluchzte und stöhnte so laut dabei, die Zeltnachbarn dachten bestimmt, die zwei Alten sind beim Detlevtest. Ehrenwort, es war die Pumpe! Und überhaupt, bei der Nässe und Kälte!

Sehr frühmorgens krabbelten wir aus unserer Grotte und müssen mitleiderregend ausgesehen haben wie Roggenmuhmen. Wir mußten feststellen, daß es auch noch außerhalb des Zeltes regnete. In einer Regenpause packten wir griesgrämig unsere sieben Zwetschgen zusammen, und über den Col de Madeleine Richtung Genfer See holten uns die Wolken wieder ein. Stellenweise glaubte ich, auf einem

U-Boot zu sitzen. Auch KBB war grantig, wie ich ihn noch nie erlebt hatte. Logisch, wir hatten ja nichts mehr Trockenes, auch unsere Reserveklamotten konnte man auswringen.

In Thonon angekommen, fielen wir im Hotel Formula 1 ein. Hat uns mit unserem Schicksal versöhnt, denn Dreibettzimmer 147 Franc plus zwei Frühstück 50 Franc, soviel man davon reinschaufeln konnte. Zimmer sauber, einfach und vor allem TROCKEN.

Am letzten Tag ging's von Thonon die gleiche Tour retour wie bei der Anfahrt. Ich trödelte wieder hinter KBB her, er fuhr sturheil nach Vorschrift und rettete mir bestimmt dadurch mein Vermögen, Führerschein, Freiheit und mich vor dem Wahnsinnigwerden. Und über die Rückfahrt lest ihr am besten den Absatz über die Hinfahrt rückwärts.

An der deutsch-schweizerischen Grenze standen ein paar Hormonstauberaterinnen mit der unausgesprochenen Frage: „Welches Schweinderl hätten's denn gern?" Aber als Motorradfahrer fallen wir durch ihr Fahndungsraster.

Über den Heimweg Autobahn Ulm-Nürnberg gibt es nicht sonderlich viel zu berichten. Ein schwedischer Bus ist mir in Erinnerung, der mich bei 120 noch überholt hat und in dessen Windschatten ich mich geklemmt hatte. Als Businsasse hätte ich da ganz schön Schiß gehabt.

Im Heimatanflug zog ich kurz Bilanz: Prima Tour, prima Kumpel, Wetter (tagsüber) zufriedenstellend, keine Reparatur, keine Panne und gar nicht mal so teuer (rund DM 70 pro Tag).

Beim Auspacken zu Hause fiel mir zu allerunterst in meinem Gepäck ein mir unbekanntes Beutelchen in die Finger mit einer Tube und einem Pinsel. Es handelte sich um das Zeltimprägniermaterial mit Gebrauchsanweisung!

Gerade noch rechtzeitig, als ich bereits den Strick am Fensterkreuz befestigt hatte, erschien mir die Traumfrau und schalt mich: „Alter Esel *(klingt besser als ‚dumme Sau'. Mederers Tochter)*, ein paar Quadratmeter Folie aus dem Baumarkt hätten all eure Probleme gelöst." Mit den Worten: „Die spinnen, die Franken!" (sie muß es ja wissen) verschwand sie aus meinen Träumen.

Der Dachs im Keller

Das Wochenende für das 98er STRESS-PRESS-Lesertreffen auf der Loreley stand vor der Tür, aber mein innerer Schweinehund riet mir, des schlechten Wetters wegen, von einem Besuch ab. Von Übernachtungen im nassen Zelt hatte ich seit unserer Frankreich-Tour die Schnauze voll, und vor den Jüngeren den Oberharten raushängen lassen, darüber bin ich weg.

Doch eine so nebenbei hingeworfene Bemerkung der zweitbesten aller Ehefrauen (Kishon ist noch immer nicht verwitwet) weckte schlagartig das Reisefieber (besser gesagt: Fluchttrieb) in mir. Sie erwähnte nämlich, der Dachs sei im Keller, und so wie ich sie zu kennen glaube, meinte sie damit, ich sei dazu da, dieses Problem zu lösen. ‚Irrtum!' sag ich heimlich zu mir. ‚Erschlag ich das Viech, bin ich auf ewig in ihren Augen ein Mörder.' (Weibi ist die Tierliebe in Person.) Und außerdem: Sind nicht die Frauen in Wahrheit das stärkere Geschlecht? Soll sie doch schauen, wie sie mit dem stinkigen, bissigen Viech zurechtkommt, ich muß jetzt zur Loreley, und zwar sofort. Scheißaufdendachs!

Mein Campingbus ist immer bestens mit Verpflegung, Küche und Bett ausgerüstet. Tschüß, Mausi, nix wie weg zum SPI-Treffen.

Unterwegs diniere ich im Bus, der Regen trommelt auf das Dach, der Sturm schüttelt das Auto, ein Wohnmobil ist wirklich etwas Feines. (Alle andersdenkenden Volksverhetzer setzen dreimal mit Würfeln aus!)

Die Loreley kann man unmöglich verfehlen, kein Problem. Aber das Unwetter! Was soll's, man(n) muß es – wie die Weiberlaunen – ertragen. (Die Tiefs verziehen sich allerdings meist schneller.)

Tolle Aussicht vom Felsen zum Rheintal mit seinen Burgen, mir scheint, die schauen grantiger (haben die auch 'nen Dachs im Keller?) als ihre fränkischen Kollegen. Mir fallen da Schloß Banz, Willibaldsburg und Würzburg ein. Franken ist eben doch Gottes eigenes Land!

Ich treffe beim Treffen alte Bekannte wieder und muß erfahren, daß sich Dixi und sein Kumpel auf der Autobahn flachgelegt haben. Man schnauft auf, wenn das so einigermaßen gutgegangen ist. Und wer Dixi kennt, weiß, er ist sein eigener Airbag, besser Fatbag.

Komischerweise werde ich öfter von mir wildfremden Stressern nach dem Befinden meiner Constructa-Spülmaschine und meines teueren Eheweibs gefragt. Danke, beiden geht es gut, beide funktionieren und spülen bei sachgerechter Behandlung einwandfrei (eine davon sogar automatisch-elektrisch) und schäumen nur, wenn ich ihnen mit schmutzigen Motorteilen zu nahe komme.

Schon traditionsgemäß lade ich die netteste aller Nordlichter am Samstag zu einer Tour ein. Gnädigerweise durfte auch noch ein Spezl von unserem Stammtisch mit, schließlich wärmen drei menschliche Körper den Bus mehr als nur zwei. Außerdem hat er nur wenig gestört, kaum geschmatzt und nicht gefurzt. (War er vielleicht der IM „Seitensprung" meiner Kommandantura?)

In Rüdesheim finde ich zufällig in einer hochherrschaftlichen Villa ein Rollermuseum, gar nicht so übel. Gemütlich trinken wir im Salon Kaffee und quatschen; bloß was macht der Dachs daheim im Keller? Knabbert er die Kabel ab? Gerät die Gasheizung außer Kontrolle? Brennt die Hütte oder explodiert sie? Habe ich bei der Rückkehr ein Haus im Cabrio-Design und Anspruch auf Witwer-Rente, könnte ich mir jetzt einen Kaffee mehr leisten? Gut, ein Wohnmobil in Reserve zu haben.

Zurück am Platz, wärme und räuchere ich mich abends am Lagerfeuer, vorn warm und hinten naß, allmählich regnet's langsamer und hört manchmal sogar auf.

Sonntagmorgen schmeiße ich vom Bett aus den Kocher an und frühstücke gemütlich bei Radiomusik. Danach knalle ich die Tür zu – es geht beim VW-Bus leider nicht anders. Jetzt ist der ganze Platz wach, ich starte Richung Heimat oder was der Dachs davon noch übrig gelassen hat.

Angenehme Überraschung: Es ist alles heil und das Frauchen freundlich wie immer. Ich erwähne das stinkerte Viech lieber mit keiner Silbe. Das Weibi aber auch nicht, sehr verdächtig.

Grübelnd versinke ich bald in meiner Heia in einen tiefen Schlaf, und Gott sei Dank erscheint mir zur Geisterstunde auf der bekannten Silberwolke meine Traumfrau und belehrt mich in mitleidig-herablassenden Ton: „Mederers Vadder, in deinem Hirn rieselt's! Am Wochenende hatte der ‚Deutsche Aktien Index' in Frankfurt große Verluste, Börsianer sprechen vom ‚DAX im Keller', weil die Wall-Street eingebrochen ist" (ist das ein Fall für's New Yorker Straßenbauamt?) „und den Nikkei mitgerissen hat." (Wieder ein Japse weniger!) „Das alles nur, weil wieder ein paar Spermaflecken vom Amipräsidenten in der falschen Unterwäsche aufgetaucht sind." – „Heißt das, ich hätt' mir den ganzen Streß sparen und daheim bleiben können, wenn die Hillary in Washington rechtzeitig Fleckenwasser gekauft hätte?" – „Ja", meint die Traumfrau, „so einfach ist das." Und entschwindet aus den Gängen meines Kalkwerkes.

Nicht auf der Loreley und ohne Dachs – aber auch schön.

Liberté, Galibier, Scheißidee

Vom Matterhorn zum Vadderhorn

(von Mederers Tochter)

Große Ereignisse werfen ihre Schatten voraus.

So war dies auch Anfang des Jahres 1998, denn Mederers Vadder ging mit der *Route des Grandes Alpes* schwanger und Mederers Tochter mit ihrem ersten Kind. So seltsam es auch scheinen mag, diese beiden Projekte hatten vieles gemeinsam und hielten unsere Familie das ganze Jahr über in Atem.

Alles mußte schließlich bis ins kleinste Detail geplant und nichts durfte dem Zufall überlassen werden. Vor allem nicht bei Vadders größter Moppedtour aller Zeiten, die er im Juni mit seinem Freund KBB durchführen wollte.

Seine geliebte MZ wurde ab Januar geprüft, getunt, repariert, gehätschelt und getätschelt, denn schließlich sollte sie ihm im Sommer den Höhepunkt seiner Mopped-Karriere bescheren (andere gibt es seit langem nicht mehr). Wöchentlich erstatte er Bericht über die tollen Finessen, die er wieder einmal vollbracht hatte. Wäre das Ferrari-Mechaniker-Team bei Vadder in die Lehre gegangen, hätte Schumi den Formel-1-WM-Titel mit Sicherheit geholt, denn ein Reifenplatzer im entscheidenden Moment konnte Vadder sicherlich nicht passieren.

Und überhaupt die *Gelbe*: Er lobte sie stets in höchsten Tönen, um wahrscheinlich ihre Motivation für die große Bergtournee zu steigern. Es hätte nicht viel gefehlt, und er hätte sie abends zum Kuscheln mit ins Bett genommen, was ihm wohl Mega-Mecker von seinem Weibi eingebracht hätte.

Vadder war aufgeregt wie ein keines Kind vor dem ersten Schultag. Denn er mußte genau überlegen, was er wie auf das Mopped packte; schließlich sollte dies auch sein erster Zelt- und Schlafsackurlaub seit langem werden. Da wurden Alu-Packkoffer geschweißt, montiert und wieder weggeschmissen, diverse Schlafsackanfragen gingen über die ganze Verwandtschaft, ein Zeitungs-Abo, das dem Werber ein Zelt einbrachte, wurde abgeschlossen, sämtliche Landkarten der schweizer und französischen Alpen wurden studiert und kopiert.

In Erstaunen versetzte uns seine Schnapsidee, nachts auf einer Iso-Matte zu schlafen. „Laß das sein, Robert!" mahnte ihn seine Holde. „Das hältst du bei deiner Gelenkarthrose keine zehn Minuten aus!" – „Pah, das hält mein Astralkörper sehr wohl aus. Außerdem haben wir keinen Platz für Luftmatratzen. Die anderen machen das doch auch so", entgegnete er. – „Die sind aber auch keine 65 und können nachts problem- und schmerzlos schlafen", belehrte ich ihn.

Erst KBB konnte ihn dann doch überzeugen, weil auch er lieber auf einer Luftmatratze schlief. Sofort erkundigte sich der Vadder, wer in der weitläufigeren Verwandtschaft solche Dinger nutzlos rumliegen hatte. Ich überbrachte ihm meine, wobei eine davon allerdings undicht war, was ich ihm auch ehrlicherweise sagte. „Das macht nix. Die flick ich, ich hab doch Zeit", meinte er. So mühte er sich einen Vormittag lang ab, das Loch in der halbaufgeblasenen Matratze in einer vollgefüllten Badewanne zu finden. „Das war vielleicht ein *Gfrett*", erzählte er mir hinterher. „Immer, wenn ich vorne das Miststück nach unten drückte, schnalzte es hinten wieder raus und spritzte dabei mich und das ganze Bad patschnaß. Aber letztendlich habe ich sie dann doch besiegt, das Loch gefunden und geflickt." (Wie wir ja alle wissen, mußte KBB herausfinden, daß die zweite Luftmatratze auch undicht war.)

Wieder hatte er eine Heldentat vollbracht, und wir lobten ihn, wie man kleine Kinder halt so lobt, wenn sie etwas ganz Tolles gemacht haben.

Dann kam der Tag X, Vadder sattelte die *Gelbe* und fuhr mit KBB in die Alpen. Wir hörten dann eine zeitlang nix mehr von ihm, was niemanden sonderlich beunruhigte. Weibi genoß die Zeit, in der es im Haus weder nach Motoröl roch noch nach Lackspray und der Blick in den Garten frei von halb zusammengeschraubten Emzetten war.

Nach Vadders Rückkehr begriff ich, daß große Ereignisse auch ihre Schatten hinterher werfen. Denn selbstverständlich mußte er seine Urlaubserlebnisse allen Freunden, Fremden und Bekannten erzählen, ob sie wollten oder nicht.

So geschah es, daß sich die Gäste bei Weibis Geburtstagsfeier stundenlang in der Toilette verschanzten, andere wollten plötzlich bei strömenden Regen in Veloursleder-pumps einen ausgedehnten Waldspaziergang machen, und der Rest stopfte sich die Kirschen der Schwarzwälder in die Ohren, um von Vadders Geschichten verschont zu werden.

Und wer nicht hören will, muß lesen.

Seiner STRESS-PRESS-Fangemeinde mußte er sich in Form einer megageilen Story mitteilen – Unheil bahnte sich an! Ich konnte mir ausmalen, daß Margaret Mitchells „Vom Winde verweht" zu einer mickrigen Kurzgeschichte verkümmern würde, wenn Vadder erst mal seine Urlaubserlebnisse zu Papier bringen würde.

Und tatsächlich kratzte er kurze Zeit später ganz süßlich bei mir an: „Duhuu, wann hast du denn mal Zeit? Wir müßten da kurz was schreiben für die nächste STRESS PRESS." Solange ich noch nicht in den Genuß der gesetzlichen Mutterschutzfrist kam, schob ich meine berufliche Tätigkeit vor, um Zeit zu gewinnen.

Ende Juli fragte er jedoch wieder an, und ich hakte erst mal nach, ob seine Story denn in Rohform schon fertig sei. „Na so ziemlich schon, aber das könnten wir doch..." – „Nix da", konterte ich. „Ich weiß, wie das dann läuft: Da fällt dir nach drei Sätzen wieder nichts mehr ein, und wir brauchen die fünffache Zeit, bis wir fertig sind. Und das in meinem Zustand!" – „Ja, Robert, sie hat recht", stärkte mir Mutter den Rücken. „Und schreib nicht wieder so viel unsinniges Zeug zusammen, sondern beschränke dich auf das Wesentliche." (Aber das unsinnige Zeug war ja gerade das Wesentliche!)

Uff, gerade noch mal abgewendet, denn bis Vadder die Quintessenz seiner Reise handschriftlich zu Papier gebracht hätte, vergingen meistens mindestens noch mal zwei Wochen. Dachte, nein, hoffte ich.

Aber ich hatte mich diesmal leider getäuscht. Vadder hatte wohl kaum mehr eine Nacht ruhig schlafen können, im Hinterkopf den herannahenden Geburtstermin seines zweiten Enkelkindes und die damit verbundene Unabkömmlichkeit seiner Tochter. Und Anfang August wußte ich dann zwei Dinge:

1. Ich erwarte Ende des Monats einen Jungen.
2. Ich erwarte Mitte des Monats meinen Vater am PC.

Und so trug ihn die *Gelbe* an einem schwül-warmen Vormittag – leider zuverlässig wie immer – bis vor meine Wohnungstür. Ich öffnete, und der Unterkiefer klappte mir runter. Nicht, daß ich beim Anblick meines Vaters noch erschrecke – mit den Jahren härtet man ab –, nein, es war diese enorme Ausbeulung der linken Brusttasche seiner schwarzen Lederjacke. (Er hat sie als Trostpreis ein einem Ted-Herold-Imitatoren-Wettbewerb erhalten – vergleichbar mit der Maxi-Playback-Show mit dem Titel „Haste Knallfrösch' in den Socken, kannste gleich wie Elvis rocken!") In der Aufmachung hätte er bei der Mister-Universum-Wahl, Kategorie Greis, (Riesenbrustkorb/Erbsenkopf) mitmachen können.

„In der Innentasche ist die Geschichte drin!" schoß es mir durch die Birne. Was tun? Wehen vortäuschen? Einen Blasenspung provozieren? Nein, der bringt es fertig und schnallt mich rückwärts auf die *Gelbe*, um mich über alle roten Ampeln hinweg mit stark überhöhter Geschwindigkeit in die nächste Klinik zu bringen.

Da half jetzt alles nix, da mußte ich durch. Vadder war im Gegensatz zu mir in allerbester Laune und voll in seinem Element. Er ließ sich in einen Stuhl in meinem Office plumpsen, orderte Getränke und begann sein zigfach zusammengefaltetes, stenoähnliches Geschreibsel auf meinem Schreibtisch auszubreiten. Ich ließ mich langsam auf den Nebenstuhl sinken und wagte kaum, die Blätter zu zählen, die da alle zum Vorschein kamen. Ohne großes Murren fügte ich mich in mein Schicksal und schrieb brav, was mir der Schrecken aller Hobbysekretärinnen diktierte.

Ab dem Punkt „5/4 des Gehirns schlafen ein, der Rest kommt auf Gedanken" entbrannten heftige Diskussionen über die Gedanken, die mit dem Verkehr nichts mehr zu tun haben. Vadder dachte dabei nämlich daran, ob der Papst wohl Hämorrhoiden habe, weil er immer so säuerlich dreinblickt. „Also, das schreibe ich nicht", protestierte ich. „Es interessiert doch keine alte Sau, ob der Heilige Vater Hämorrhoiden hat, und ob diese mit Zäpfchen oder kalten Kompressen behandelt werden. Und außerdem hat das mit deiner Reise doch überhaupt nichts zu tun. Das soll doch ein Urlaubsbericht werden, oder?" Vadder gnotzelte noch etwas herum, hatte jedoch keine Chance, diesen nichtssagenden Absatz einzufügen, weil er des kombjuderns nicht mächtig ist. 1:0 für mich!

Zur Strafe hielt er jetzt immer öfters inne, warf seine 30 Glatzenfalten zu 70 auf und heuchelte Nachdenken. Er begann einen Satz zu diktieren – ich tippte natürlich sofort mit –, um dann nach drei Zeilen einzuwenden: „Halt! Noch nicht schreiben! Das können wir vielleicht kürzer fassen!" Als gut erzogenes Töchterlein blockte ich das Ganze dann wieder raus. Um es in leicht abgewandelter Form wieder einzufügen.

Nach einem kurzen Mittagsmahl, zu dem mich Vadder selbstverständlich einlud und ich mir selbstverständlich das Teuerste auswählte, was die Karte zu bieten hatte, folterte er mich weiter mit einem Absatz über Walter Röhrl. Wieder einmal wandte ich ein, daß das doch überhaupt gar nichts mit seiner Reise zu tun hatte.

„Schreib doch lieber mal was über eure Eindrücke von der Landschaft und so." – „Landschaft? Von der hab' ich doch überhaupt nix gesehen", erwiderte er. „Ich mußte mich doch voll auf die Straße und den Verkehr konzentrieren!" – „Dann war das wohl mehr eine Asphalt-Studienreise?" fragte ich stirnrunzelnd. „Tauf deine Geschichte ‚Der schweizer Asphalt in Form, Farbe und Gestaltung im Vergleich zu seinen europäischen Nachbarn', deklariere es als wissenschaftlich-verkehrstechnisches Projekt, beantrage nachträglich eine EU-Subvention und setze deine Reisekosten von der Steuer ab", fügte ich hinzu. „Dann wärst du ein reicher Mann, und wir hätten für immer ausgesorgt!"

Vadder (rechts) der Autorin, als diese noch nichts von ihrem schweren Schicksal ahnte. Als sie überhaupt noch nichts ahnte.

Ein verächtlicher Blick traf mich: ,Was versteht dieses nichtbikende, grüne, unterm Federkleid noch nicht trockene Huhn schon vom Mopped-Alpenrausch?' wollte er mir wohl sagen, verkniff es sich aber, denn er brauchte mich noch etwa drei Seiten lang.

„Oder schreib doch was über eure Pannen und wie ihr sie behoben habt", schlug ich alternativ vor. Ein fataler Fehler, denn der verächtlichste aller Blicke traf mich. Vadders Schweinsäuglein verengten sich zu messerscharfen Schlitzen: *„Pannen?* Sowas gibt's bei uns nicht! Du, meine *Gelbe* rennt wie die Sau! Fei echt!" – ,Nein', grinste ich im Stillen. ,Die rennt *mit* 'ner Sau, und zwar auf ihrem Rücken.'

Großzügigerweise begann Vadder, mit steigenden Temperaturen nun immer mehr aus seiner Romanrohfassung zu streichen, was mich sehr erleichterte.

Fazit: Diese Regentournee war natürlich echt super, Vadder war der allergrößte Bergtourenfahrer, und die *Gelbe* hieß nach seiner Rückkehr nur noch „Die Göttliche". Dank Vadders Erstbefahrung wurde dieser unbedeutende französische Hügel veredelt und in „Vadderhorn" umbenannt.

Übrigens wurde Vadder am 28. August zum Doppel-Opa. Wieder ein Enkelsohn, für den er eine MZ zusammenschrauben muß. Sie steht bereits als Gerüst in seiner Ersatzteil-Hölle im Keller seiner Behausung, und wir alle mußten dieses rot-goldene Geschöpf (das ist wieder eine extra Geschichte) schon bestaunen. Wir sind guter Hoffnung, daß Vadder sie zum Laufen bringt, bis sein ES 2 (Enkelsohn 2) in 18 Jahren den Moppedführerschein erwerben kann.

Brescia? Bibione?

Meze – unter diesem Namen ist Vadders Sohn (Robert der Dritte) manchen Stressern noch bekannt – hat einen Lastwagen. Damit verdient er sich (sauer genug) die Brötchen, unter anderem für seinen Sohn Robert IV. (= R4).

Meze hatte Ende April eine Tour nach Nizza zu fahren – Ausstellungskrempel für Siemens.

Ob ich nicht mitkommen wolle, schöne Gegend und so. Daß er mich als Fahrer mit einspannen wollte und dadurch die Lenkzeit verdoppeln konnte, verschwieg er mir natürlich scheinheilig. Aber ich habe ihn natürlich gleich durchschaut, denn in seinen Augen lag etwas gnadenlos Ausbeuterisches.

Bis hierher ist es natürlich keine Motorradgeschichte, liebe Leser und -innen, ihr braucht die Geschichte bis hierher nicht zu lesen. (Zu spät, ätsch-ätsch!)

Aber jetzt kommt's: Da Sohnis MAN noch genügend Platz auf der Ladefläche hatte, hievten wir unsere MZten – TS 150 und ETS 250 – in den Laderaum, so einmal um den Gardasee könnt' bei schönem Wetter allemal drin sein.

Übernachten taten wir erstmals bei Cremona auf dem Autorasthof, ich im Laderaum auf 'nem Klappbett, relativ bequem, aber an Schlafen war kaum zu denken: Von der Autobahn her Dieselwummern, Moppedkreischen, neben mir Geräusche von ankommenden und wegfahrenden 40-Tonnern. Nix für Vaddern, Meze pennte (ponn?) wie ein Ratz in seinem Führerhaus.

Tags darauf fanden wir in Nizza problemlos die Anlieferungsstelle und wurden ebenso problemlos abgefertigt. Vadder schaute sich den Verkehr in Nizza an: Die Zweiradfahrer düsten rum, als hätten sie einen Schwarm Wepsen im Genick.

Der Rückweg mitten durch Monaco war stressig, weil die Vorbereitungen für das Formel-1-Rennen voll im Gang waren. Aber wir müssen Fotos – am besten gleich von den Grimaldi-Töchtern – schießen, Auftrag von unseren besseren Hälften.

Nun, mit den Prinzessinnen wurde es nix, die eine hatte gerade große Wäsche, und die andere war eh schon schwanger. Was sollten wir da noch?

Die Küstengegend war voll mit Glashäusern für Tomaten und anderes Grünzeug. Den Versicherern gönne ich mal 'nen netten kleinen Hagelsturm.

Zweite Übernachtung auf dem Rastplatz „Autogrill" bei Brescia, die zweite Nacht fast nix geschlafen, die Trucker-Romantik wurde mir allmählich lästig. Meze ponn (pennte?) wieder wie ein Ratz im Führerhaus.

Endlich geht – sehr früh – die Ladeklappe runter, der Ratz ist erwacht und befreit seinen Vadder. Der wieder hat natürlich vollen Druck auf der Röhre und flitzt ins Rasthaus, erspäht mit flackerndem Blick die Tür zum 00, sprintet schräg-linksquer durch den Gastraum, rennt fast die Tür samt Rahmen um und wähnt sich endlich am Ort der Erleichterung. Denkste: Rechts ist die ganze Reihe der Brunzbecken besetzt, Drängler parken mit verkniffenen Gesichtern bereits in der zweiten Reihe, und die räumliche Enge wird durch herumstehende Morgenlatten noch verschärft.

Ich reiße auf meinem Absatz rum, links rein ins erste WC-Kabuff – mach' ich eben auf Sitzpinkeln. Ich erspähe noch in der Rückwand zwei Glasaugen. Sieht verdächtig nach Elektronik aus, Lichtstrahlsteuerung oder Radar. Kein WC-Sitz ist da, ich laß mich blitzartig auf's blanke Porzellan fallen, damit ist Mann tiefergelegt wie ein oller Opel Manta und liegt entsprechend in der Schüssel.

Ich habe mich so fünfzig hundertstel Sekunden der Befreiung hingegeben, da rauscht es niagaramäßig im Klo. Ich werd' nahezu hydraulisch kastriert und reiße mich aus dem Strudel. (Für Fachleute: Es ist ein Absauge-WC.) So bin ich eiskalt erwischt und frisch wie der junge Morgen!

Der Rest wird mit links stehend erledigt, und ich krieg mich nicht ein vor Lachen, denn das elektrische Auge läßt erneut den Niagara los.

Komm' aus dem Kabuff, draußen starren mich die wartenden Leidensgenossen an und denken sich: „Die spinnen, die Tedesci! Sperren sich ins Klo ein, lachen wie eine likörbeschwipste Horde Affen und spülen's runter."

Etwas breitbeinig komm' ich zurück zum Laster, Sohnemann grinst und meint, ich hätte 'nen Gang wie John Wayne nach 'ner Wurmkur. Wir frühstücken noch im Autogrill – alles sauber und empfehlenswert –, dann holt uns das typische Italien wieder ein: Auf dem Außengelände stehen sechssprachig mehrere Verbotsschilder, die besagen, daß auf dem Gelände die Hütchen- und Würfelspiele dermaßen verboten sind, daß die Summe der angedrohten Geldstrafe schon eine Zeile für sich beansprucht. Genau davor zwei Tische mit den streng verbotenen Hütchen- und Würfelspielen, drum herum die Betreiber und Spieler, schätzungsweise ein paar hundert Jahre Zuchthaus auf einem Haufen. Der schwarze Sheriff guckt grinsend und des besseren Überblicks wegen von der obersten Treppe dem Treiben zu.

In Lazise holten wir die MZten per Hebehühne aus dem Laster, und dann ging's über kleine Sträßchen auf und über den Monte Baldo, ich auf meiner berühmten *Gelben*, Meze mit der 150er TS, die sich recht wacker schlug. In Torbole stellten wir unsere Renner direkt am Hafen ab, und dann erfüllte sich der Traum jedes MZ-Fahrers *(Wurden die Karren geklaut? Anm. v. Mederers Tochter)*: Spaziergänger umringten und bewunderten unsere Mopeds! Das ist mir nicht einmal 1968 mit meiner CB 450 an der gleichen Stelle passiert! Na ja, sie sprachen ja auch sächsisch, alles klar. Aber schnuckelig sind sie schon, unsere Emmen.

Mit der Gardaseeumrundung wurde es leider nix. Gleich hinter Riva war die Straße gesperrt, und zwar richtig, nicht nur italienisch. Nicht mal Radfahrer und Fußgänger durften weiter wegen eines Erdrutsches. Gut, dann eben gemächlich retour auf der Ostseite (ich glaub', die heißt *Gardesana Ori-*

entale) Richtung Laster. Um die Jahreszeit und im Herbst ist es dort wirklich ruhig und schön.

In Lazise – inzwischen war es nachmittag – stopften wir die Mopeds wieder in den Laster – und starteten in die letzte Etappe Richtung Nürnberg. Und in der Abenddämmerung stellte ich den Diesel endlich vor meinem Heim ab.

Ich hab' der zweitbesten aller Ehefrauen natürlich ausführlich über meine Nizza- und Gardaseefahrt erzählt, einschließlich der Poüberschwemmung in Brescia. Weiber können vielleicht hinterfotzig und schadenfroh grinsen!

Endlich wieder im eigenen Bett und vor allem Ruhe! Morgens beim Frühstücken auf der Veranda fragte mich mein Weibi verschlafen und scheinheilig: „Wo ist dir die Strudelgeschichte passiert? Brescia? Ach nein, das war bestimmt in Pipi-Ohne." – Ich werd' die Schlagrahmsprühdose, von der sie so gern direkt nascht, mit Bauschaum füllen, damit ich endlich Ruhe vor ihrem Lästermäulchen hab'! Jawoll!

P.S. Mein Tip für italienreisende Gourmets: Eiskalt abgeschreckte Eier zum Frühstück gibt's im Autogrill Brescia, Zimmer 00, 1. Kabuff links.

Im Frühtau zu Berge

Dies ist ein Tourenvorschlag, Ausgangspunkt Kötschach-Mauthen, Kärnten, Pension Lipicer.

Um sich der Gefahr zu entziehen, die von den waffenscheinpflichtigen Kulleraugen der Pensionswirtin ausgeht, flieht man in eine andere, kalkulierbarere: Man stürzt sich – als Motorradfahrer – ins Kurvengewimmel der hiesigen Bergstraßen. Das wiederum birgt die dritte Gefahr in sich: Man bleibt viel länger als geplant.

Also, raus zur Toreinfahrt, rechts abbiegen (für richtungsgestörte Biker: dorthin, wo die Handbremse ist!) Richtung Mauthen, so etwa 800 Meter.

Die Strecke ist relativ gefahrlos, Choppertreiber brauchen sich hier ihre Trittbretter noch nicht abzuschraddeln. In Mauthen werden harte Typen die bekannt guten Gasthäuser und Cafes links liegen lassen und bei der Kirche dem Wegweiser „Plöckenpaß" folgen. Weicheier legen hier schon mal eine Pause ein, weil ihnen nach dieser Etappe wegen der Vibrationen ihrer Roßbollenwalzen (Harley & Co.) Hände und Füße eingeschlafen sind.

Wir trennen uns von ihnen, stürmen zur Paßhöhe und genießen die Kurven, solange sie noch da sind. Das Straßenbauamt arbeitet heftig an deren Beseitigung. Vorsicht, in der Nähe des Gasthofs „Plöckenhaus" treiben sich öfter zweiarmige Banditen herum, ihr Werkzeug: eine Laserpistole! Abgepackte Hunderter in Scheinen bereithalten, auf Quittung achten! *(Damals gab's noch Schilling. Anm. d. Lektors.)*

Wer nach diesem Schreck – und falls ihm noch genügend Kohle übrig geblieben ist – im Gasthof einkehren möchte, sollte seine Sozia warnen: Nie das Handtäschchen offen auf den Boden stellen! Der diensthabende Bernhardiner des Hauses scheißt rein! Echt wahr! Geld und Papiere sind danach nur mehr eingeschränkt zu gebrauchen, vom Gebrauch des Lippenstifts ist abzuraten.

Ab der ehemaligen Grenze wird die Strecke etwas kurviger, Bergab-Haarnadelkurven erschrecken vielleicht Flachländler oder Besitzer von so modernen Kisten, die sich beim Bremsen aufstellen. *(sic!)*

Die Gegend ist – wie überall hier – herrlich, aber schaut gefälligst dahin, wo ihr hinfahren wollt. Eigentlich eine uralte Motorradfahrerweisheit. Und noch so eine: In den Kurven nicht mit gezogener Kupplung rumeiern, sondern am Gas bleiben und etwas mit der Fußbremse bremsen, bringt Kurvenstabilität.

MZ del Vadder vor Panoramica del Vette.

Wir erreichen Paluzza, danach biegen wir rechts ab nach Sutrio, bleiben auf der 465 bis zum Ortseingang von Ravascletto. Dann aufgepaßt: Am Ende der rechtsseitigen Betonmauer zweigen bei einer dreieckigen Verkehrsinsel zwei Straßen, vielmehr Sträßchen ab. Beide führen zur „Panoramica del Vette" – ist aber nicht extra angeschrieben.

Wir nehmen das schmalere rechte Sträßchen und kommen später auf der breiteren wieder zurück – falls wir überhaupt wieder zurückkommen. Denn eins ist gewiß: Du bist nach diesem Ritt nicht mehr derselbe! Auf der Panoramica werden Helden zu Memmen – und Memmen zu Helden!

Gehen wir's also an, bergauf durch dichte Wälder, höher und höher, enge Sträßchen und Kehren, dazu große Schlaglöcher und abgerutschte Straßenhälften, Bäume, die sich übern Weg gelegt haben. Der echte Biker beseitigt sowas mit seinem allzeit bereiten Schweizer Offiziersmesser. Dies taugt auch für hindernde Felsbrocken. Aus denen man anderswo Grabsteine schnitzt.

Und wenn dein Vorwärtsdrang, falls immer noch vorhanden, durch zu viele Kilos und zu geringe Bodenfreiheit deiner Kiste gebremst wird, ist dir klar, du hast das falsche Mopped gekauft! Der Autor empfiehlt aus eigener Erfahrung und sowieso und überhaupt MZ 250, ersatzweise Suzi DR 350 oder sonstige leichte Kost.

Von den Trittbrettschraddlern reden wir schon gar nicht mehr, die sitzen seit zwei Stunden in Mauthen beim Huber im Biergarten und schwafeln von der Route 66.

Denkt aber bitte immer an meine Empfehlung: Dahin schauen, wo's Vorderrad hinfahren soll! Es sei denn, man benutzt die absolute Einsamkeit zur Entsorgung seiner lästig gewordenen Lebensabschnittsgefährtin und des ebensolchen Moppeds. Die nervenden Teile können problemlos ins Unterholz einer einsamen Schlucht gekippt werden. Falls die LAG noch ein bißchen in der Tiefe quengeln sollte: Das gibt sich... Natürlich sind jetzt deshalb ein paar Stunden Fußmarsch angesagt. Im Frühtau zu Berge!

Sind aber der TÜV-Stempel und der letzte Liebesbeweis noch frisch, geht's munter weiter, aufpassen, daß man kein Murmeltier überfährt, das wäre mir vor ein paar Jahren beinah passiert!

Wir lassen uns auch nicht von ein paar kleinen Weglein verführen, von unserer Straße weiter in die Natur einzudringen, denn wo kämen wir hin, wenn wir überall hinkämen? Negativbeispiel: Der Großglockner.

Oberhalb der Baumgrenze geht's längere Zeit ziemlich waagerecht, und ich empfehle, die Maschine abzustellen, sich am üppig blühenden Almrausch zu erfreuen und eins zu genießen: Die Stille. Ungewohnt für Großstädter und für Discofuzzis der sichere qualvolle Tod. Man hört höchstens ab und zu das Pfeifen eines Murmeltiers oder das Krächzen einer Dohle. Natur pur. Aussicht ohne Ende!

Nach etlichen Kilometern auf der Höhe geht's allmählich wieder talwärts durch dichte Wälder, Richtung (es gibt eh nur eine) Ravascletto – das Schwierigste ist überwunden. Verkehr? Auf der ganzen PdV – am 19. Juni Nullnull – 2 (in Worten: zwei) Autos.

An der bewußten dreieckigen Verkehrsinsel sind wir wieder bei unsrer Einfahrtsstelle angekommen. Du fühlst dich als Held, als ganzer Mann – auch wenn du vorher eine Frau warst und etwas weicher in deiner Hose sitzt!

1. Mai, Nürnberg-Süd:

Brüder, zur Sonne, zur Freiheit

Und weil keiner weiß, ob's die überhaupt gibt und wo die wohnt, geht's wenigstens ab zu Freibier nach Kloster Weltenburg. Alljährlich bricht am 1. Mai bei den fränkischen Motorradfahrern der Wahnsinn aus, und sie versammeln sich zu Tausenden wie die Lemminge an der Kreuzung Trierer/Münchener Straße.

Für so zwei Stunden wird der Verkehr lahmgelegt, die Bullen zuerst auf Trab und dann zur Resignation gebracht, weil die keinen verantwortlichen Veranstalter, Präsidenten oder sonstigen Häuptling finden, der für das friedliche Chaos zuständig ist.

Muß ja ein lustiges Bild vom Polizeihubschrauber aus sein: Wie eine rote Insel inmitten von Hunderten von Bikes der städtische Omnibus. Drinnen zu dieser Zeit hauptsächlich die vom Südfriedhof zurückfahrenden Witwen mit dem Gießerchen festumklammert auf dem Schoß – draußen hunderte knackige Biker. Und beide Menschengruppen hatten – so scheint's mir wenigstens – ein bißchen Appetit aufeinander. Vor allem die lüsternen Witwen mit ihren hormonellen Verwerfungen und Staus. Eine, die ihren exzellenten Geschmack nicht mehr unter Kontrolle halten konnte, winkte mir aufreizend zu, und ich sah zwei Ringe an ihrem rechten Ringfinger! Doch ich widmete mich lieber meinem Mopped, denn ich weiß ja, wie das endet: Man wird mit der Gießkanne besucht!

Na ja, irgendwie kam die Karawane mit etwa 4000 Mopdeds in Bewegung Richtung Neumarkt und Weltenburg.

Halb Mittelfranken und Oberpfalz standen am Straßenrand, die Leute winkten und jubelten (mir zu?) wie beim Einzug von Jesus in Jerusalem. Ich segnete die Gläubigen mit der Kupplungshand, und aus der Menge tönte die Stimme eines Blinden: „Ich kann wieder laufen“, und ein Lahmer bestätigte: „Ich kann es sehen!“ Gichtlinge rannten plötzlich – um ihr Leben, um der MZ-Wolke zu entgehen.

All dies wurde von vielen Kameras aufgenommen, die auf Stativen in Vorgärten und auf Brücken standen. Die Betreiber waren hoffentlich nicht vom grünen Trachtenverein. Auch sonst gab es Lustiges zu sehen. Irgendwo an der Strekke parkten wir an einem Seitenstreifen, um die Prozession meiner Jünger (ja, die waren alle jünger) vorüberziehen zu lassen. Ein Chopperfahrer mit Wehrmachtsstahlhelm und (angeklebtem?) blondem Zopf machte es uns nach, kriegte die S-Kurve mit seinem meterbreitem Lenker nicht richtig hin und legte um ein Haar seinen Tiefflieger in den Straßengraben. Wo er nach meiner Meinung sowieso hingehört, und ich hätte ihn auch nicht mit rausgezogen. Er riß natürlich gleich den Helm ab, der Zopf blieb am Kopf, und ich wurde neidisch (meine Frisur ist eher pflegeleicht und beginnt unterhalb des Kragens), Handy raus und losgequasselt. Seine Fransen am Jackenärmel wehten im Wind, man nennt das, glaube ich, heutzutage *Lifestyle*.

Traurig: Es waren kaum mehr Zweitakter zu hören, zu riechen und zu sehen. Ein MZ-Gespannfahrer fuhr beim Anblick meiner ETS vor Freude mit hocherhobenen Seitenwagen bestimmt 'nen halben Kilometer weit. So was baut auf.

Die Biergärten an der Strecke füllten sich nullkommanix mit Bikern und -innen, die Wirte hatten vorsorglich die Preise erhöht, die Wirtinnen die Dekolletés nach Süden ausgeweitet. Das bringt den Rubel und die Äuglein ins Rollen – alle Jahre wieder.

Und im Kloster Weltenburg gibt's garantiert kein Freibier, die Möche sind nicht vom Orden der barmherzigen Brüder, sondern rechnen Maß gegen Mark, Bier gegen Bares, ist's aber wert, ich weiß das aus Erfahrung. Und mit der Freiheit ist es auch nicht weit her, denn schließlich ist es ein Kloster. Aber trotzdem, nix wie hin, nur nicht am 1. Mai!

Karnische Alpen

Kleine Vorbemerkung: Seit über drei Jahrzehnten verlebe ich – meist mit meiner Familien-Bande – meine Urlaube in Kötschach-Mauthen am Fuße des Plöckenpasses. Klar, daß ich in der langen Zeit manchen Kondesstreifen über Berge und Täler dieser herrlichen Region gezogen habe. Also heute Tipp Nr. 2.

Von Kötschach ab Pension Lipicer nach Süden übern Plöcken, danach weiter bis Paluzza. Ziemlich am Ortsende rechts sind Kasernen, und gleich danach zweigt in spitzem Winkel links die Via Tersadia ab (ich glaub', da ist schon ein Wegweiser nach Paularo), und da sind wir auch schon richtig auf dem Weg eben dort hin.

Und am Ende der heutigen Tour werdet ihr mich loben und preisen!

Also immer der Nase nach in das nach Osten führende Tal – und dann, Freunde, versprech' ich euch: Mehr Kurven gibt's nirgends!

Gleich nach Ligosullo verfahren wir uns erst einmal, weil wir an einer Weggabelung links bergauf geschossen sind und in eine Sackgasse geraten. Ich warne ausdrücklich nicht vor diesem Irrweg. Wer schon mal dort war, weiß, warum.

Die ausgeschlafenen Burschis aber stechen an besagter Abzweigung rechts in die richtige Strecke nach Paularo. Verfahren ist ab hier eigentlich unmöglich. Nicht unmöglich ist, daß sich, besonders bei Autobahnheizern, das Steuerkopflager überhitzt.

Wenn ihr dann wirklich Paularo erreicht habt, waren eure Bremsanlage und Reflexe in Ordnung, andernfalls schießt ihr geradeaus durch ein Tor (Vorsicht: zwei Pfosten!) und, links, rechts, auf eine Art Marktplatz. Das Gejaule der Marktweiber läßt uns kalt, unterm Helm hört man's eh nicht. Er schützt uns auch vor hinterrücks nachgeschmissenen Tomaten, Kürbissen usw. Wir verschwinden bei dem gegenüberliegenden Sträßchen, rechts ist der Desparmarktladen, aus der Wurfweite der Marktweiber und sind schon wieder auf dem richtigen Weg zum Passo di Lanza.

Innerhalb der Ortschaft dürfen wir uns nicht verleiten lassen, rechts abzubiegen, 's ginge eh nicht weit. Außerhalb zweigt ein unscheinbares Weglein links ab, hier sind wir endgültig auf dem Weg zum Lanzenpaß. Ein Horror für Putzwütige: Schotter! Und je nach Witterung Staub oder Schlamm. („Lebberie" song mer Nernbercher derzou.)

Der Sachsenmix auf Feinschotter auf dem Lanzenpaß.

Irgendwo steht neben der Straße das bekannte runde Sperrschild. Man kann das, glaub' ich, ignorieren, muß sich aber darauf gefaßt machen, daß im weiteren Straßenverlauf ab und zu ein paar Meter Fahrbahn fehlen. Ruhig Blut, Leute, erstens gehört sie uns ja nicht. Und zweitens findet man das fehlende Trum 'ne Serpentine tiefer wieder. (Stand der Dinge: so 1997.)

In Pontebba angekommen, haben wir die Qual der Wahl: Val di Aupa, Sella Nevea, Passo Pramollo. Die fertigen Typen röcheln nun: „Nix wie heim!", sinken beim Anblick ihrer verdreckten Mopeds in den Staub der Straße, lechzen nach einer Sauerstoffmaske und Schreibzeug für's Testament und ordern per Handy den nächsten Pfarrer. Wir geben ihnen den Rat, sich nach ihrer Wiederauferstehung über den Passo Pramollo (auch sehr schön) wieder in Richtung Austria zu verziehen. Kleiner Tip von mir: Sind die Kühe auf der Alm hübscher als die Sennerin, seid ihr auf dem richtigen Weg nach KöMau!

Wer jetzt richtig Blut geleckt hat (es muß ja nicht unbedingt das eigene sein), steuert die im spitzen Winkel nach rechts führende Straße ins Val di Aupa – Grauzaria-Moggio an. Wunderprächtig! Einsam! Nach Moggio nehmen wir die nach Norden führende SS 14 bis Chiusaforte, biegen dort rechts ab zum Sella Nevea. Es wird wieder grandios, ich versprech's euch!

Leitplanke vor Patocco.

Leute mit Adleraugen entdecken vielleicht unterwegs die Abzweigung links nach Patocco, ein Nest am Ende der Welt. Nix wie hin, wenn's die Zeit zuläßt!

Irgendwann stoßen wir auf eine Hauptstraße, rechts nach SLO. Die lassen wir links liegen und nehmen die linke, das ist die rechte nach Tarvisio. Wer nach diesem mir völlig unverständlichen Satz das Nest trotzdem findet, ist eine echte Spürnase.

Doch Achtung! Hier beginnt die gefährlichste Strecke der ganzen Tour (Weiberleit dürfen ab hier nicht weiterlesen!), das Kaff beherbergt einen riesigen Markt. Unsere Angebeteten sind für ein paar Stunden dort drinnen verschwunden und kommen danach mit völlig überflüssigem Plunder wieder zum Moped zurück, wo man(n) ihn ohnehin kaum verstauen kann.

Tip vom alten Hasen: Beim ersten Auftauchen der Hinweisschilder „Mercato" mittels Killschalter Panne vortäuschen. Oder, falls Trick von Sozia durchschaut, ein paar Minuten lang während der Fahrt Fußbremse betätigen. Stinkt dann fürchterlich, Sozia kriegt Angst, wir könnten nicht mehr heim kommen – und schon können wir die Gefahrenzone Tarvisio nonstop durchqueren. Also, Kumpels, hellwach sein! Denn wer zu spät bremst, den bestraft das Leben. Beziehungsweise die Sozia.

Wer für heut' genug hat, fährt nach Norden über Thörl, die österreichische Bundesstraße 111, direkt nach KöMau, flackt sich auf die Terasse und ordert ein Bier. Er hat sich's verdient.

Die Echten unter uns Bikern aber streben erneut gen Pontebba, folgen den Hinweisschildern „Passo Pramollo" und „Austria" – dort hört der Paß auf den Namen „Naßfeld" – und kommen ebenfalls auf die 111. Vorsicht, die 111 ist laser- und radarverseucht. Deswegen biegen wir schon wieder in Kirchbach links ab und fahren auf der Schattenseite Richtung Mauthen, fragen uns mühsam nach Kötschach durch, und wenn die Kühe hübscher ..., sind wir gleich daheim.

Wir flacken uns auf die Terasse, warten auf die fertigen Typen von heute vormittag, ordern *zwei* Biere – eines für den Schreiber dieser Zeilen – und loben und preisen ihn, weil er sich wegen euch den Wolf geritten hat.

Noch'n Tourentipp

Der Ausgangspunkt ist natürlich wieder Kötschach in Kärnten. Wieder geht's übern Plöckenpass, wieder biegen wir nach Paluzza rechts ab und nehmen die 465 über Ravascletta (dort könnte man ja auch gleich die Panoramica mitnehmen) bis Gomeglians. Dort biegen wir rechts ab, nunmehr auf die 355 nach Rigolata, Forni Avoltri, Sappada bis Campolongo. Die Strekke ist problemlos, es sei denn, vor euch kraucht ein silbergrauer Mercedes C 200 her. Dann ist der Tag gelaufen...

Doch davon später. In Campolongo aufpassen, ungefähr in der Ortsmitte geht's links ab, Richtung Kirchturm. Wenn ich mich recht erinnere, hab ich irgendwo ein Hinweisschild „Razzosattel" („Sella die Razzo"?) oder Forc. Lavardet gesehen. Is' ja auch wurscht, es geht nur dies eine Tal nach Süden.

Ich weiß nicht, ob ich's ausdrücklich erwähnen soll, die Straße wird bald zum Schotterweg. Wer seine Nerven und sein Fahrkönnen schon auf der Großglockner-Autobahn verbraucht hat, legt hier ein Päuschen und dann den Rückwärtsgang ein. Doch, doch, heutzutag haben Einspurlastwagen so was, und ihre Kapitäne zeigen's dem staunenden Laien gern, der Fachmann jedoch wendet sich mit Grausen. Hundertfünfzig Kilo zuviel und hundertfünfzig Millimeter zuwenig Bodenfreiheit versperren die Wege ins alpine Paradies, das ich 2001 das erste Mal befahren hatte.

Ziemlich am Anfang der Strecke gleich das Sahnestückchen: Auf höchstens einem Kilometer sechzehn Serpentinen –

asphaltiert! Ich war bestimmt nicht der erste, der seine Kiste gewendet hat, um erneut wieder raufzubrettern! Geil! (Um es in der heutigen Ausdrucksweise zu beschreiben.)

Danach geht's auf Schotter wieder weiter, nicht rechts abbiegen, 's geht nur zu einer Hütte, und irgendwann stoßen wir auf eine Teerstraße. Wir haben den Razzosattel erreicht. Lust auf mehr? Bitte sehr, rechts ab zum Sella Ciampigotto, ins Piavetal, und zur Erholung Richtung San Stefano di Cadore, dort auf der 532 übern Kreuzbergsattel bis Innichen. Richtung Austria und bei Tessenbach rechts ins Lesachtal.

Wieder super, und es könnte sein, dass ihr euch beim Absteigen im Hof der Lipicer-Pension ein paarmal um die eigene Achse dreht und umfallt. Liegenbleiben! So wie jeden Morgen! Die Mund-zu-Mund-Beatmung unserer Hauswirtin macht jeden Ötzi wieder springlebendig. Man darf sich's nur nicht gleich anmerken lassen!

Zweite Variante: Auf'm Razzosattel diesmal links, ins Val Pesarina auf der 465 bis zur Einmündung zur 355, nach Süden bis Ovaro. Dort links zum Monte Zoncolan. Die Tour bin ich vor etwa zehn Jahren zuletzt gefahren, also alle Angaben ohne Gewähr! Mir ist die Strecke als grottenschlecht in Erinnerung, also nix wie hin, vielleicht gibt's hier Neues zu berichten.

Abwärts Richtung Sutrio ist sie jedenfalls bestens. Dort kommen wir wieder auf die Hauptstraße zum Plöckenpaß und sind bald wieder im Hof der Pension Lipicer, lassen uns umfallen, und auf die Frage nach der Mund-zu-Mund-Beatmung, wie es denn war, dürfen wir keinesfalls antworten: „Obergeil!" – „Bitte sehr", werden wir zur Antwort kriegen, „ins Lesachtal, vor St. Lorenzen links ab, dort liegt Obergail." Und wir können uns erneut den Arsch wund reiten.

Noch was zum Schluß: Wenn ich als fast Siebzigjähriger mit einer fast dreißigjährigen MZ unbefestigte Pässe „bezwinge", dürfte es für Jüngere doch kaum Probleme geben, es mir nachzutun. Oder werden die „Schotterschisser" immer mehr? Das Erlebnis dort droben ist – für mich jedenfalls – unbeschreiblich. Also, (r)auf geht's!

070 auf 355

Ne reißerische Überschrift ist schon das halbe Kapitel!) Während meiner Erkundungsfahrt zum Lavardet lauf' ich auf der italienischen Staatsstraße 355 auf einen silberfarbenen Mercedes C 200 auf, Kennzeichen 070. Nix Ungewöhnliches, aber dieses Zusammentreffen (bitte nicht wörtlich nehmen!) hätte um Haaresbreite eine menschliche Bestie, einen Frauenmassenmörder oder Wasweißichnochalles aus mir gemacht! Und ich hätte nix bereut!

Ich laufe also auf den Benzen auf und lauere auf eine Überholchance. Die Straße ist schmal, kurvig und so richtig für Mederers Vadder und seine MZ. Doch der Kurvenräuberei stehen buchstäblich zwei Dinge im Wege: Durchgezogene weiße Mittellinie, soweit das Auge reicht, und als Krönung von det Janze: Frau am Steuer! Sie waffelt pausenlos Richtung Beifahrersitz, dort muß sich ein Kind oder ihr Hutzelmännchen angstvoll im Fußraum verkrochen haben, und diesem Unsichtbaren gehört mein ganzes Mitleid, denn: Signora rollt mit sageundschreibe dreißig Sachen dahin! Ihr Automatikwählhebel steht garantiert auf Stufe zwei, was sie in ihrer weiblichen Logik auf zwei Personen im Benzen bezieht. Und so hab' ich eben Pech, daß nicht ein paar Personen mehr an Bord sind, mit vier würd' die Kiste gleich ganz anders flitzen.

Aber wäre es zuviel verlangt, Madame, wenn sie ihr zartes Füßchen ein klein wenig nach vorne-unten bewegen würden? Das rechte, bittschön?

Meine Tachonadel schläft bei Dreißig, daneben schnarcht der Drehzahlmesser... Signora verstellt den Innenspiegel und zupft ihr Stirnlöckchen von der Mitte nach linksrechtslinks, und am Ende der Prozedur federt's wieder in die Ausgangsstellung zurück, Signora ist sichtlich zufrieden. Daß während dieser außerordentlich wichtigen Löckchenkorrektur ihr Benz synchron ebenfalls linksrechtslinks mitzickzackt, läßt mich ahnen, daß a) der Benz noch neu sein muß, denn er ist noch unbeschädigt, und b) er ein wahrscheinlich kurzes, kratzer- und beulenreiches Leben vor sich hat. Ihre *Carrozzeria*-Werkstätte weiß jedenfalls immer, was sie montagsfrüh als erstes zu tun hat.

Signora nestelt ihr *Telefonino* heraus (das ist der italienische Zwillingsbruder unseres Handies). Ich hab's geahnt, sie muß wegen ihres Löckchens *subito* ihren *Barbiero* konsultieren, auch wäre eine neue Farbe zu überlegen – Signora trägt derzeit rot wie Milva. Schließlich kommen Signora und ihr *Figaro* überein, eine der jetzigen Saison gerechte Kurzfrisur zu stylen. Das heißt, die Mähne ratzfatz (ital.: *razziofazzio*) runter. Signora in ihrem Wagen zerschneidet bei diesem Wort waagerecht mit der flachen Hand die A-, B- und C-Säule ihres 070. Erschrocken taumelt der Benz Zickzack Leitplanke-Felswand-Leitplanke. (Daher haben die Planken auch ihren Vornamen: Weil d'Leit immer gegen die Planken fahrn.) Ich krieg' das alles genau mit, denn mein Emmzettele hat schon gar keinen Gang mehr zum Runterschalten. Und die weiße Linie ist fünf Zentimeter links neben dem armen Benz.

So verrinnen die kostbarsten Stunden meiner Jugend hinter der Stoßstange des 070. Ich koche!

Signora legt zufrieden das *Telefonino* beiseite, um einige Kurven anzusteuern. Dies erfordert natürlich ihre ganze Konzentration – und sie schafft es! Ich kämpfe zwischen 0,9 und 90 Grad Kurvenneigung, eher so letztere, weil man bekanntlich mit'm Mopped in der Kurve ohne Vortrieb schlichtweg umfällt. Außerdem muß ich höllisch aufpassen, daß der Benz keine Schleimspur zieht. Bei dem Tempo. Sie versaut mir die herrlichsten Kurvenkombinationen, ihr Fahrstil erfüllt den Tatbestand der seelischen Grausamkeit! Mit diesem Paragrafen hängen die scheidungswütigen Weiberleit' doch immer ihre armen, braven Ehemänner rein, und was tut diese Matz mir an? Bringe mir einer das Haupt dieser industrieroten Schlange auf einem silbernen Tablett, und ich werd ihm meine roten Zahlen meines Kontos vererben! Meintswegen auch in einem Plastiksackerl vom Aldi, aber bringt's mir! Die hat mich in den vergangenen Stunden (so viel müssen's bestimmt gewesen sein!) zum Frauenhasser gemacht! Es sind doch immer dieselben Weibsleit, die uns Männern den Spaß am Verkehr verderben. Und ich meine nicht nur diesen. Sondern auch jenen.

Signorina krallt sich – ungerührt des menschlichen Dramas, das sich hinter ihrer (nein, hinter ihres Autos) Stoßstange abspielt – erneut ihr Lieblingsspielzeug, um ihre beste Lieblingsfreindin (bekanntlich sind bei den Weibern da die Grenzen fließend) von der Umgestaltung ihres Haupthaares zu unterrichten. Dabei fällt der Benz wieder in Zickzack, und der geneigte Leser und ich wissen, welches Wort ins Telefönchen gehaucht wurde.

Der Mercedesjäger.

Mir reicht's! Auf die Gefahr hin, den Rest meines Lebens auf einer italienischen Sträflingsinsel zu verrotten, düs' ich, den weißen Strich mißachtend, am Benz und seiner Alten vorbei. Endlich! Und sogleich erscheint mir das Leben nicht mehr ganz so freudlos. Allerdings wart' ich seitdem auf amtliche Post aus Italien.

Es dauert nicht lange, und ich häng erneut hinter einem Auto (wer mich kennt, weiß, ich roll den Verkehr gnadenlos von hinten auf), Fiat Punto, und am Steuer: ein Weib! Und ehe das Un-Tier wieder in mir erwacht, muß ich zugeben, Signorina fährt nicht schlecht! Obwohl blond!

Nach einiger Zeit des Jagens setzt sie sogar fairerweise den rechten Blinker, um mich vorbeizulassen. Meine Frauenfeindlichkeit ist wie weggeblasen, ich bin ja nicht nachtragend, beim Überholen ein kurzer Blick zu der Maus am Steuer: Oh Schreck! Das ganze Gfrieß gepierct, als hätte sie einen Tacker geknutscht!

Ich hasse Weiber! Es muß doch noch was Besseres geben? Was geht ab am anderen Ufer, was lauert hinter den Hosenladen der bayrischen Seppeln? Was trägt der Schotte unterm Rock? Na ja, wenigstens war's auf'm Lavardet, dem Razzo und dem Plöcken super, wenn auch nicht weiberfrei.

Fix und fertig sinke ich abends in mein Bettchen in einen unruhigen Schlaf. Gottseidank erscheint mir im Traum endlich mal wieder meine Traumfrau und tröstet mich: „Mederers Vadder, du hast ja so recht, solche Weiber g'hören von der Straß' wech und ungespitzt bis zum Hals in' Boden neig'haut!" – „Jawohl, Traumfrau", hör' ich mich grummeln, „und der Kupf mit die Gummistiefel wechgschtolpert!"

Pannentour 2001

Der Urlaub 2001 wird allen Beteiligten – Käpt'n Blaubeer, MilkyWay und mir – ewig in Erinnerung bleiben. Und wer hatte für ein so hochkarätiges Unterhaltungsprogramm gesorgt? Wie immer ich beziehungsweise meine MZ.

Der Reihe nach: Es war verabredet, sich am 1. Juni um 13 Uhr an der Autobahn-Einfahrt Nürnberg-Königshof zu treffen. Dann sollte es in den Bayerischen Wald gehen, später gen Kärnten, Kötschach (wie immer), Dolomiten, Gardasee. Kein Problem für eine so kampferprobte Mannschaft und ihre bewährten, zuverlässigen Moppeds.

Spätestens bei diesem Satz werden meine Begleiter in höhnisches Gelächter ausbrechen. Gemeines, undankbares Volk! Wo wir sie so mit Kurzweil und Überraschungen versorgt haben.

Es ging schon los, als ich mein Garagentor hochhob: Robert, hast du 'nen Augenfehler? Dein Nummernschild hängt krumm! Gibt's gar nicht, alle Schrauben fest, du spinnst (was ja nix Neues ist). Und so fuhr ich mit dem nichtkrummen Nummernschild zum Treffpunkt. Dort wartete schon der Käptn und rauchte eine. Das macht er immer so, um uns zu zeigen, daß wir a) zu spät dran und b) an seiner Nikotinsucht schuld sind. Gut also, bei Los geht's los. Nur bei meiner MZ nicht. Sie sprang nicht an. Das geht ja schön los, sie will nicht in den Urlaub!

Ich hätt' auf sie hören sollen, sie benahm sich wie ein kluges Pferd, das seinen Reiter instinktiv vor einem gefährlichen

Weg warnen wollte. Aber wenn der Reiter dümmer ist als sein Gaul, läßt er die MZ von seinen Freunden anschieben. Seitdem versuch' ich zu vergessen, was ich mir von diesen beiden „Freunden" anhören mußte.

Die MZ sprang an, das Drama konnte beginnen. Vor Cham sagte sie das erstemal „mööööh!", wir alle kennen das Geräusch, wenn der Motor aus irgendwelchen Grund nicht mehr mag. Sch...ade! Ein Funke ist da, also Werkzeug aus'm Tankrucksack, Sprit kommt aus'm Benzinschläucherl, muß am Vergaser liegen. Der wurde zerlegt, aber an ihm lag's auch nicht. Es lag schlicht daran, daß irgendein Gepäckstück im Tankrucksack verrutscht war und das Belüftungsloch blockiert hatte. Wer kommt schon sofort auf sowas, nach über hundert Kilometern?

Bei der Bauerei am Straßenrand bemerkte ich auch, warum das Nummernschild krumm hing: Der linke Ausleger, auf dem sich der Hauptständer drehte, war eingerissen und nach oben gebogen, dadurch stand die ganze Kiste schief. Nicht so schlimm, beim Aufbocken stützte sich der Ständer am Motorgehäuse ab, und schließlich gab's auch noch den Seitenständer.

Irgendwo wurde ein Päuschen gemacht, und beim Absteigen fiel ich mit der ganzen Kiste um wegen des verdammten verrosteten Hüftgelenks, der linke Blinker sagte „Kracks!" und „Tschüß!"

Und da schworen drei Freunde einen Rütlischwur: Einer gibt das Rauchen auf, der zweite läßt sich ein Titangelenk einbauen, und der dritte macht den Einser-Lappen und schafft sich was Dickeres an. Bisher rodelte er auf einer 125er Varadero rum, aber beide schlugen sich recht wacker. Jetzt, nach einem Jahr, steht fest: Zwei haben ihr Versprechen gehalten, mehr sog' i net.

Im weiteren Verlauf unserer Fahrt kriegte die MZ immer wieder schluckauf im Form von Zündaussetzern. Also knipste ich das Licht aus, damit sich die Batterie wieder erholen konnte. Ihre Vorgängerin hatte den gleichen Fehler, schien aus der gleichen Serie zu stammen. Dachte ich, und dachte wieder falsch.

Abends im Hotel angekommen, sah ich in allernächster Nähe eine Renault-Werkstätte. Da biste richtig, dachte ich, und diesmal dachte ich richtig. Ich könne jederzeit vorbeikommen, meinten die Franzosenpfleger, sie würden meinen Hauptständerrahmenausleger schneller schweißen, als man mein Wortungetüm lesen könne.

Am nächsten Tag zog ich allerdings erst einmal ein paar Kondensstreifen durch den Bayerwald und entdeckte nebenbei ein nettes kleines Motorradmuseum. Wirklich mit viel Liebe und Fleiß von einem Ehepaar eingerichtet. Nein, Kinder hatten sie anscheinend nicht.

Auf der Rückfahrt zum Hotel legten wir noch einmal eine kurze Tabakpause ein, dabei kam ich auf die Idee, die Zylinderkopfschrauben nachzuziehen, das braucht's besimmt. Ratsche angesetzt, und schon war der linke vordere Stehbolzen ab. Bestimmt so ein billiger West-Nachbau!

Die Kumpels regten sich mächtig auf, Hondafahrer scheinen wenig belastbar. Ich wußt' nämlich, was sie nicht wußten: Im Seitenkoffer war Ersatz, der kluge Mann baut vor! Und in die Werkstatt mußt' ich ja sowieso.

Emzette carbonara.

Anderntags genehmigte ich meinen Fahrschülern einen Soloausflug, einen Tag ohne meine Oberaufsicht, das könnt' schon mal geh'n. Ich wollte mich ein paar Stunden um meine MZ kümmern.

Also kamen Tank, Zylinderkopf und Zylinder runter, eine Schraube rauszudrehen hatt' ich mir ja schon erspart. Der Werkstattbesitzer stellte Bohrer, Bohrmaschine, Linksausdreher, Dichtungspapier zur Verfügung, kurzum, alles, was ich brauchte. Alles paletti, die Waldler sind bekanntlich nette, hilfsbereite Leut, wirklich! Daß der Stehbolzen vom Nachfolgermodell MZ TS zu lang war, störte kaum. Mit einigen Tricks konnte er verwendet werden.

Ja, wo ein Genie am Werkeln ist, da fallen Späne. Bei mir war's der Plastestuzen am Benzinhahn, der beim Aufsetzen des Tanks abbrach. Kein Problem, der Werkstattmann brachte ein Stück Bremsleitung und eine Überwurfmutter mit Aussengewinde, diese wurde passend aufgebohrt, das Bremsleitungsröhrchen eingelötet, der Tank wieder aufgesetzt. Ein Automechaniker hatte inzwischen den Rahmenausleger geschweißt, die Kiste war wieder fahrbereit – und der Tag um. Welch erhebendes Gefühl, sein gelungenes Werk am Abend stolz zu betrachten und die Idioten zu verachten, die den Tag mit Moppedfahren totschlagen und die Leut mit Radau und Gestank belästigen! Jawoll!

Übrigens, der freundliche Werkstattmensch wollt mir auf mein Drängen hin eine Summe abknöpfen, bei der ich direkt rot wurde. Bei seiner Frau hab ich das Doppelte hingelegt, 's war immer noch sehr billig. Ja, unsere Waldler!

Anderntags ging's dann weiter Richtung Salzburg, und bei einer Rast schmiß ich die Drehzahlmesserwelle weg, sie hatte sich abgewürgt. Bei der Tauernabfahrt fing die Scheißkiste wieder an zu spinnen. Diesmal war ich echt am Ende, und hätte Käpt'n Blaubeer sie nicht wieder zum Laufen gebracht, ich hätte das Biest in den Bach geschmissen. Aber nicht mal ein solcher war da. Es gibt eben Tage, da geht nicht nur nichts, sondern ganz und gar überhaupt niemals nie nichts. Der 4. Juli war so einer.

In Kötschach/Kärnten war's wie immer prächtigst, wir fuhren übern Plöckenpaß, die Strecke Paluzza, Paularo, durchs Val di Aupa, über's Sella Nevea und in Ost-Westrichtung den Lanzenpass. Käpt'n Blaubeer hat sich aber übern Naßfeldpass verzogen, er mag den Schotter vom Lanzen nicht. (Feigling, Feigling!)

Und wenn der weitgereiste Kumpel Milkyway das als den schönsten Urlaub seines Lebens bezeichnet, dann, liebe Leser, nix wie hin! Milkyway ist aber tapfer hinter mir hergeritten, über übelsten Schotter, und auf der Westabfahrt hat er mich abgehängt – meint er. Bei einer Tunneldurchfahrt bin ich endlich dem Kupferwurm auf die Schliche gekommen: Im Dunkeln hat man ganz zart die Ladekontrolleuchte glimmen sehen! So eine Sau! Läßt mich fast ohne Licht in einen unbeleuchteten Tunnel sausen, vom grellsten Sonnenlicht ins Schwarze. Blaubeer hat dann den Regler wieder hingekriegt – wofür hammern dabei, wofür hammern Autoelektriker lernen lassen? Seitdem gab's nix mehr zu fummeln und zu schrauben, und der Urlaub drohte zu verlangweilen.

Bis die Forellen kamen. Das heißt natürlich, wir kamen zu den Forellen. Ach, ich bin noch heut ganz durcheinander und ich fürcht', meine Leser am Ende dieser Forellengeschichte auch. Weiterlesen ab hier auf eigene Gefahr!

Wir ham also mit unsern Wirtsleut ausgemacht, wir besorgen so ein Dutzend Forellen, und unsere Hausfrau macht für alle ein feines Fischessen. Kochen kann die!

Ein paar Ortschaften gailtalabwärts ist eine Forellenzucht, nix wie hin, auf der Tal-Südseite schlängelt sich eine kleine schmale Straße, so richtig zum Moppedfahren. Ich fuhr voraus, ich wußt' ja, wo's hingeht. Meine beiden Azubis gurkten notgedrungen hinterher, so gut sie's eben konnten. (Sie konnten, na ja, wie Azubis eben können.)

Dann ging's noch ein Stückerl Staatsstraße, und etwas abgelegen zur Forellenzucht. Ein Dutzend solcher Viecherl mußte für uns das Leben lassen, und ihre Leichen verschwanden in meinen Seitenkoffer.

Zurück nach Kötschach auf dem gleichen Weg und ab und zu ein Kontrollblick in den Rückspiegel: Wie sich's gehört, wurden die Kumpels immer kleiner und waren zuletzt ganz verschwunden. So wie am Herweg. Ja, wenn der Chef vorausfährt, ham die Azubis nix zu lachen! Und ich malte mir schon einmal aus, wie ich auf der Veranda, im Lehnstuhl mich räkelnd, diese absoluten Nullen runterputzen würde. Geiles Gefühl!

Im Gefühl des sicheren Sieges düs' ich in den Hof, stell' das Mopped ab, reiß' die Tüte mit den Fischen aus'm Seitenkoffer und sprinte Richtung Küche.

Ich hör' auf einem halben Ohr Blaubeers Lachen – das gibt's nicht, es muß das Echo noch von heute morgen sein.

Ich trau' der ganzen Geschichte doch nicht so recht, obwohl, kann gar nicht sein! Unmöglich, diese Nullen hab' ich doch abgehängt, meilenweit.

Doch ein bißchen Vorsicht schadet nicht, ich spechte vorsichtig um die Eingangstür Richtung Lehnstühle, und mich trifft der Schlag: Räkeln sich doch diese Fratzen und feixen respektlos in Richtung ihres Chefs! Erst einmal Brille putzen. Danach waren sie aber immer noch da. Zwicken – aua! Robert, du träumst nicht, es sind MilkyWay und Blaubeer! Die, die mich nicht überholt hatten und doch vor mir da sind ...

Gut, daß ich in der nächsten Viertelstunde nicht begriffen hatte, was die beiden über mich gelabert haben, mir war's, als würde ein Quirl meine grauen Zellen durcheinanderwirbeln. Ich hab ihnen nur ihr kindisches Gehabe vorgehalten, sich in die Liegestühle zu fläzen, auf den Letzten zu warten um ihn zu verarschen. Schließlich muß einer doch der Letzte sein, oder? Erwachsen werdet ihr wohl nie. Aber gewurmt hat's mich schon: Die Azubis als erste am Ziel.

Später sind's dann doch damit rausgerückt, sie sind einfach die Bundesstraße weitergefahren, die stellt kaum Ansprüche ans Fahrkönnen, also das Richtige für diese fahrerischen Nullen. Na, wenn sie bei mir nicht fahren lernen wollen, werdens schon sehen, wo's bleiben. Heuer gehen's ohne mich auf Urlaubstour. Nicht, weil ich immer noch ein klein wenig beleidigt bin, sondern weil mich Bandscheiben und Ischias quälen.

Fazit der Pannentour 2001: Ich hätt' beim Start auf mein Pferdchen hören sollen, dann hätt's keine Pannentour 2001 gegeben. Und keinen Ärger. Und die Gschicht hätte ich auch nicht tippen müssen.

Schrauberfreuden

„Ist der Hebel lang genug, geht jede Schraube auf – egal, in welche Drehrichtung." Dieses Motto ziert manche Bastelwerkstatt. Natürlich nicht bei Mederers Vadder, dem Klempnermeister aus Passion und Nürnberg.

Er meistert technische Schwierigkeiten mit Bedacht sowie Klempnerman's Multitool – der Fünfeinhalb-Zoll-Rohrzange.

Kupferwurms Betriebsjubiläum

Diejenigen, die mich kennen, werden jetzt die nächsten Seiten überblättern, weil sie glauben, der Mederers Vadder wird langsam alt, und geflunkert hat er schon immer. Aber ich schwör's beim Barte des alten Bosch: So wenig gelogen wie in diesem Leid-Artikel hab ich noch nie!

Es begann eigentlich schon 1973, als ich nach Verkauf meiner R 69 S ohne Motorrad war und mein Auge auf die letzte ETS fiel, die beim Kleckermann im Laden stand.

Noch ehe der Verkäufer und ich begriffen, auf was wir uns da eingelassen hatten, war ich bereits Besitzer dieser gelben Sachsen-Harley.

Die gleiche Farbe bekam mein Gesicht, als nach 4500 Kilometern das Kurbelwellenlager hinüber war und Kleckermann das Wort „Kulanz" für albern befand. Nach Kilometer 8000 litt das Mopped nochmals unter dem gleichen Schaden, weil die schlauen Kleckermänner natürlich wieder DDR-Kugellager eingebaut hatten. Nun, selbst ist der Mann, dachte ich mir (und die Axt im Haus erspart den Scheidungsrichter), und wechselte das Lager mit Bauerntrick 17 selbst. Aber ein wenig verstimmt war ich schon.

Die nächsten sechs Jahre vergingen ziemlich problemlos (oder läßt das Gedächtnis nach?), und 1980 verließ sie mich, weil ich sie mit einer 250er Kawa betrog. Fortan lebte sie bei einem Kfz-Fachmann (keinem schlechten!), der sie jedoch nach einer Saison in seine Blechgarage verstieß. Aus dieser befreite ich sie 1986 wieder, brachte sie durch den TÜV und freute mich über unsere private Wiedervereinigung. Doch dann ging es los!

Sie rächte sich – ich schien ein weibliches MZ-Exemplar erwischt zu haben – für meinen 1980er Fehltritt. Sie blieb stehen. Einfach so. Grundlos. Zündfunke und Sprit waren da, Karre stand! (Ich werde den Satz abkürzen, er taucht in dem Bericht nun häufig auf, das spart mindestens eine halbe Seite, also: *ZuSd, Kst.*)

Auf Befragen meinerseits gestand der Vor- bzw. Zwischenbesitzer (zur Erinnerung: Kfz-Meister!) hinterhältig grinsend, daß all dies auch bei ihm vor sechs Jahren schon vorgefallen sei. Er habe dann eben eine Zigarette geraucht, dann sei die Karre wieder gegangen. (Man sollte von Freunden keine Gebrauchte hernehmen!) Nur: Was mach' ich als Nichtraucher?

Mittlerweile schreiben wir 1990, sowohl Ostern als auch mein Mopped stehen vor der Tür. Und im Gegensatz zu Ostern, das ein bewegliches Fest ist, verkümmert meine Karre zur Immobilie. Ich trau mich schon gar nicht mehr aus dem Bereich des Nürnberger Straßenbahnnetzes heraus. Ist's denn möglich, so frag' ich mich (und ich frag' mich in letzter Zeit immer öfter), daß mein Kupferwurm das Lebensalter einer Riesenschildkröte erreicht? Überlebt der mich? Die Chancen stehen nicht schlecht, zumal Ärger und beginnende Depressionen lebensverkürzend wirken.

Für diejenigen, die nun ihren Zeigefinger heben und meinen, jetzt reiche es wohl mit meinem Motorradfahrer-Latein, habe ich ein paar Beispiele:

Tatort Taxistand Hauptbahnhof Nürnberg. Ich parke, um etwas Lesbares zu holen. Zurück vom Kiosk, Schlüssel rein, kicken, kicken, schieben, schieben, *ZuSd, Kst.* Dabei wird mir das Typenkürzel meiner Karre klar: ETS – ewig treten und schieben! Die zahlreichen Taxifahrer erheitert's, und mir rollen die Schweißperlen durch die Kimme. Später, als ich mit meinem Transporter anrücke und die Karre abholen will, springt sie auf den ersten Tritt an. Die Taxler erheitert's wieder.

Oder: Letztes Jahr in der Oberpfalz. Vor einer sich leerenden Kirche und gleichzeitig vis-à-vis einem sich füllenden Biergarten schieb' ich mich durch die Massen hindurch, die

Karre knallert aus dem Auspuff, qualmt, geht aus, springt an, geht aus und so weiter. Die Säufer lachen und die Gläubigen fluchen, ein alter Eingeborener hilft schieben. Sie springt an, wir fliegen fast hin, die Karre bleibt stehen – das erste Mal, daß ich darüber froh bin. Die Blamage des Asphaltküssens hätt' ich nicht überlebt. Meine MZ weiß, wie weit sie es treiben darf: Wenn ich hin bin, kann sie mich ja nicht mehr ärgern. Ganz bestimmt ist sie weiblich!

Später springt sie dann wieder an, als sei nichts gewesen. Bloß war da weit und breit kein Publikum mehr.

Oder: Kronach, Grenzübergang. Auf dem Heimweg von ihrem Geburtsland bleibt die MZ genau vor der Kontrolle der DDRler stehen. Kommentar des Grenzhüters Ost: „Wie gönnse als Bürcher der Bunsrepubligg och soon Modorrad goofn?" Kickender- und schiebenderweise werde ich auf dem Weg zu den Wessis von BMW-Fahrern begleitet. Aber nix: *ZuSd, Kst.* Ich rufe den Sohnemann an, der kommt mit dem Transporter. Klappe auf, und bevor ich die MZ reinschiebe, probier' ich neugierdehalber noch einen Kick – die Karre läuft! Ich trag's mit Fassung, die Grenzer lachen sich tot, nur Sohni traut sich nicht, er kennt den Siedepunkt seines Alten.

Oder: Tatort Augsburg. Ich steh' an der Ampel mit laufendem Motor, hinter mir eine Schlange Autos, neben mir Bernd (ich erwähne dies ausdrücklich, weil sonst meine Leser sagen, jetzt reiche es wirklich). Die Ampel sagt grün, Gang rein, nix wie weg. Stimmt, nur *rückwärts*!

Oder: 1. Mai, DDR, Thüringer Wald, übrigens wunderschön. Nach einer Gedenkminute hinter ostdeutschen Büschen (ich hätt' die Karre drunterlegen und anschließend Hakle drüberlegen sollen!) mag die ETS nicht mehr: *ZuSd, Kst.*

Dann mag sie nach einer Schmoll-Viertelstunde doch wieder, und ich schwör' mir, von Stund an die persönliche Lenzpumpe nur noch auf Bergeshöh' anzuwerfen, die linke Hand am Drehgriff (räng-täng-täng!), rechterhand die schwierige Suche nach der Entsorgungsarmatur, denn Depressionen lassen nicht nur die Lachmuskeln schrumpfen. Wenn ich dann wieder alles verstaut habe: Möööőh! *ZuSd, Kst.* Doch diesmal werde ich sie überlistet haben, denn es geht lang, lang bergab.

Jetzt, als ich in Ruhe diese Zeilen schreibe, bemerke ich, daß das hinterfotzige Ding mein Leben und meine Gewohnheiten zu verändern beginnt. Man schläft ein und wacht auf mit den Sorgen ums Mopped, schifft auf freier Bergeshöh' statt sittsam auf dem Topf und gerät in den Ruf eines Saubären und Angebers. Sogar mein Hund hebt in letzter Zeit sein Bein an der MZ. Ich will's gar nicht wissen, was er von mir denkt.

Womit hab' ich so was verdient? Ich salbe meine Emme mit den edelsten Ölen aus den Königreichen des Orients. Ich fuhr – bzw. schob – sie in die beste Werkstatt der Bunsrepubligg, damit sie gehegt und gepflegt werde nach den Rezepten und Vorschriften von VEB und IFA. Ich spendierte ihr drei Motoren inklusive Limas, drei Regler, drei Zündspulen, zwei Zündschalter, unzählige Kerzen der teuersten Marken, Kerzenstecker, Lenkerarmaturen und so weiter (ein Glück, daß die beste aller Ehefrauen diese Zeilen nicht liest). Und wenn mir nun einer von euch den Rat geben möchte, den ganzen Kabelbaum samt Wurzeln rauszureißen – gemach, Freunde, längst erledigt! Einer meiner besten Spezis hat einen neuen eingepflanzt und begossen, alles paletti, Nirosta-Stecker verlötet, Reichelsdorfer Wertarbeit.

Zur Zeit laß' ich das Hirn eines Elektroingenieurs für mich denken. Auf dem Schaltplan will er schlafen, hat er versprochen. Soll ich die Lebensberaterin von RTL anrufen? Obwohl die nur für den Nachtverkehr zuständig ist, und ich will doch am Tage.

Nein, jetzt hör' ich wirklich auf, obwohl es noch viel zu erzählen gäbe. Nur noch diese Story: Nachdem in der besten aller Werkstätten auf meine flehende Bitte hin Zündspule, Regler und Unterbrecher ausgetauscht wurden, blieb die Karre zwei Kilometer weiter stehen. Der Werkstattheini war den ganzen Vormittag damit gefahren.

Vielleicht hat meine Tochter doch recht, wenn sie meint, man solle den Fahrer wegschmeißen. Aber da(s) erledige ich (mich) schon selber.

P.S. Von Beileidsbesuchen bitte ich Abstand zu nehmen. Ihr wollt ja doch alle nur Freibier.

Besuch bei Verwandten

Wer jetzt von mir einen Reisebericht zu meiner Erbtante Emma nach Oodnadatta erwartet, wird leider enttäuscht. Soweit fahr ich nie, denn Oodnadatta liegt an der Eisenbahnlinie, die von Adelaide nach Alice Springs führt und fast am südlichen Wendekreis.

Nein, die Reise, von der ich erzählen will, ist sage und schreibe 120 Zentimeter lang, und sie begann im Steuerkopf meines Mopeds und endete in einem Ort, heiß wie die Hölle oder wenigstens so heiß wie die Wüste Australiens, wo ja Oodnadatta liegt, nämlich im Kurbelgehäuse meines Motors. Und ehe du, liebe Leserin, lieber Leser, den voreiligen Schluß ziehst, beim Mederers Vadder wäre seine persönliche Kopfdichtung durchgebrannt, will ich versuchen, der Reihe nach zu erzählen.

Ein lieber Kumpel von mir erbot sich, die Steuerkopflager meiner geliebten MZ zu erneuern. Sie hatten's dringend nötig, nach sechzehn Jahren ja bestimmt keine Schande, und ich wähnte die Operation in besten Händen, war mein Spezi doch als exzellenter Schrauber berühmt: Und ohne daß ich ihm dabei zugesehen habe, weiß ich, daß er die 22 Kugeln mit 6,35 Millimetern Durchmesser (so steht's im Reparaturhandbuch) auf ihre Plätze dirigiert hat wie ein Dompteur seine Tiger auf ihre Podeste. Und da sitzen sie heute noch, nach Jahren (die Kügelchen) und tun klaglos ihre Pflicht. Aber eines der alten entschlüpfte, machte sich auf die 120-Zentimeter-Reise und wanderte im Rahmenrohr

Richtung Sattelnase. MZ-ETS-Besitzer werden jetzt hellhörig, denn die MZten saugen bekanntlich ihre Atemluft durch den Rahmen.

Aber wohnt da nicht noch ein Filter in dem nach ihm benannten Kasten? Richtig, aber mir hat ein Trottel von MZ-Händler einen Luftfilter mit der hochheiligen Versicherung verkauft, dieser würde für alle MZten passen, auch für meine. Und ich Trottel hab' diesen ungeprüft und dummgläubig montiert, schließlich war ja der Durchmesser der gleiche. Daß das liebe Filterchen etwas kürzer war, hab ich nicht bemerkt, wofür hat man den Schwur der Händlers?

Sippentreffen.

Ich mach's kurz, das Kügelchen überwand auch das Hindernis des Luftfilters, mogelte sich zwischen Filtergehäuse und Luftfilter in Richtung Vergaser, und nachdem mein Vergaserschieber meist auf Oben-Anschlag steht, zum Kurbelgehäuse, wo es die schrecklichsten Dinge erlebte.

Zwar sah das Kügelchen seine Verwandten, die beiderseits – in Käfige gepreßt – ein paar Tausendmal pro Minute rotieren, aber es selbst wurde pausenlos geprügelt, gequetscht und umhergeschleudert, und offensichtlich wollte es zurück in Richtung Vergaser, wie es die Dellen an der Rückseite des Schiebers beweisen.

Und ich mußte unwillkürlich an den Witz mit den sieben Zwergen und Schneewittchens Hymen denken: Wäre in beiden Fällen der Durchbruch gelungen, hätte ich einen neuen 28er Vergaserschieber gebraucht, und Grimms Märchen hätten umgeschrieben werden müssen: Schneewittchens Tochter oder die acht Zwerge (je nachdem), und ich wäre um 11,25 DM ärmer gewesen, ohne an der Orgie teilgenommen zu haben, denn so viel kost' der Schieber.

Nun, wir (mein Spezi und ich) haben den Zylinder demontiert, das Kügelchen gesichtet und rausgepopelt. Mein lieber 300er Kolben hat auch ganz schön was an den Kanten bei den Überströmschlitzen abgekriegt, deswegen war mein Mopped bei der Probefahrt auch so bockig wie ein Rodeobulle. Nach dem Zusammenbau lief sie eigentlich wieder ganz zufriedenstellend, und wir haben uns gegenseitig noch ein paar tausend Kilometer geärgert.

Und was lernen wir aus der Geschichte? Abenteuer passieren nicht nur zwischen Adelaide und Alice Springs, sondern auch auf 1,20 Metern (ich hab's nachgemessen im Nachthemd unter der Straßenlaterne) zwischen Steuerkopf und Kurbelhaus!

Was ich schon immer über Sechs wissen wollte

Die Lüsternen unter den Lesern dürfen sich die Eiswürfel gleich wieder aus ihren heißen Ohren popeln, dies ist ein rein technischer Beitrag.

Erfindungen werden, wie wir wissen, nach ihren Erfindern benannt; wir werden in und nach der Schule damit vertraut gemacht, was die Herren Ohm, Watt, Newton, Onan usw. entdeckten. Die Erfindung des Letzteren haben speziell die Amis weiter verfeinert, und sie ist als *Do-it-yourself*-Methode über den großen Teich zu uns herübergeschwappt. Auch die Zeitschrift *STRESS PRESS International* lebt von diesem System: Die Gemeinde macht sich ihr Blatt und ihre Leser selber.

Nur das „Med" kennt noch keiner. ICH HAB'S ERFUNDEN! *1 MED* (Abkürzung für „Mederer") ist ein einfacher Kurzschluß, *1 Centimed* Kurzschluß mit Sicherungsdurchbrand, beim *Dezimed* verschmort der Kabelbaum, *1 Kilomed* Fahrzeugbrand und ein *Megamed* ist uns seit Tschernobyl bereits geläufig, irrtümlich *GAU* benannt.

Diese Vorabeläuterungen dienen der Grundlage als Basis des Fundaments des *Urmed*.

Nun zur Praxis:

Fallbeispiel 1: Beim Basteln an Meinem Zweiradfortbewegungsgerät (in Folge kurz MZ genannt – nicht zu übersetzen mit „Mederers Zusammenbruch"!) zogen plötzlich Rauch, Qualm und meine Nachbarin durch unsere Straße. Sie stichelte süßsäuerlich: „Na, Nachbar, demma wieder a weng den Regler eistelln?“ Dabei brannte doch nur dürres Gras und Geäst am naheliegenden Bahndamm, das von zwei Löschzügen der Berufsfeuerwehr Nürnberg-Süd mühelos in einer dreiviertel Stunde mit 4-C-Rohren gelöscht wurde. Die Burschen verstehen ihr Handwerk! Aber ich soll's immer gewesen sein! Nachts bin ich dann zur Brandstelle geschlichen und hab die restlichen Glutnester in Gras und Gebüsch ausgetrampelt. Ich laß' mich doch nicht gleich morgen wieder von der Nachbarschaft blöd anreden! Denn genau betrachtet war's eigentlich ein Null-Med.

Fallbeispiel 2: Ich komme früh morgens zu meiner ETS, sie begrüßt mich freundlich mit strahlendem Scheinwerfer, und das bei abgezogenem Zündschlüssel. Schnell stecke ich den selbigen rein und drehe ihn nach allen Richtungen – das Licht geht aus. Alles okay, oder? Nicht ganz, denn die im gleichen Moment durchbrennende Sicherung, von mir unbemerkt, hat's Lichtlein ausgeblasen. Beim nächsten Start hat sich der Vadder dann sehr gewundert: Nix ging mehr! Klarer Fall von Dezimed! Ich werd' mir meinen Sicherungskasten auf's Visier kleben, dann hab' ich die Dinger immer im Auge!

Fallbeispiel 3: Bei der Eroberung des Monte Crostis durch mich auf meiner MZ mußten wir etwa 15 Kilometer bergauf über übelste Schotterwege, kein Problem bei dieser Mensch-Maschinen-Paarung. Droben bei herrlichstem Wetter eine Aussicht wie aus dem Reisewerbeprospekt. Ich ließ die (kohlrabenschwarze) Seele baumeln und war total happy – bis zum Wiederankicken. Die Karre stank so komisch, und der Zündstrom kroch wahrscheinlich auf allen Vieren Richtung Kerze und verröchelte spätestens im Stecker. Kurzum, die Scheißkarre sagte keinen Ton.

Vermutlich hatte sie ein *Med* unbekannten Grades im Gedärm. Das heißt: Null Watt, Null Volt, Null Ampere, nix. Doch ich ließ mir den Tag durch so was nicht verderben, schließlich ging's ja auch wieder 15 Kilometer bergab, lautlos, eine neue, schöne Erfahrung. Ich hörte die Vöglein zwitschern, Kühe muhen und Schafe blöken und fühlte mich als Hauptdarsteller in einem Stummfilm.

Dann Glücksfall Nummer 1: Unten im Tal war ein Dorf mit Kfz-Werkstatt, ich rollte direkt in den Hof.

Glücksfall Nummer 2: Das Gspusi vom Chef stammte direkt aus unserem Kärntner Urlaubsort, man spricht deutsh. Wir diagnostizierten einen verglühten, total zerschmolzenen Vorwiderstand, sechs Volt müssen eine Mordspower sein. Bloß, wie verreckt so was im Stand bei abgezogenem Schlüssel?

Glücksfall Nummer 3: Die 6-Volt-Batterie wurde von den freundlichen Italienern gratis aufgeladen, ich schenkte ihnen einen Dollar, den ich überraschend in der Hosentasche fand und dachte: „Der Ami in unserer Pension wird heute im Hemd beim Frühstück sitzen müssen. Bei der Rückkehr darf ich mich auf keinen Fall erwischen lassen, der Kerl war bei den Marines."

Mit voller Batterie reichte es locker bis zu meiner Pension. Am Urlaubsort pflanzte ich anderntags sofort einen neuen Vorwiderstand ein, man hat ja alles doppelt. Bis auf den Regler, und darauf kam's dann an. Mein Kärntner Freund, Elektro-Ischenör, half mir mit Rat, Tat und saublöden Sprüchen. Doch dann schrie er auf: „Is ja kloar, du hast *DF* auf *D+* am Regler gesteckt, gehört andersrum." Und in unserem Bastelwahn beseitigten wir jeder unabhängig voneinander den Fehler. Er steckte am Regler um – und ich an der Lichtmaschine – wir sind eben ein eingespieltes Team. Und der aufmerksame Leser weiß, was jetzt kam: Der Regler verglühte, zerschmolz, sechs Volt sind wirklich eine Mordspower! Andächtig starrten wir auf die Wunderkerze, weigerten uns, unseren Pupillen zu trauen und erstanden erst einmal eine Großflasche Augentropfen sowie einen Kasten Lebertropfen mit Pilsgeschmack.

Doch auch nach dieser Behandlung war und blieb der Regler eine undefinierbare Alu-Kupfer-Legierung mit PVC-Geschmack. Nunmehr mit klarem Durchblick gesegnet, bildeten wir beide eine österreichisch-fränkische Fahrzeugelektrikkatastrophenschadensursachenbeseitigungssachverständigenkommission. (Ist das Buch jetzt endlich voll?)

Mit 3 zu 1 Stimmen stellten wir fest, daß der Regler im Arsch sei, der jeweils andere die Schuld daran habe, kein 6-Volt-Regler weit und breit aufzutreiben sei, die Leerflaschen sich vermehrten und die Vollflaschen am Mopped rumpopelten. Strittig war der *Med*-Grad: Ich stufte ihn als

1 Med abzüglich *1 Centimed* ein, weil unerklärlicherweise die Sicherungen ganz waren. Mein Freund meinte, ich sei ein Hornochse, weil das ja *minus 9 Med* ergebe und deshalb die Karre eigentlich laufen müßte. Hier widersprach ich ihm nicht, da er *a)* vom Lande und *b)* in Mathe besser war als ich.

Um die gereizte Stimmung zu entschärfen, beschlossen wir einstimmig, unter Mitnahme des Restbieres die Diskussion auf dem Balkon fortzusetzen; diese Resolution war das einzig Positive, das wir an diesem Tag geleistet haben. Dann ging der Tag zur Neige, und bei 1,5 Promille wurden wir dabei sooo traurig, und der lustigste von uns war noch unser Radio, das plärrte, daß man Tom Dooley hängen sollte. Am liebsten würde ich dem Kupferwurm das gleiche antun, man müßte ihn nur erst mal fangen. Aber Tom Dooley hat man ja auch irgendwann mal gekriegt.

Und ich sinnierte weiter: „Ich werde den Regler an ein langes Spiralkabel klemmen und ihn beim Fahren in die Hosentasche stecken." – „Guat", sagte mein Spezi, „da kriegst du schon bei einem *Med* ein heißes Höschen, wenn der Kupferwurm sich nur rührt. Außerdem wirst du froh sein, wenn sich da überhaupt was rührt, auch wenn's nur sechs Volt Schwachstrom wären." Und er stichelte weiter: „Dann müßtest du aber besser gegen Erde isoliert sein, schau mal deine große Zehe an, die schaut doch total aus der Socke." Schon etwas lallend erklärte ich ihm, daß dies ein Kriegsandenken sei, das Loch stamme von einem Ami-Tiefflieger, der mir es im Mai '45 verpaßt habe. Deswegen sei die Socke niemals gestopft oder gewaschen worden. Er rückte deutlich von mir ab. Schöne Freunde habe ich, die sich bei dicker Luft gleich distanzieren.

Um abzulenken, meinte ich: „Schau a mal, wie schee heut d' Sonn untergeht." Und tatsächlich, sie verglühte am Abendhimmel wie mein Regler Stunden vorher. Und wie aus einem Munde tönten wir: „Mindestens sechs Volt!" Und ich beantragte, die Sonne als den oberen Anschlag der *Med*-Skala einzusetzen, was mit großem Jubel angenommen wurde. Die Nachbarschaft schreckte aus dem Schlaf.

Weit nach Mitternacht laufe ich in den ehelichen Kriegshafen ein und brülle in die Süd-West-Kurve meines Schlafzimmers: „Die Sonne ist aus Alu-Kupfer und hat Sex Volt!“ Erschrocken schießt mein Weib senkrecht aus der Falle, ich plumpse waagerecht hinein. Dann hör' ich mich nur mehr grummeln: „Sechs Volt sind eine Wahnsinnspower!“ und bin mir gewiß, jetzt weiß ich alles über 6.

Und im Traum erscheinen mir die schönsten Mädels von unserm Stammtisch und flüstern mir ins Ohrli: „Mederers Vadder, gib uns Nachhilfe in 6-Technik.“ – „Gern“, erwidere ich genüßlich, „aber bitte keinen Vorwiderstand, sonst bricht die ganze Spannung zusammen. Außerdem beherrsche ich nur die Technik der sechziger Jahre.“

Anderntags hat mich der graue Alltag wieder, die Sonne ist weg, die Mopped-Batterie leer, der Regler noch immer im Arsch und die Runkel summt. Mein Weib blickt streng – kennt sie den Inhalt meiner Träume? Was mache ich nur falsch mit sechs?

Sachdienliche Hinweise an Mederers Vadder, Nürnberg

P.S.: Nachhilfetermine in 6-Technik nur nach vorheriger Absprache unter 4 Augen.

Lima in Constructa

Der Samstagnachmittag ist langweilig und Weibi auf 'ner Ausstellung. Das tut sie gerne, und das darf sie auch. Ich sichte derweil meine MZ-Teilevorräte. Man kann nie genug davon haben. Ein Stapel Lichtmaschinendeckel fallt mir ins Auge, Reste von dahingemetzelten Motoren. Ziemlich gebraucht sehn sie ja aus, also als erstes: Waschen.

Zuerst im Kellerspülbecken mit ganz viel Waschmittel. Der weiße Riese hebt sich dabei fast einen Bruch. Das Kettenfett in der zweiten Ritzelkammer will einfach nicht raus. (Ich setz' voraus, daß jeder Leser weiß, wie ein MZ-Lima-Deckel aussieht.) Dann der erste Geistesblitz: Wofür hockt in der Küche die Geschirrspülmaschine? Flugs werden die edlen Aluteile zu Schüsseln ernannt.

Zweiter Geistesblitz: Man könnte sie wirklich als Eßgeschirr benutzen, ins runde Teil die Suppe, ins spitze den Salat mit Würstchen, drunter der Kocher! Jawohl, ein Muß für jeden MZ-Fan! Also befreie ich den Geschirrspüler von so überflüssigem Zeugs wie Teller, Tassen und Eßbesteck. Jetzt ist Platz für die Zschopauer Aludeckel. Vorsorglich viel Spülmittel zugeben, das darin klebende Kettenfett ist reichlich und zäh. Viel hilft viel.

Vielleicht noch ein Löffelchen Supra für Papi und eins für Mutti – nein, die darf's auf keinen Fall erfahren! Klappe zu, 1. Gang rein, alles geht mir viel zu langsam. Ich beschleunige die Constructa, indem ich per Hand überflüssige Spülvorgänge überspringe – Trocknen und so. Immer kräftig auf

Sprühen schalten. Das Getriebe schaltet sich hakelig, einige Gänge wollen nicht rein, andere nicht raus – man kennt das. Dafür wird sie immer leiser. Laut ist eben out.

Nachdem ich das Programm hab' dreimal durchsausen lassen – 'ne Stunde ist rum –, müßte alles glänzen wie lakkierte Hundsbeutel. Leerlauf rein, Klappe auf: Oh Schreck! Die Constructa ist aufgeschäumt bis zum letzten Kubikzentimeter! Klappe zu, Hektik, Spülwasserabpumpmotor volle Fahrt voraus, Schaum steigt aus dem danebenliegenden Spülbecken, jetzt ist Scheiße im Trompetenrohr, und die am dampfen!

Mehrmaliges Abpumpen bringt keinen Erfolg, denn welche Pumpe saugt Schaum? Oder ist's schon Styropor? Die Zeit verrinnt, wenn jetzt meine Süße auftaucht, gibt's Saures wegen vorsätzlichen Mißbrauchs ihrer Constructa. Jeder Täter weiß, was in solchem Fall zu tun ist: Beweise beseitigen! Klappe auf, Schaum rinnt auf den Boden, und es folgen verzweifelte Versuche, die Lima-Deckel aus der Meister-Propper-Pampe zu fischen.

Geglückt, Klappe zu, Schaum vom Boden aufwischen, Hund latscht durch und zieht eine Spur durch's Wohnzimmer. Den Aludeckel befreie ich unterm Wasserstrahl von Schaum, Schaum steigt aus dem Abflußventil vom Spülbekken wie ein Geysir, es ist zum Reißrausschwanzen.

Schnell lasse ich die Aludeckel aus der Wohnung verschwinden, an alles muß man denken, aber sauber sind sie geworden! Viel hilft eben auch viel, man kann wirklich draus essen. Die Spülmaschine rumpelt leise vor sich hin, wegen Schaum-Verstopfung, ist aber anscheinend auf dem Weg der Besserung. Morgen wird ein Stoßtrupp des Katastrophenschutzes den Portier der Kläranlage aus dem Schaum rausmeißeln müssen.

Durch die Gardinen seh ich mein Weibi fröhlich, freundlich, friedlich wie immer auf's Haus zukommen, mögen die Götter des Schaums, der Reinlichkeit und des häuslichen Friedens es dabei bleiben lassen!

Blitzartig feuere ich den Besteckkorb in die Maschine, stecke ein paar Täßchen in den Schaum, Teller drüber, Klappe zu, ein rheumagebremster Spurt in den Fernsehsessel. Die Haustür geht auf, ich hab' die Augen zu und heuchele

Tiefschlaf – bei Pulsschlag 180 eine Oscar-reife Leistung. Der Hund begrüßt kläffend das Frauchen, das Herrchen reibt sich seine unverschlafenen Äugelchen und empfängt Bussis auf die Glatze von der heimkehrenden Gattin.

Freundliches „Na, wie war's bei dir, Alter?" – „Na ja, wie üblich, langweiliger Nachmittag, nix Gscheits im Fernsehen, da bin ich eben eingeschlafen. Und wie war's bei bei der Ausstellung?" – „Du hättest dabei sein sollen, da war was los!" (Ich traue mich nicht, mich totzulachen, mein Bedarf ist gedeckt! Wenn sie wüßte!)

Mit den Worten: „So, jetzt freu ich mich auf meinen Kaffee" betritt sie ihr Kochstudio und wird mißtrauisch wie ein Hase, der den Fuchs wittert. Ich beobachte alles genau aus meinen fast ganz heruntergelassenen Lidern (alter Karl-May-Trick). „Warum läuft denn die Geschirrspülmaschine?" – „Na ja, so halt eben", murmle ich im Nichtschlaf.

„Warum steht denn dann noch das halbe Geschirr heraußen?" Sie macht Anstalten, das Zeugs einzusammeln, und sie wird die Klappe öffnen. Sie öffnet! „Was hast du denn gemacht? Ist die Maschine kaputt? Und so viel Schaum?" – ‚Das hättest du erst mal vorher sehen sollen', denk, sag ich aber nicht. Stattdessen: „Vielleicht spinnt die Dosierung?" erwidere ich leicht verträumt.

„Und was ist denn das? Ja, spinnst du wohl! Deine Motorteile in meinem Geschirrspüler!" Und sie zieht, oh Schreck, einen MZ-Aludeckel aus dem Geschirrbesteckschaumchaos. Das hätte mir nicht passieren dürfen! Im Stillen spreche ich mein letztes Gebet.

Und als letzte lahme Ausrede höre ich mich stammeln: „Liebling, auch Aphrodite, die Göttin der Schönheit, ist aus dem Schaum entstiegen." – „Mir wurscht!" faucht sie zurück. „Hat die antike Schlampe etwa auch nach Kettenfett gestunken?" – „Das nicht, das Zeugs wurde Jahrtausende später erst auf den Markt geworfen." – „Und dich werf' ich jetzt aus meiner Küche!" Und sie tat's wirklich.

Ich versuche zu beruhigen: „MZ heißt doch ‚Meißner Zierporzellan'. Spülmaschinenfest." Was als lahmer Flachwitz gedacht war, facht ihren gerechten Zorn nur noch weiter an: „Jetzt wird in nächster Zeit unser Geschirr nach Öl stinken. Wahrscheinlich spinnt bei *dir* die Dosierung!"

scheißt sie mich zusammen. Sie hat ja recht, sie hat ja so recht. Sowas gibt's in keinem Haushalt.

Zum Ausgleich biete ich ihr an, unser Geschirr auf dem Autodachständer zu verstauen und durch die Wagenwaschanlage zu fahren. Heißwachsversiegelt mit Unterbodenschutz? Das müßte doch auch gehen! Mit 'ner Gepäckspinne drübergespannt? Gleich jetzt? Wieder habe ich mich in Ton und Text vergriffen. Ihr Butterfäustchen zischt haarscharf an meinem Rüssel vorbei. „Du machst mir noch meine Geschirrspülmaschine kaputt!" Und es klang wie: Die Russen sind am Mittelabschnitt durchgebrochen! „Mich trifft noch der Schlag!" – „Okay, Liebling, aber zuerst machst du mir noch einen Kaffee." Als Antwort kriege ich eins auf die kurze Rippe.

Der Klügere gibt nach. Ich trete den geordneten Rückzug an, nehme volle Deckung auf dem Sofa und tarne mich als Schlummerrolle.

Übergehen wir die nächste Viertelstunde – länger kann sie mir eh' nicht böse sein. Als Zeichen meiner Kapitulation wedele ich statt mit einer weißen Fahne mit einem Modeprospekt. „Schnucki, hübsche Sachen gibt es heuer als Frühjahrsmode. Wir sollten so was mal bei einem Stadtbummel ansehen." Sie wittert sofort wieder Fuchsgeruch, denn als ausgekochter Eheknacker spekuliere ich natürlich nur wieder auf meine Putzlappen für 1997, gegenwärtig wird der Fummel der Haute Couture von 1993 verarbeitet.

Ganz allmählich robbe ich auf die unsichtbare Demarkationslinie, den 38. Breitengrad unserer Eßecke zu. „Schöne Porzellanservices hat der Kaufhof!" Noch ignoriert sie mich, aber mit der Bemerkung, daß nächste Woche Ostermarkt sei, ist das Eis gebrochen. „Da geh' ich hin!" – „Ich begleite dich", biete ich ihr scheinheilig an, „und ich schlepp' dir auch die Taschen." – „Nix da!" Sie belegt mich mit Hausarrest, was ich äußerlich zerknirscht hinnehme, aber wenn das Küchenschloß bis dahin noch das gleiche ist, wird das versaute hintere Kettenrad bald ebenso blitzen wie die Limadeckel heute. Nur mein Timing muß noch verbessert werden.

Kennwort: 3,50-16

„Kleine Geschenke erhalten die Freundschaft." Sagt der Volksmund. „Große erhalten sie noch besser!" Sage ich. Sie können allerdings den Beschenkten auch ins psychische Chaos stürzen, ich weiß, wovon ich rede! Denn gelegentlich krieg' ich von Freunden alte MZ-Teile geschenkt, und vor beiden sollte ich mich eigentlich hüten.

Vielleicht liegt es auch nur daran, daß meine Hütte auf dem Weg zum Recyclinghof liegt.

Aber ich will nicht jammern. Schließlich wurde ich einmal in meinem Leben beschenkt, als sei Weihnachten auf meinen Geburtstag gefallen, bei dem zufällig Osterpfingsten gefeiert wurde mit angeschnalltem Vatertag. Ährlich!

1988 war ich wieder einmal in meinem tirol-kärntner Motorrad-Paradies unterwegs und landete am Ende der Welt bei der Volkzeiner-Hütte. Die MZ ETS Trophy Sport 250 wurde aufgebockt, Brotzeit („Jause" sagt man dort) rausgeholt und gevespert.

Da kam ein Ehepaar des Weges, der Alte umkreiste mehrmals meine ETS, das edelste Gefährt zwischen Atlantik und Ural. Und nach etlichen Bücklingen und Kniefällen davor (so mag ich's!) sprudelte es in bestem Schwäbisch aus ihm heraus: „Sie, i schenk Ihna genau das selbe Motorrad. Sie haltet sowas in Ehre, bei mir schteht se nur mehr in de Garasch, und mein Schwiegersoh is se z'langsam, der wolltets scho wegschmeiße."

Ich hätt da doch glatt den Schwiegersohn weggeschmissen und die Tochter ins Kloster gesteckt, wo doch die ETSsen schon auf der Roten Liste stehen!

Dann drückte er mir seine Visitenkarte in die Hand, und mit „Komm, Agnes, mir ganget weider" verschwanden sie wieder. Und mir war, ich sei im Himmel. Oder jedenfalls beinahe.

Der Urlaub zog sich elendig lang hin, hat man so was schon mal erlebt? Endlich zu Haus in Nürnberg, rief ich sofort beim edlen Spender im Allgäu an, hüpfte in den Transporter und düste in die Memminger Gegend, bewaffnet mit einem Riesen-Bocksbeutel Frankenwein, ich weiß ja schließlich (meistens), was sich gehört.

Bei der Volkzeiner Hütte (Osttirol).

Dort angekommen, schritt die Tochter des Hauses zwecks Übergabe der MZ zur Garage. Ich, hinterherlatschend, wunderte mich trotz meiner Aufregung, daß die Maus in ihrer Strumpfhose links und rechts je eine Kette Bockwürste transportierte. Ich fand es komisch, aber da jammerte sie über ihre Krampfadern. Aha, deshalb also durfte man nicht so heikel bei der Auswahl der Schwiegersöhne sein!

Dann öffneten sich die Garagentore, und ich stand herzklopfend vor der Zwillingsschwester meiner ETS. Booaah, ey! Zustand ladenneu, Sachsenluft noch in den Pneumants, und beim Kilometerstand von 8500 hab ich die Bockwürste samt umliegender Ortschaften sofort vergessen.

Aufgeregt düste ich heim und stolperte ins nächste Problem: Die Neue war schneller als meine Alte (MZ!). Also Alte (MZ!) aufmöbeln. 300er Zylinder und Fünf-Gang-Motor mußten sofort her. Das Geld steckte ich sinnvoller in die Alte, weil die Neue 'nen Brief, Vollabnahme und neue Reifen brauchte.

1995, sieben Jahre später, war die ehemals Neue ein abgenagtes Gerippe. Da schenkte mir ein Kumpel einen MZ-ES-Tank vom Vor-Vorgängermodell, verdallt, verkratzt – aber wo „MZ“ draufsteht, das schmeißt der Vadder nicht weg. Ein zweiter Freund (hab ich wirklich sooo viele?) brachte ihn wieder in Fom und lackierte ihn in rotestem Rot, ein Ferrari war ein Bleichgesicht dagegen.

Dann lag oder stand er ein paar Jahre im Wohnzimmer auf dem Fernseher als Trost für manches Scheißprogramm. Ich habe ihn ein paar mal wegen zu schnellen Herumliegens verwarnt. Klar, bei dem Rot!

Aus dem Einfüllstutzen lugte eine von meiner Tochter in der 6. Klasse selbstgestrickte zweifarbige Grotten-Wurm-Woll-Molch-Schnecken-Bestie. (Anscheinend hat sie ihre Spuren hinterlassen, wie ich später leider bemerkte.)

Irgendwann tuschelten in meinem Hirn ein paar graue Zellen untereinander, der Alte könnte doch um den roten Behälter ein prima Moped bauen, schließlich hat er doch jahrelang MZ-Teile gehamstert. Natürlich folgte ich gerne ihren Eingebungen, und so tauchten wundersamerweise längst als weggeschmissen abgehakte Teile wieder auf und wurden vorsichtig im Keller deponiert.

Weibi sieht's, schweigt mich vorwurfsvoll an und harret der Dinge, die sie wie immer ahnt. Und so stapeln sich Gabel, Räder und Blechteile und vereinen sich allmählich zu einem einmalig schönen Moped. Ein ES-300-Motor wird überholt, mit einem ETS-250-Motorengehäuse vermengt und ins Fahrgestell implantiert. ETZ-251-Seitendeckel stehen ihr gut. Es wächst zusammen, was nie zusammengehörte, eine ES-

ETS-TS-ETZ-Trophy-Sport-300-Mederers-Vadder Spezial. Sozusagen ein Zschopauer Straßengraben-Potpourri. So viele Väter hat kein Straßenköter.

Aber manchmal war es schon ein elendiges Gfrett, alles paßte nur beinahe und fast, jetzt pinkelte der neulackierte Tank Benzin und Öl auf die Veranda, irgendwo ein Löcherl, kleiner noch als die FDP, und bis heute unauffindbar unter dem herrlichen Neulack. Dann überall Silberlacktropfen auf Gemäuer und Ländereien; ich wollt's meiner Regierung als Silberdisteln verkaufen und fing mir dafür eine Kopfnuß ein. Nein, wehe, es schenkt mir wieder ein „Freund" MZ-Gelumpe, dann werd' ich zum Tier!

Kommt doch einer beim letzten Stammtisch mit zwei Pneumant-3,50-16er Reifen, die Größen kenn ich, die passen hinten auf die Emzetten. Davon hab ich noch ein paar Hinterräder, Vorderräder, Gabel, Rahmen, Schutzbleche – eben alles, was Mensch und Moped so brauchen. Den Tank könnte ich im rotesten Rot mit der restlichen Farbe spritzen, ein 300er Zylinder liegt im Keller, und wer mich kennt, weiß, Elektrik ist für mich sowieso kein Problem. Es gebricht mir nur an Reglern...

Etwas Kaltes auf meiner Stirn holt mich in die Wirklichkeit zurück, ein paar sterbende Eiswürfel werden von meinem Weibi durch ein paar neue ersetzt. Ich blicke ein paar schlanke Beine hinauf, die im Dunkeln unter unserer Tischdecke verschwinden.

Mit beruhigender Stimme klärt mich mein Weibi über den Ablauf der letzten Viertelstunde auf: Ich soll in die Pneumants und den Teppich gebissen haben (daher der fehlende Eckzahn und der Ölgeschmack im Mund), Nachbars Hündin besprungen (eine herrliche Golden-Retriever, warum nicht?) und die Revier-Politesse geküßt. (Der gönn' ich's, die konnte ich sowieso nie leiden!) Vorsichtig windet sie (mein Weib) mir den 3,50er aus den Händen, von fern ertönt das Sondersignal, und in nächster Zeit bin ich bis auf Weiteres medizinisch in den besten Händen. Von Besuchen bitte ich abzusehen, da in meiner Bleibe die Türen innen keine Griffe haben. In nächster Zeit bin ich unter der Telefonnnummer 3,50-16 zu erreichen.

Das Ding von Bing

Fast jeder von uns kennt Bing. Bing-Vergaser ist eine alteingesessene Nürnberger Firma, die früher auch noch Badeöfen herstellte, die ich als Installateurstift montieren und reparieren durfte. Bing-Vergaser waren, glaub' ich, an allen in Nürnberg hergestellten Motorrädern montiert, zigtausende damals in der Hoch-Zeit der Nürnberger Motorradindustrie. Klar, daß auch meine MZ auf Bing umgerüstet wurde. Bing krönt die Figur.

In letzter Zeit viertaktete der Motor im oberen Drehzahlbereich. Okay, holst dir halt von Bing ein kleines Düselein, 'n Klacks. Drei Mark fuffzich so was hat sie das letzte Mal gekostet, 'n Fünfer übern Ladentisch geschoben, Rest für die Kaffeekasse, Bing-o, gut, daß es Bing hier am Ort gibt.

Doch diesmal hat mich das Schicksal grausam geschlagen. Bing ist umgezogen in 'nen pforzpfornehmen Neubau. Das hätt' mich warnen sollen, doch mich beeindruckt so was halt nicht. Hab mich zu einer Dame durchgefragt, die mir so ein Ding von Bing übern Tresen schieben sollt'. Klappte auch anstandslos, doch dann kam der Hammer: 23 Deutschmark Bearbeitungsgebühr für den Verkauf einer 130er Düse plus DM 3,95 sind rund 27 Mark!

Ich fragte mich zum Verkaufsleiter durch und ließ meine Meinung über den Wucher los. Der Mann war höflich und nett, aber von seiner einnehmenden Methode rückte er nicht ab: Es sei halt furchtbar aufwendig, Kleinzeug abzugeben (Aufwendung: eine handgeschriebene Rechnung!), und ich solle halt zu einer hiesigen Firma gehen, die Bingteile vertreibt. (Bing selbst vertreibt nur Kunden!) Seitdem weiß ich, was ich in meinem Berufsleben falsch gemacht habe: Nehmen ist seliger denn Geben.

Was er als mein Kunde tun würde, wenn ich ihm ein paar pfennigteure Hahndichtungen für ebenfälls 23 Märker verkaufen würde? Verlegen wand er sich wie ein getretener Wurm und meinte, man könne so etwas nicht vergleichen, außerdem könne ich ja die Düse wieder retour geben. „Um Gottes Willen, da würde ja wieder der gleiche Arbeitsaufwand und damit die gleichen Gebühren anfallen, demnach 46 Mark für eine Nicht-Düse!" – „Aber nein", beruhigte er mich, schließlich sei Bing zu seinen Kunden kulant.

Ich überlegte kurz: Gerade war Mittagszeit und der empfohlene Laden wahrscheinlich geschlossen, warten oder heim- und wieder in die Stadt fahren kommt auch nicht billiger. Also biß ich in den sauren Apfel in der Gewissheit, mal wieder richtig abgezockt worden zu sein. Schließlich mußte der Neubau ja auch finanziert werden.

Aber seitdem ich in den *Nürnberger Nachrichten* die Metalldotierungen verfolge, bin ich richtig stolz auf mein Bing-Düslein, denn: Industriegold kostet 19.000 DM das Kilo. Sofort wog ich das Düslein nach: 1,00 Gramm = DM 19,00. Gewinde, Sechskant, Bohrung und Gewinnspanne noch dazu, dann sind's locker DM 27,00.

Jetzt seh' ich das Ding von Bing schon mit ganz anderen Augen. Abwechselnd trage ich's mal am Halskettchen oder als Ohrstecker. Und auf einer Promi-Fete (da laß' ich keine aus) fragte mich ein stadtbekannter dienstlich anwesender Zuhälter, was das Ding wohl sei. „Das Ding von Bing", antwortete ich, es sei derzeit mega-in, und um sich sowas leisten zu können, müsse er seine Puffotter zum Abschmierdienst noch viele Male unter den Mann schieben, stichelte ich.

Er verschluckte sich an seinem Nuttendiesel und genierte sich fürchterlich, so ein gülden Düselein nicht zu haben, versenkte seine erst kürzlich geklaufte Hongkong-Rolex im Straßengulli, verschwand mit irrem Lachen im Nebel der Nürnberger Altstadt und ward seitdem nicht mehr gesehen. Er soll als Hilfsheizer auf einem Seelenverkäufer bei den Falklands verreckt sein.

Auch außenpolitisch kommt wegen dem Ding von Bing einiges auf uns zu: Die Queen beispielsweise hat's beim nächsten Staatsbesuch bei uns schwer: Zum Ärger mit ihren Royal Bankerts kommt der mit dem Protokoll- und Zeremonienmeister noch dazu. Denn in ihrer Krone fehlt ein Ding. Das Ding von Bing: Da helfen ihr auch die paar Pfund Orlow- und sonstige Brillies auf dem Haupte nix. Statt vom Bundespräsidenten im Rolls Royce wird sie höchstens von der Reichstagsoberersatzklofrau im Panda abgeholt. Recht geschieht ihr. Ihr fehlt ein Ding: das Ding von Bing.

Letzter Schrei: Spaßhalber habe ich die wertvollste aller Düsen als Nasenstecker benutzt. Beim Niesen pfeift's! So wie ich in Zukunft auf Produkte von Bing.

Aus dem Leben eines Bigamisten

In einer Rede bei Kriegseintritt Englands gegen Deutschland hatte Churchill seinen Landsleuten für die Zukunft Blut, Schweiß und Tränen versprochen. Hätte er noch „Geldverschwendung" und „Nervenzusammenbrüche" hinzugefügt, hätt er seine Rede auch vor Schraubern und Oldierestaurierern halten können.

Also, Leserinnen und Leser, laßt die Finger davon, spart und kauft euch neue Japsen-Vierzylinder, die haben Kraft ohne Ende, säuseln unterm Popo, alles funktioniert perfekt. Direkt langweilig.

Dämlich, wie ich bin, halte ich mich selber nicht an meine Ratschläge. Na ja, wenn keiner auf mich hört, warum sollte dann gerade ich es tun? Da kam ich letztes Jahr zu einer ETZ im „Renntrimm", die ich wieder herrichten sollte. Natürlich waren zwei Fehler meinerseits vorausgegangen: Ich hatte mich als MZ-Liebhaber mit leidlich gefülltem Ersatzteilkeller sowie als Rentner geoutet. Letztere stehen im Verdacht, über unendlich viel Freizeit zu verfügen. Das darf man sich aber keinesfalls anmerken lassen, sonst erwischt einen von allen Seiten das Kennstamal-Virus. („Kennst amal dies, das, jenes für mich tun?")

Jenes Virus bescherte mir auch die MZ, die eines Tages vor meiner Garage stand. Von weitem sah sie ja noch ganz gut aus: Selbst gemachte Vollverkleidung (der Erbauer muß auf einem Yamaha-Prospekt geschlafen haben), kleines Vorderrad, Höckersitzbank etc. Bei näherem Hinsehen kam dann das Grausen – Vollverkleidung und Scheibe x-mal eingerissen und zerbröselt, und als Clou des Ganzen: Alles in einem Stück. Zum Sicherungswechsel, Batterienachfüllen, Luftfilterwechsel mußte man die gesamte Verkleidung abheben! Dazu galt es, 125 versteckte Schrauben zu lösen, Lüsterklemmen auseinanderzupopeln, und das bei einem Kabelbaum in einheitlichem Schwarz.

Hinterm Scheinwerfer stak ein Kabelknäuel, schön verschmort und mit Klebeband umwickelt in der Größe eines Boxhandschuhs. Schon lustig: Der unbekannte Vorbesitzer hatte den Begriff „Sicherungswechsel" eigenwillig interpretiert – er wechselte die Sicherungen gegen Schloßschrauben aus.

Nächster Schreck: Die Hohlräume unter der Verkleidung zwischen Tank, Rahmen und Schutzblech waren mit Schaumgummi ausgepolstert und bildeten damit herrliche Rostnester. Das Steckschloßgehäuse war der Verkleidungshalterung im Wege – abgeflext! Links und rechts war die Verkleidung mit Blechschrauben auf den Alu-Seitendeckeln befestigt. Blut, Schweiß und Tränen waren angesagt.

Erster Motortest: Ritzel und Kurbelwelle ohne Spiel, Maschine läuft im Leerlauf ruhig, Kompression gut. Der Motor wird also erst einmal in Ruhe gelassen.

Die Reifen sind hingegen zehn Jahre alt, ich gebe sie an einen Gespannfahrer ab. Tank, Seitendeckel, Schutzbleche, Sitzbank, Lampe, Telegabel, Armaturen, Züge, Batterie, Kette, Kettenkasten schmeiße ich weg und ersetze sie mit Gebraucht- und Neuteilen. Rahmen entrostet, grundiert und lackiert. Himmel, Arsch und Zwirn, es nimmt kein Ende! Und ich weiß, wo Zeit und Geld bleiben. Doch eines Tages ist das Moped fertig (denk' ich wenigstens), ebenso wie sein Restaurateur. Öl ins Getriebe (Scheiße, Blechstopfen neben dem Ritzel ist undicht, Öl tropft auf die Veranda, Weibi weiß bis heute nix davon). Ich kicke die Kiste im Garagenhof an, sie läuft im Standgas ruhig und gleichmäßig wie eine Horex Regina. Das sollte mir als Warnung dienen, denn ich hatte auch mal eine solche, und die war ein echter Scheißkarren.

Ich mach 'ne Proberunde im Hof, und im Motor scheppert's: Gräßliche, teure Geräusche. Ich mach's kurz: Irgendwelche Idioten haben die Kupplungskorbmuttersicherungsbleche nicht umgebogen, die Hälfte der Muttern und

Schrauben wurden kaffeemühlartig durch das Motorinnere gewirbelt, und wie das ausschaut, könnt ihr euch wohl denken. Linken Motordeckel weggeschmissen, Motor raus, zerlegt. Beide Motormittelteile gehen ebenfalls über den Jordan, da die Lagersitze aufgeplatzt sind.

Nun kommt das Kapitel Geldverschwendung und Nervenzusammenbrüche: Ich besorge einen Schlachtmotor, Kurbelwelle, Getriebeteile und lasse den Motor vom Fachmann zusammenbauen, löhne dafür rund 500 Mark. Nun darf ich den Motor mit dem Fahrgestell vereinen, Probefahrt, alles prima, die Kiste ist endlich fertig!

Doch der Auftraggeber will sie nun nicht mehr, weil sie ihm jetzt zu teuer ist. Neun Monate vergehen, die Kiste steht im Weg, auf Inserate meldet sich niemand. Sohneman und ich kommen auf die Idee, daß wir statt seiner 150er TS eigentlich die ungeliebte ETZ 250 nehmen könnten, und das sogar für weniger Versicherungsprämie. Ich leiere also die Anmeldung an. Dazu bedarf es aber einer Anfrage in Flensburg, weil kein Brief mehr vorhanden ist. Ich schreib' also Mitte Mai ans Kraftfahrtbundesamt und erwähne dabei, daß ich bis 6. Juni in Urlaub sei, Experten sagen sowieso, daß so vier Wochen bis zur Rückantwort ins Land gingen.

Zurück vom Urlaub, finde ich eine Benachrichtigung der Post, ein Einschreiben sei abzuholen. Ich stehe also am Montag, dem 7. Juni im Postamt auf der Matte, hol mir den Flensburgbrief ab und bin um 26 Mark ärmer. Die Fischköppe bestätigen mir, daß ein Fahrzeug mit dieser Fahrgestellnummer nicht als gestohlen gemeldet, weil die Nummer überhaupt nicht bei ihnen registriert ist. Diese Bestätigung gilt vier Wochen ab Austellungsdatum 12. Mai. Hektik! Ich schaffe die MZ zur Werkstatt zwecks TÜV-Abnahme, denn bis Freitag, den 11. Juni muß sie zugelassen sein, und die TÜVerer sind nicht die Schnellsten. Ich wetz' am Freitag zum TÜV Nürnberg wegen Briefabholung. Die Tussi hinterm Schalter schaut gelangweilt Löcher in die Luft, bis ich sie frage, ob sie für die Briefausgabe zuständig sei. Da erst hebt sie ihren Arsch, waltet ihres Amtes, und mir wird klar, warum der TÜV bis heute 50 Prozent seiner Kunden verloren hat. (Hoffentlich werden es noch mehr!) Ich bin um weitere 75 Märker ärmer.

Mit Brief, Doppelkarte, Flensburgbescheinigung, Paß und Bargeld geht's zur Zulassung – letzter Tag, vorletzte Stunde. Dort bekomme ich große Schwierigkeiten, weil es keinen Altbrief aus DDR gibt, keinen Kaufvertrag, einen unbekannten Vorbesitzer, nix.

Ich red' mir die Schnauze fusselig, daß die Kiste von der Nürnberger Stadtreinigung entsorgt werden sollte, also wertlos war und ich sie wieder „überholt" hatte. Ein Eiertanz, nicht zu viel von Restaurierung erzählen, denn dann bist du plötzlich der Hersteller, und dann geht gar nix mehr wegen Lärmgutachten, Festigkeitsprüfung usw. Daß ich die DDR-Zulassung mit dem Namen des Vorbesitzers in der Tasche habe, verschweige ich natürlich, denn sonst setzten die Behörden in Berlin-Prenzlauer Berg eine Fahndung in Bewegung, und ich krieg die Kiste in diesem Jahrtausend nicht mehr zugelassen. Ratlosigkeit senkt sich über mein gramgebeugtes Haupt.

Da kommt eine zündende Idee von der anderen Seite des Anmeldeschalters: „Gehen Sie zum Standesbeamten und geben sie dort eine eidesstattliche Erklärung ab, daß Sie der rechtmäßige Eigentümer sind (oder so ähnlich)!" Überglücklich eile ich zum Standesbeamten und lege dort meinen Eid sowie 60 Mark ab, und mein Wunschtraum wird endlich wahr: Ich bin standesamtlich mit meinem Mopped vereint. Die restliche Zulassung verschlingt noch mal rund 100 Mark. Nummernschild N-XB 71, nochmals 19 De-Emm.

Aber meine Zweitfrau ist jetzt knackige 13 Jahre jung, hört auf den Namen Enixbe, stammt aus einem verarmeten sächsischen Landadel (Zschopauer Zweig), zurückgehend auf ihre Ahnenreihe MZ, IFA, DKW, Stammvater Rasmussen. Ist womöglich meine alte '73er ETS meine Schwiegermutter? Was mach' ich, wenn sie immer auf den (Mittel-) Strich geht? Was sagt meine Erstfrau dazu? Wie verlaufen meine eventuellen Scheidungen? Wer von beiden muß in den Schredder? Wie bring ich das Moped durch's Stiegenhaus beim Scheidungsgericht? Wer erhält das Sorgerecht für die Kleinen (150er)?

Eigentlich geht die Geschichte mit der Enixbe noch weiter, aber für heute bin ich fix und fertig.

Schlaflos in Reichelsdorf

Seit einiger Zeit schlaf' ich schlecht. Nicht nur der bis heute anonyme Göttingerpäckchenabsenderschwerverbrecher (siehe Bericht) raubt mir die Ruhe, auch meine eigenen Untaten lassen mich nicht mehr schlummern: Ich hab' meinen Nachbarn verdorben! Ich hab' ihm zu einer NVA-MZ verholfen. (Ja, das Militär-Ding.) Und jetzt auch noch indirekt zu einem ETZ-Gespann. Zu guter Letzt hab' ich ihn mit vorgehaltener Fettpresse zum Eintritt ins Hanuta-Racing-Team und einem STRESS-PRESS-Abo überredet. Andeutungsweise hat er mir zu verstehen gegeben, daß er gleich einen Beitrag schreiben werde. Wahrscheinlich wird seine Rache fürchterlich werden; keine Sau wird danach noch ein Stück trocken Brot von meiner Hand nehmen. (Trocken Brot mag' i a net.)

Aber das ist der Fluch der bösen Tat, daß immerfort sie Böses muß gebären... Es wird bös' für mich enden, ich fühl's schon.

Vor allem nachts, da kommt mir sein verwohntes Gespann nicht aus dem Sinn, da gibt's soviel dran zu tun, er wird doch nicht womöglich alles selber...? Dabei hab ich ihm doch seine (etwa fünf Minuten war sie meine) NVA so gut hergerichtet, daß er mich mit meiner Gelben (MZ ETS) gnadenlos nierdermacht. So war das nicht gedacht, Heiwo!

Sicher wird er zu schüchtern sein, mich den *Dr. (hc) MZ* um Hilfe zu bitten. „Rent a Rentner", werd' ich ihm vorschlagen und selbstverständlich mich selbst meinen. Gottseidank machten wir uns gemeinsam über das todkranke Stück, zerlegten es und schworen beim Weihrauch des Zweitaktes, das edle Stück schnellstens wiederzubeleben. Am Anfang einer Restaurierung ist der Elan bekanntlich am stärksten. Aus Erfahrung weiß ich: das ändert sich...

Spätestens in dem Moment, als wir die Schwinge vom Rahmen trennen wollen. Der Schwingenbolzen ist im Rahmen eingerostet, besser gesagt, beide Teile wie verschweißt, MZ-Schrauber wissen, wovon ich rede.

Natürlich habe ich Experten interviewt und nur Entmutigendes vernommen, zum Beispiel den Originalton: „Was willst' wegschmeißen, den Rahmen oder die Schwinge?" Eigentlich keins von beiden, denn Heiwo hat vernünftigerweise einen Etat im Hinterstübchen, der allzuviel Wegschmeißerei nicht zuläßt. Die Lage wäre – normalerweise – verzweifelt, gäbe es da nicht *mich, Dr. hc. MZ,* Herr über Milliarden grauer, arbeitlsoser und unterforderter Hirnzellen, ebensolcher Muskelstränge und schlafloser Nächte.

Ergebnis nächtelangen Hirnens: Erst einmal Zwei-Zoll-Rohrzange mit Drei-Meter-Rohrverlängerung am Kugelbolzen (Schwingenachse mit SW-Anschluß) angesetzt und meine XXX Kilogramm (es sind sehr viele, leider) drangehängt. Darauf verdreht sich der Bolzen in sich, nur nicht im Rahmen.

Vielleicht bringt's tagelanges Einweichen mit Sprühöl? Soll ich nachts den Wecker stellen, um der MZ alle zwei Stunden

Det isse.

einen Caramba-Einlauf zu verpassen? Nun, das Einweichen bringt natürlich gar nix. Mich stürzt dieser Misserfolg von meiner Midlife- in die Endlifecrisis, weil ich früher immer bei den Missis Erfolg hatte! Also, über das Bolzenproblem noch ein paar Nächte schlafen. Oder vielmehr nicht schlafen.

Aber dann habe ich die Idee: Die Distanzscheiben zwischen Rahmen und Schwinge links und rechts mit der Puksäge zersäbeln und mit Durchschlag rauspopeln! Gibt jeweils so zwei Millimeter Platz für die Säge, und es erleichtert die Sache, wenn diesmal statt Puk (das Spielzeug ist gut genug zu Pumpernickelschneiden) „Rems" draufsteht und hinten ein Kabel rausschaut. („Wichtig ist, was hinten rauskommt": Bimbeskanzler Kohl.)

Dann ist die vermaledeite Schwingenachse in Nullkommanix heraußen, hundertprozentig, sie weiß es nur noch nicht, es ist nämlich früh umma halber Viere. Nun könnt' ich eigentlich von meiner Traumfrau träumen, aber da ist mir gedanklich ständig der Bolzen im Weg, 304 mal 17 Millimeter, aus'm Stahlwerk Riesa.

Ich kann's Morgengrauen kaum erwarten, schließlich bin ich der geborene Frühaufsteher. Pech nur, daß ich's alle Tag verschlaf'.

Anderntags klappt's wirklich genauso, ehrlich, und ich fühl' mich als der Held aller MZ-Schrauber. Und weil ich so gut in Fahrt bin, nütze ich mich gleich weiter aus und mach mich dran, die Stummel in der Schwinge mit einem Scherenwagenheber und 'ner Stecknuß rauszupressen. Klappt tadellos – und nicht ein Hauch von Kriechöl in den Innereien! Trotzdem, heut' ist mein Tag, ich steck den Rahmen ins Auto und ab geht's zu einer befreundeten LKW-Werkstatt. Ich weiß ganz genau, links neben dem Einfahrtstor steht eine riesige Presse...

Ne Viertelstunde später steh ich daneben, mit Dackelblick im Gesicht, dem der Werkstattinhaber einfach nicht gewachsen ist. Ne weitere Viertelstunde später ist auch der Bolzenrest dem brutalen Druck von 50 Tonnen nicht mehr gewachsen und fällt zu Boden. Ich zähle ihn genußvoll bis Zehn aus, und er erhebt sich auch nicht wieder. Der Werkstattbesitzer – ein wirklich netter Mensch – grinst nur freundlich bei der Frage nach Bezahlung und meint, so schön wie ein Rentner möchte er's auch mal haben. Ich halte ihm entgegen, daß ich der Bevölkerungsgruppe mit der höchsten Sterblichkeitsrate angehöre, und da grinst er, scheint mir, noch etwas mehr. Wie gesagt, er ist ein wirklich netter Mensch.

Klar, daß ich nach der erfolgreichen Scheidungssache Schwinge gegen Rahmen auf Wolke siebzehn schwebe. Erstere hätte so Stücker einhundert Märker gekostet und der Rahmen glatt fünf mal soviel, klar, daß ich das teurere Teil weggeschmissen hätte, damit sich das Sparen gelohnt hätte. (Was issn des für a sinnloser Satz!)

Und in meiner Euphorie vergeß' ich ganz, daß ich Heiwos Kröten schone, nicht meine. Aber wie's so ist im richtigen Leben, wenn ich mal so richtig genial bin, schaut kein Schwein zu. Flitz' ich aber aus Versehen bei Rot über ‚ne Ampel, lacht die ganze Gemeinde (kommt von „gemein") über mich.

Trotzdem, an solchen Glückstagen bekommt die zweitbeste aller Ehefrauen schon mal einen Schmatz auf die Stirn (größenmäßig ist sie halt nur Handelsklasse B), und ich herze sie mit „mein süßer kleiner Kugelbolzen". Sie tut ein klein wenig beleidigt, weil sie was Schweinisches vermutet, aber das kiech' ich wieder hin, in ein paar Tagen ist Weihnachten. Da such' ich eben für sie ein Flacon *Kontaktspray 4711* (Ehemanns Kriechöl) oder gleich 'ne teure Flasche Parfüm, nix so'n billigen „Bleu de gons" vom Aldi. Ich seh' mir so die Preise der Duftwässerchen an: 25 cm^3 für 50 Deutschmark! Dann laß' ich's also, denn in meinem Hirn tobt die Chefzelle der Rechenabteilung: „Literpreis 20.000 Mark! Mein Liter Zweitaktöl kostet ein Tausenstel, und mit dem Duft verwöhn' ich halb Mittelfranken!"

Zurück aber zu Heiwos ETZ-Rahmen. Abbeizen, meine Lieblingsarbeit! Das chemische Zeugs will nicht so wie ich will, ich schrubb mir 'nen Wolf, die Arme tun mir abends weh, als hätt' ich 'nen Tag bei Dolly Buster als BH gejobbt.

Schlaflos wälz' ich mich nachts wieder in meinem Bett (nicht wegen Dolly), und da fällt mir ein, irgendwo im Haus müßt' noch ein Zweitausend-Watt-Industriefön sein. Richtig, und mit dem Ding geht's richtig flott, abends präsentiere ich Heiwo seinen blanken Rahmen!

Nun sind wir fleißig beim Wiederaufbau, und beim demnächst anstehendem Richtfest fließt Sekt in Strömen. „Rotkäppchen" versteht sich! Und bevor ich lall', hör ich jetzt auf.

Schlaflos, die zweite

Heiwo hat fleißig grundiert und lackiert, und so komme ich wieder zum Zug, die herumliegenden Teile (inzwischen hab' ich mein „Ordnungssystem" in seiner Garage eingeführt) zu einem funktionierendem Mopped zusammenzustecken. Es soll wieder zusammenwachsen, was schon mal zusammen war.

Doch wieso zum Beispiel wackelt der Japsenvergaser im Ansaugstutzen und zieht Falschluft wie Inge Meysels Gebiß? Wieso krieg ich das Hinterrad ums Verrecken nicht fest? Weshalb schleift ständig was in der Hinterradbremstrommel? Und warum, in Dreiteufelsnamen, packen die Motorhaltebolzen nicht in die dafür zuständigen Gewinde? Wieso kommt kein Saft an die Batterie?

Bei so vielen unheimlichen, unerklärlichen Vorfällen hätte man in der guten alten Zeit in unserm Dorf am Teufelsanger bei Neumond synchron in alle vier Himmelsrichtungen gepinkelt, dabei Zaubersprüche gemurmelt („Kawasakinochemolgewitterunkahonda!"), und schon wär der Spuk vorüber gewesen. Doch die guten alten Zeiten sind vorbei, und so gilt es, nachzudenken. Das ist natürlich eine meiner leichtesten Übungen:

1. Vergaser steckt (wegen seines geringeren Durchmessers) in einer Buchse, die Falschluft durchläßt. Dieser Fehler hat wahrscheinlich den Vorbesitzer so entnervt, daß er die Kiste verstoßen hat. Also: Originalvergaser einbauen, und der Fisch ist geputzt.

2. Distanzbuchse vom Hinterrad war von der kleineren 150er und deshalb etwas kürzer, da kannste die Achse wie'n Ochse zuwürgen, die bleibt lose, denn den Unterschied siehste nur im direkem Vergleich.

3. Originalbremsbacken wieder montiert, und es hat sich ausgeschleift. Jetzt bremst die Bremse nur mehr beim Bremsen.

4. Nach Erfindung vieler neuer Flüche und eines genialen Tricks ist der Motor endlich wieder mit seinem Fahrgestell vereint. Uff!

5. Heiwo findet den ersten (und sicherlich nicht den letzten) Kupferwurm seines Lebens: Diodenplatte im After. Er schickt seinen Nachbarn in dessen wohlgefüllten Ersatzteilkeller, um 'ne neue zu holen, die wird eingebaut, die Ladekontrolle erlischt, wie sich's gehört. Jubel in Nürnberg-Süd!

Nun geht's mächtig voran: Kiste komplettieren, Licht, Blinker, Schalter usw., und mit leichter Hand ein paar bunte Käbelchen über det Janze verstreut, Vadder unsers Spezialität. Na gut, Heiwo hat später hier und da noch etwas nachgerichtet, wie's der Schaltplan halt so will, und er hat mit seinem unbedachtem Tun bestimmt einige wertvolle von mir angerichtete Kupferwurmkulturen zerstört. Er wird schon merken, wo er damit hinkommt! – Er wird überall hinkommen, direkt langweilig, so 'ne penible Schaltplaninstallation. Meine Kupferkabelverzwirbelungsinstallationstechnik hat – jedenfalls bis jetzt – durch relative Zuverlässigkeit und hohen Unterhaltungswert geglänzt. Die Hälfte meiner Geschichten sind der beste Beweis dafür.

Inzwischen hat der von uns wiederbelebte *Erich* seine zweite Jungfernfahrt (gibt's sowas eigentlich, biologisch, mein ich?) problemlos hinter sich gebracht! Auf den zweiten oder dritten Kick war er da! Probleme, die Oberbayern in Oberbayern zur schieren Verzweiflung treiben, lösen wir hier locker mit links! Und mit dem Schaltpan von MZ! Wir Franken: Bayerns Elite!

Beim Aufbau seines Beiwagens mußt' ich Heiwo leider alleine lassen, denn es bahnte sich neues Unheil an: Mir lief selber ein Gespann zu, ratet mal, welche Marke!

Schlaflos, die dritte

Zufälle bestimmen unser Leben. Zufällig bietet 'ne Hamburger Deern ihr Gespann zum Verkauf an, zufällig les' ich ausnahmsweise auch die Inserate, zufällig schmerzen mir an diesem Tag meine Hüftgelenke wie die Sau, so daß ich mir sag: Jetzt geht's Moppedfahrn nur mehr mit Stützrad. Und zufällig hab' ich ein paar Mäuse gebunkert, von denen die zweitbeste aller Ehefrauen nix weiß. Zumindest hat sie nix davon gesagt.

Also rufe ich in Hamburch an, schäkere ein bißchen mit dem mir gut bekannten Nordlicht, und schon schmilzt der Preis. Dem Scharm der Südstaatler sind die Fischköppe einfach nicht gewachsen, und das muß gnadenlos ausgenutzt werden.

Der Sohnemann bringt von einer Tour mit seinem Laster das Gespann zum Nürnberger Hafen – ganz in meiner Nähe –, und wir beide, Gespann und ich, feiern ein Wiedersehen. Die Kiste war nämlich schon vor etwa zehn Jahren hier zu Hause und hatte von mir wegen einer fehlenden Kühl-Rippe den Spitznamen „Adam" verpaßt bekommen.

Nach so stücker einhundert Metern ist die Wiedersehensfreude verflogen: Adam bleibt stehen, zickig wie 'ne Eva. Tankdeckel auf, und ein leiser Seufzer dringt an mein Ohr. Oha! Ich schau mir den Tankdeckel an, nochmal oha: kein Original. Halt ihn ans Licht, oha: kein Belüftungsloch!

Nur ganz zart schraube ich den Tank zu, und Adam bringt mich fast problemlos nach Haus. Fast, weil die Kette überspringt, die Tachonadel sich für einen Scheibenwischer hält, im Hinterradantrieb was kracht und die Kupplung den Hetscher hat (fränkisch für: Schluckauf). Die Handbremse läßt sich fast bis zum Lenker ziehen. Fairerweise muß ich sagen, daß die Vorbesitzerin mir das alles gebeichtet hat. Braver Fischkopf also! Und kein Mecker bei dem Preis.

Dennoch, ich ahne es, kommt das ganz normale Enthühnerungsprogramm auf mich zu. Und das sieht so aus: Neuer Kettenkasten, weil eine falsche Ritzel-Schneckenradpaarung den Kettenkasten zersprengt hat. Dabei erneuere ich gleich den Hinterradantrieb wg. „Haifischzähne" und dichte die Tele ab.

Die Bremsklötze ham sich von der Grundplatte gelöst. Ich popele die Kupplungsschnecke hinein (gynäkologische Spitzenleistung!) und ärgere mich 'nen halben Tag mit dem Handbremshebel rum, bis ich durch Vergleich mit 'nem anderen feststelle, daß Adams Hebel viel zu stark gekröpft ist, sich deshalb bis zum Lenker ziehen läßt. Wer kommt schon auf sowas? Und wer kommt auf die Idee, daß der Bremsschlauch verstopft ist, deshalb kein Druck auf die Bremszange kommt und die Entlüftungschraube nur müde vor sich hinblubbert?

Nachdenken ist angesagt, und so stütze ich mich mit der Hand auf meine Werkzeugkiste, eine Zehntelsekunde lang, denn dann habe ich sie wiederentdeckt, meine längst verlorengeglaubte Stahlbürste. Ich brauchte sie nur mehr mit 'nem kräftigen Ruck aus'm Handballen zu ziehen, und schon hatte ich wieder was gelernt: Intensive Haut-Durchblutungen helfen – wie Gehirndurchblutungen – bei der Lösung kitzliger Probleme! Für Nachahmer: Auf einen Quadratzentimeter Haut passen so etwa 14 Drahtbürstenenden.

Dann tausche ich noch das Getriebewasser gegen Getriebeöl. Richtig gelesen: Außer einem Fettauge Öl (sogenanntes Zyklopengetriebe) kam nur Wasser aus der Box! Ist jetzt kein Water mehr an der Waterkant, weil's nach Nürnberg exportiert wurde und bei mir im Gully verschwand? Leser von der Nordsee, ruft mich an: Kann ich noch Urlaub dort droben machen? Ist der Wanderweg nach Helgoland schon markiert? Gehn die Heringe auf Krücken? Fahren die Plattfische Rollstuhl?

Schließlich ist die technische Abnahme angesagt. Ich fahr' mit entstempelter Hamburch-Nummer zur Prüfstelle. Hinter mir versinkt Nürnberg-Süd in einer Qualmwolke, die dem Andromedanebel locker Konkurrenz macht. Nanu? Der städtische Linienbus hält so 100 Meter Abstand (soweit ich das überhaupt erkennen kann, ehrlich!), die Scheißqualmerei muß doch irgendwann mal aufhören?

Der Prüfer jedoch ist unendlich gnädig und gibt mir die Plakette, und weil er nicht vom TÜV war, hab ich ihn in mein Nachtgebet eingeschlossen. Wir waren gemeinsam der Meinung, die Mischung sei 1:1, und die Qualmerei sei ganz bestimmt nach der nächsten Ecke vorbei – eventuell nach der übernächsten, aber ganz bestimmt irgendwann. Und als Zeichen tätiger Reue tankte ich vor seinen Augen Benzin pur.

Tatsächlich war's mit der Qualmerei bald vorbei – weil die Kiste nämlich stehen blieb! Rauchen schadet der Gesundheit – auch der der Moppeds! Ich mach's kurz: Der Motor zuzzelte Getriebeöl ins Kurbelgehäuse, und der geneigte – und technisch beleckte – Leser weiß, ich fahr einen Zweitakter sächsischer Herkunft. Das heißt aber auch in diesem Fall: Motor raus, zerlegen, abdichten, wieder montieren. Dabei stellte sich heraus, die Kiste hatte auf so zehn Kilometer 'nen halben Liter Getriebeöl genascht. Sauber, sog' i.

Wie üblich fand die Operation bei mir im Keller auf der Werkbank unter Oberaufsicht meines Kumpels Käpt'n Blaubeer statt, und sie verlief erfolgreich! Ich baute gleich neuen Kolben und Zylinder ein, jetzt rennt sie etwas schneller.

Bei der Schrauberei kam ich einem Betrug auf die Spur: Adam war kein echter Adam! Ihm fehlten zwei Rippen! Wir wissen aus der Bibel, was Gott (leichtsinnigerweise) aus Adams Rippe geformt hat: das Weib. Und ich (und nur ich!) weiß, was Gott aus Adams *zweiter* Rippe schuf: Das dritte Geschlecht! Sächlich! Oder woher, glaubt ihr, kommen die Bioleks, die von Sinnens, Merkels, Westerwelles?

Es ist fast schon Tradition, daß bei solchen Schraubereien in meinem Keller Düfte durchs Haus ziehen, die dem häuslichem Frieden leicht abträglich sind. Die zweitbeste aller Ehefrauen will einfach nicht einsehen, daß zum Beispiel 90er Getriebeöl weitaus würziger duftet als beilspielweise 'ne Weihnachtsgans, ein Karpfen oder Nürnberger Bratwürscht. Während sie in ihrem Nachmittagskaffee grundelt, grollt sie mir in den Keller: „Wenn dei Gschtänkeri net sofort aufhört, kannst was erleben!"

Und ich erlebe was, denn das „Gschtänkeri" hört natürlich nicht auf: Sie verbietet mir für eine Woche meine Lieblingsfernsehsendung, die „Teletubbies". Sch...ade! Adieu, Thinky! Winkewinke, Winky! Na ja, dann fahr ich dafür eben ein bißchen Gespann, 's rennt ja prima. Ob ich Poo, Lala und Nono, den Staubsauger, im Beiwagen mitnehmen darf?

Egal, jetzt geh' ich erstmal ins Bett, diesmal is nix mit schlaflos, 's is nämlich nachts halberans, und ich hab drei halbe Bier reingerüsselt!

Adam – ohne Eva, dafür mit Kinderwagen.

Im Rausch der Farben

(und der Kater danach)

Gelegentlich sollte man sich etwas leisten, zum Beispiel, wenn man zusammen hundert Jahre alt wird. So wie mein Mopped und ich. Ein bisserl Auffrischung tät' uns zweien nach dieser Zeit gut.

Klar, daß der brave Mann zuletzt an sich selber denkt und zuerst seinem geliebten Mopped eine Schönheitskur spendiert. Es ist ja auch schon dreißig Jährchen im Dienste seines Herrchens (jetzt könnt ihr euch ausrechnen, wie alt der Vadder heuer wird – wo bleiben die Geschenke? Aber um Gottes Willen nix aus Göttingen!), und ein bißchen *Make up* könnt nicht schaden, denk ich. Wie wär's mit einer Neulackierung? Ferrari-Rot? Da hab' ich nämlich noch einen wunderbar lackierten Tank von einer MZ ES 1 von 1962 in dieser Farbe. Gelb trug meine Kiste nämlich, seit sie Anno dreiundsiebzig in Zschopau vom Band purzelte.

Also nix wie hin zum Stahlgruber-Autozubehör und das zum Tank passende Rot gesucht. Ich werde bei *Doldicolor 5-0200* fündig, was sich im nachhinein als mittelschwerer Fehler rausstellt. Abbeizer, Grundierung und Schmirgelleinen noch dazu, morgen oder übermorgen ist die Kiste wie neu.

Denkste – ich hätt's besser wissen müssen!

Den ES-1-Tank bastele ich auf den ETS-Rahmen, das ist allerdings längst nicht so einfach wie gedacht, spätestens jetzt müßte ich sie zuscheißen, dann würde mir viel Ärger erspart bleiben. Aber man hängt halt an seinem Mopped.

Das Lackieren des vorderen Kotflügels is *nix problemo*, wenn man davon absieht, daß er auf der Unterseite heftig nach Entrostung verlangt. Nun, nach dreißig Jahren ist das kein Wunder, und ich komm ins Grübeln, wie's wohl beim Herrchen, das ja mehr als doppelt so alt ist, unter der Grundierung ausschaut?

Die Seitendeckel links und rechts für Luftfilterkasten und Elektroabteilung werden lackiert, und mir geht die Farbe aus, bei den Sch...önen Spraydosen weiß man ja nie genau, wann die Dinger leer werden; doch, jetzt weiß ich's, wenn sie, in den letzten Zügen liegend, auf die fertig lackierte Fläche heftig rotzen, sind sie leer, und du kannst erneut von vorn anfangen!

Wenn sie leer sind, weiß man: Es ist Samstag und halber drei, und der Basteltag ist gelaufen. Statt *Rot 5-0200* kannste dann bei der zweitbesten aller Ehefrauen nur mehr Jacobs Krönung ordern. Mit Krapfen.

Montag früh so vierzehnuhrdreißig steh' ich beim Stahlgruber vor'm Lackregal und blick bei der Nummer 5-0200 ins Leere. X-tausend andere Dosen und Döschen quetschen sich in drangvoller Enge in den Fächern und betteln: Nimm mich! Nur die 5-0200 nicht.

Jaleckmiamarsch, samma in der DDR? „Hammwanich, kommt aber bald wieder rein, schaun's halt nächste Woch' wieder vorbei, is dann bestimmt wieder da", grummelt der Lackfritze – „wahrscheinlich", hör ich ihn denken, er sagt's nicht, aber ich hab's trotzdem gehört.

Irgendwann krieg' ich doch noch den Lack mit der Kummernummer, aber nur ein Minidöschen mit 150 Millilitern. Dieses Rot scheint die blaue Mauritius der Lackbranche zu sein, und ich mach mich an mein zweites Sorgenkind, den linken Seitendeckel. Das Aas hat immer an der gleichen Stelle einen Pickel, der taucht nach jedem Abschmirgeln, Grundieren und Lackieren wieder auf, standorttreu wie ein Steinpilz. Der Seitendeckel ist aber sehr kostbar, weil auf ihm ein Aufkleber „TROPHY SPORT" pappt, der unbedingt erhalten werden muß; der letzte seiner Art, zumindest in meinem Materialvorratskeller.

Ich schrubb', naßschleif' und lackier' mir 'nen Wolf, weil a) der Steinpilz immer und immer auftaucht, b) ich mit dem Armbanduhrverschluß die fertige Grundierung zerkratz', c) sich die danebenliegende Schleifpapierrolle wieder entrollt und sich über die frischlackierte Fläche legt, d) beim Trockenwischen der Grundierung im Waschkeller ein Bettlakenzipfel (wenn das mein Weibi erfährt!), in dem sich ein (normalerweise reizvolles) weibliches Wäscheteil verhakt hat, unübersehbare Spuren hinterläßt, (na ja, welcher Mann hat sich noch nie über BH-Verschlüsse geärgert?) und e) ich Trottel unvorsichtigerweise meinen Daumenabdruck auf dem noch weichen Lack hinterlasse. Jetzt weiß ich's auch: Die angegebenen Trocknungszeiten sind nur gaaanz unverbindlich!

Endlich ist ein ziemlich einwandfrei lackierter Seitendekkel entstanden, und ich bette ihn bei meinen Materialvorräten auf eine Art feste, karierte Folie, er soll's gut haben bei mir nach dieser schweren Geburt.

Ein paar Tage später schnapp ich ihn mir zwecks Montage, die Folie fällt dabei zu Boden mit der Rückseite nach oben, und was erblickt mein tränenfeuchtes Auge? „TROPHY SPORT"!

Im Leben muß man manchmal die charakterliche Größe haben, sich von etwas Wertvollem zu trennen. Ich hab' den neuen, schöneren, edleren, schwarzrotgoldenen TROPHY-SPORT-Aufkleber weggeschmissen, den alten an seinem Platz gelassen und somit mein inneres Gleichgewicht wiederhergestellt. Aber geschmerzt hat es schon!

Liebe Leser und -innen, bin ich jetzt ein Rindviech? Sagt die Wahrheit, ich bin stark genug, sie zu ertragen!

Doch das Leben – und somit auch diese Geschichte – geht weiter. Die ehemals gelbe MZ ist jetzt errötet, doch wer bis hierher aufmerksam meiner Erzählung gefolgt ist (ich geb's zu, es ist schwierig), wird eins vermissen: den Scheinwerfer! Ja, der ist noch original gelb. Und mir graust's vor dem Gedanken, das Ding zu lackieren, denn darin steckt fast die ganze Elektrik, lauter bunte Käbelchen, rot, schwarz, braun, schwarzweiß, schwarzgrün, rotgrün, schröderfischer, grünblau, blau, gelb, orange, grau, weiß, rotweiß, wasweißich, weißichnicht. Und ein paar Strippen von unserer alten Waschmaschine: Lilaweiß, grüngelb etc. hatt' ich irgendwann auch mit verbraten. Nicht zu vergessen die Leitungen, die vom linken Kombischalter Abblend-/Fernlicht, Hupe, Lichthupe, Blinkerrechtslinks, Masse im Scheinwerfer münden. Noch mal pfundweise faschingsbuntes Kabelgewurschtel. Und das Ding ist nicht von MZ, sondern von Kawasaki. Ein Rausch der Farben! Hab' ich Ecstasy genascht?

Egal, alles rausgerupft, so schwer kann das Wiederzusammenstecken gar nicht werden, schließlich gibt's von MZ bestes Schaltplan von Welt, herrlich bunt in allen Farben und als letztes As im Ärmel Käpt'n Blaubeer, den Stammlesern als mein Freund und Helfer (nein er ist kein Polizist, sondern ein anständiger Mensch, Verkehrssünder und gelernter Autoelektriker) bestens bekannt.

Obduziere also den Lampentopf und ziehe die Nervenstränge raus. Dabei wird mir schon etwas unheimlich, und ich beschließe – rein vorsorglich –, ab heut' abend Käpt'n Blaubeer in mein Nachtgebet einzuschließen. Man kann ja nie wissen...

Wieder hin zu Stahlgruber, wieder ein Blick ins 5-0200-Fach, wieder nur ein 150-ml-Döschen, ja kruzefixluja, ich will mein Mopped lackieren und nicht meine Fingernägel!

Die Lampe wird schließlich doch prächtig, ich bau alles wieder z'amm, aber die Stunden, die ich in trauter Zweisamkeit mit meinen geliebten bunten Kabelbäumchen samt Zweiglein, Ästlein und Würzelchen verbracht habe...

Die Hupe hat anscheinend Stummschaltung. Vor der Kabelzerzupfung ging sie, ich griffel mir die Finger wund – nix! Mein Verdacht, ich sei einfach nur blöde, erhärtet sich. Liebe Leser, lernt diesen Satz auswendig, ihr braucht ihn im Laufe dieser Gschicht noch öfter.

Der Käpt'n findet den Fehler: Federchen unterm Hupenknopf kaputt, na ja, Japsenkawaglump. MZ-Originalschalter vom Nachnachnachfolgermodell ETZ eingebaut, Hupe hupt, okay.

Das Bremslicht allerdings lichtet nicht – zuvor ging es. (Weiter im Text wie unter Absatz Hupe!) Diesmal find' ich den Fehler selber, und der böse Verdacht schleicht sich von hinnen.

Ursache: Handbremshebelbremsschalterstiftchen bleibt machmal in seiner Führung stecken. Mit Sprühöl eingesprüht, hab ich dich erwischt, dich Hund! Das Stiftchen flutscht in seiner Führung, die Handbremse schickt den Strom zum zuständigen Birnchen. Vadder freut sich!

So ungefähr bis zum nächsten Tag, da gebricht es dem Birnchen erneut an Strom, nach langem Suchen stellt sich raus, die Carambadusche hatte dem zarten Plastestiftchen den Garaus gemacht, es muß ein klitzekleinbißchen aufgequollen sein. Wer kommt auf sowas? Gestern half's, heut verreckt's!

Ich baue ein gebrauchtes Schalterchen ein, die Minikabelschuhe fallen ab wie welkes Laub, her mit dem Lötkolben, jetzt muß alles funktionieren, Scheiße, dasselbe Drama, neuen Schalter bestellt und montiert, Handbremshebellichtlein lichtet – so ungefähr einen Vormittag lang. (Das wußt' ich da aber noch nicht.)

Doch warum leuchtet's nicht bei der Fußbremse? Und nun auch bei der Handbremse wieder nicht mehr? Ich will aber, daß mein Bremslichtelein leuchtet und auch der Dekra-Prüfer will so was sehen! Nicht zu vergessen: Auch die Polente und der Hintermann sind an einem funktionierenden Bremslichtelein sehr interessiert, nur einem Trucker ist's wurscht.

Ich griffle mir also erneut die Finger wund, bis ich rauskriege, daß die Hinterradschwinge keine Masseverbindung mehr zum Rahmen hat. Dreißig Jahre lang hatte sie! Des Rätsels Lösung: Ich hatte die Schwingenlagerung mal schnell zwischen der Handbremsschaltermontage und dem Fußbremsdrama mit der Fettpresse abgeschmiert!

Nicht, daß ich sie dreißig Jahre etwa nicht abgeschmiert hätte, aber heut' ärgert mich meine Karre, heut benutzt sie das Schmierfett als Isolation!

Ich verlege eine Minusleitung von der Hinterradbremstrommel (da wohnt bei MZ der Bremslichtschalter) zur Batterie, das Fußbremshebellichtlein lichtet, okay, Handbremslichtlein dito!

Bin ich nicht ein Hund? Find' die kompliziertesten Fehler, obwohl ich von der ganzen Kfz-Elektrik nix versteh'!

Ich stell' als erstes das Nachtgebet für Käpt'n Blaubeer ein, der Heide soll selber schaun, wie er in den Himmel kommt. Vielleicht wird er dort 'ne Nebelschlußleuchte am Andromedanebel montieren dürfen, an mein Bremslicht laß ich nur mehr Wasser und CD. (Liebe Leser, es ist nulluhrdreißig, und zu meinen Füßen kullern Stücker fünf Bierdosen. Leere!)

Ich schraub' das Rücklicht auf seinen Sockel, habe fertig, prüfe Fußbremse, kein Licht! Prüfe Handbremse, kein Licht! Ich schraub' das Rücklicht von seinem Sockel, prüfe Fußbremse: Licht! Prüfe Handbremse: Licht! Schraub' das Rücklicht auf seinen Sockel, habe (fix und) fertig, prüfe Fußbremse: Nichtlicht! Handbremse: Nichtlicht!

Alles wieder retour. Liebe Leser, sprecht laut, deutlich und auswendig den bewußten Absatz!

Ich klemme einen Hammerstiel unter den Fußbremshebel: Licht. Mehr oder weniger zufällig drehe ich irgendwann die Sofittenlampe in ihrer Fassung, nach je 180 Grad geht die Lampe an – geht aus – geht an – geht aus.

Ich schau mir das Birnchen genauer an, was steht klitzeklein drauf? „Made in India!" Aha! Da hammers: Ex Oriente Lux? Wenn ich den Kerl erwische, der diesen Unsinn erdacht und verbreitet hat (es muß vor der Erschaffung der ersten MZ gewesen sein), schreib' ich ihm ein dreckiges Wort in seinem Hausgang! Das fränkische *Orschluuchdreegsau* wär in diesem Fall passend!

Einzige Erklärung für das Benehmen der indischen Leuchte: Die Buddhisten glauben bekanntlich an die Wiedergeburt, und da hammwa den Beweis: Ein buddhistisches Sofittenbirnchen kann ja mit einer atheistischen Sozialistenschleuder nicht harmonieren, denn es lebte in seinem ersten Leben in einem Rikscha-Blinker! An-aus-an-aus. Das Ding verfolgt mich noch heut' bis in den Schlaf!

Ich hole ein neues aus'm Keller. Die Sofitte hat jetzt Saft in jeder Stellung. (Das laß' ich mir jetzt auch einbauen!) Schraub' das Rücklicht auf seinen Sockel, habe fertig, seitdem funktionierts, wie sich's gehört. Dann schmeiß' ich versehentlich das buddhistische Blinkerrücklichtbirnchen in die Schachtel zu den abendländisch-christlichen, und mir schwant, mit Bosch und Buddha werd' ich irgendwann bald wieder Krach bekommen.

Klar, daß nach soviel Elektrobastelei die Batterie nach dem Ladegerät lechzt, okay, kann sie haben. Ich häng' sie ein paar Stunden an's Euter meines Ladegeräts, und sie zuzzelt sich rülpsend ihre 12 Volt rein. Am nächsten Tag bau' ich sie ein, – und am ganzen Mopped rührt sich nix! DAS GIBT'S DOCH NICHT! Lest wieder den Hupen-Absatz! Schon schleicht sich wieder dieser gemeine Verdacht in mein Hinterstübchen ein.

Nun, das gibt's doch, die Batterie war über Nacht zusammengebrochen. Ich wollt's ihr nachtun, aber da fiel mir ein, ich hatte ja noch ein paar Tage Garantie (nicht auf mich, die ist längst abgelaufen), also mit Batterie, Kassenzettel und Wut im Bauch nix wie hin zur Firma Lumpen-Loui, und die ham's mir auch anstandslos umgetauscht.

Ich bau' die Batterie ein – und jetzt mag mich die Armaturenbeleuchtung nicht mehr, zuvor ... ihr wißt schon.

Ich bastle mir eine Prüflampe mit Krokodilklemme und geh' auf das zuständige Kabel. Die Prüflampe leuchtet, ich stochere weiter, die Prüflampe leuchtet hier nicht, leuchtet da nicht, ich suche und fluche, verspreche, wieder für den Käpt'n meine Gebetsmühlen klappern zu lassen, wenn er mir bei der Auffindung und Beseitigung des unerklärlichen Fehlers hilft.

Da komme ich irgendwann wieder selber auf die glorreiche Idee, die Prüflampe zu prüfen, und siehe da, das Prüflämpchen hat während der Prüferei den Löffel abgegeben! So eine Obersau! Ich krame extra mein Vergrößerungsglas hervor, sehe deutlich die unversehrte Glühwendel, also was kann denn an so 'nem klitzekleinen 1,2-Watt-Birnchen eigentlich noch verrecken? Für aufmerksame Leser: Das Prüfbirnchen war für 12 (in Worten: zwölf) Volt! Ich bin doch kein Dummerchen, ich stochere nicht mit einem 6-Volt-Birnchen in 'ner 12-Volt-Anlage rum, das wäre eine Erklärung für den Prüflampentod gleich nach dem ersten Kontakt gewesen.

Allmählich entwickle ich für die Auffindung von versteckten Elektro-Fipsen eine besondere Nase! Ich bin die Trüffelsau der Kfz-Elektrik!

Schließlich glaube ich, mit dem Elektrokram fertig zu sein und bastle als letztes das Zündschloß in den Scheinwerfer. Jagibtsdochnicht, jetzt sind die Kabel vom Kombischalter links am Lenker plötzlich zu kurz! Die Trüffelsau in mir grunzt, nein, sie fletscht schon die Zähne; denn zuvor... (Könnt ihr den Hupen-Absatz jetzt auswendig?)

Doch diesmal ist die Erklärung einfach. Das MZ-Zündschloß sitzt bei der ETZ zwischen den Armaturen in der Lenkermitte, bei meinem ETS-Scheinwerfer jedoch obendrauf. Und so fehlen eben ein paar Millimeterchen. I werd' narrisch! In der Mitte meines Leibes regt sich etwas, ganz deutlich spür' ich's; wird's ein Embryo oder ein siebenpfündiges zwölfvoltiges Magengeschwür?

Aber ich muß da durch, schließlich will ich mit meiner Kiste heuer wieder mit meinen Kumpels in die Seealpen, die Cols rauf und runter.

Löten ist angesagt, eine meiner leichtesten Übungen, schließlich hat mein Lehrmeister mir den Umgang mit dieser Verbindungstechnik vor über fünfzig Jahren schmerzhaft eingebläut. (In meiner Lehrzeit in den Vierzigern des letzten Jahrtausends gab's noch Prügel, das einzige, was es damals reichlich gab.)

Kabel verlängert, Kombischalter auf Lenker gepopelt, alles durchprobiert, Blinker blinken nicht; das Magengeschwür brodelt, die Trüffelsau grunzt. Ich öffne den Schalter wieder und stelle fest: „Fabriklötstelle“ gebrochen – meine „Privatbaustellen“ halten!

Und die nächste Steckdose ist so Stücker fünfunddreißig Meter entfernt, Lötzeug und Verlängerungskabel hab' ich voreilig schon wieder im Keller verstaut. I werd' narrischer!

Liebe Leser, ihr werdet verstehen, daß ich nach diesen nervenzerfetzenden Ereignissen unbedingt eine Auszeit von vier Wochen nehmen muß. Weiterlesen ab hier also auch erst in einem Monat! –

Ihr habt ja geschummelt und lest weiter!

Irgendwann im Januar ist sie endlich fahrfertig, aber ich hab 'nen Durchhänger. Wenn in meinem Beisein das Wort „Motorrad“ fällt, steht mir der Schaum vorm Mund, kann die Kiste nicht mehr sehen, das Leben ist grau in grau..

Bis, ja, bis das Enkelchen jede Menge Kopfläuse vom Kindergarten mit heim bringt. Ich herze und knutsche es, das gibt mir neue Energie, die Gelegenheit, mal wieder beim Stammtisch zu erscheinen! Vielleicht ist heut' abend der mir noch immer unbekannte Göttingerpäckchenabsender da, vielleicht sitzt der Sauhund sogar direkt neben mir!

Voll Vorfreude kratz ich mir schon mal den Kopf, seid ihr alle da, Läusle? Heut gibt's ein Riesenfresserchen für euch! Alle Blutgruppen, viel Promille! Das Leben ist ja so lebenswert, wenn man als festes Ziel vor Augen hat, seinen Kumpels eine freudige Überraschung zu bereiten.

Nach diesem für alle Teilnehmer so unvergeßlichen Stammtischabend sprüh ich wieder voller Tatendrang wie in alten Zeiten. Mir fällt ein: Ich hab ja noch eine Lampen-Lenkerverkleidung für die ETZ – drieben sochden se „Ganzel" dazu. Die müßt' sich doch passend machen lassen für meine ETS? Sie ließ sich.

Neue Befestigungen, neue Nirostaschrauben, neuer Kantenschutz, die Laufereien und Besorgungen verschlingen bald mehr Zeit als die Montage. „Bitte zehn Stück Vier-Millimeter-Schräubchen, 25 Millimeter lang, Kreuzschlitz, Edelstahl, mit Muttern und 20 Beilagscheiben, aber mit extra großem Außendurchmesser, und hams vielleicht noch 20 Kunststoffunterlegscheiben in der gleichen Größe?" Da hüpft jeder Verkäufer vor Freude. Ja, und die *Ganzel* lechzt natürlich nach frischem Lack! *Doldicolor 5-0200,* wenn's recht ist!

Montag früh so vierzehnuhrdreißig steh' ich wieder mal vor'm Lackregal beim Stahlgruber, und mein Auge erfreut sich an der einzigen Dose 5-0200, 150 ml. Ich weiß genau, die reicht nicht und klag' dem Verkäufer – wir haben inzwischen ein herzliches Verhältnis – mein Leid, der grinst und meint, heut in der Früh' sei ganz bestimmt noch mindestens eine große dagewesen. Er denkt: „Langschläfer", sagt aber: „Was lernen wir daraus? Der frühe Vogel fängt den Wurm!" Ich kontere: „Und was lernt der Wurm daraus? Schlafe länger und du lebst länger!" Er lacht, bis seine Birne rot wird, aber es ist nicht mein 5-0200, das ist erst in ein paar Tagen da, sogar in der Großdose.

Irgendwann ist auch die Lampenlenkerverkleidung fertig lackiert, die neuen Halterungen passen. Schon bei Beginn der Kanzelanpasserei hatt' ich selbstverständlich den

Scheinwerfer mit Klebeband geschützt, nicht ohne zuvor zu testen, ob sich das Band auch wieder problemlos vom Lack abziehen lassen würde. Ich bin doch kein Dummerchen! Es würde sich, gab es mir zu verstehen.

Ich fädele den Scheinwerfer durch das nach ihm benannte Loch, schraube die Halterungen fest, schee schaut's aus, niemand hat so was, nur ich. Es ist ein Gefühl wie bei einer feierlichen Denkmalsenthüllung. Enthüllung? Ach ja, das Klebeband!

Ich enthülle meinen Scheinwerfer vom Klebeband, es macht seinem Namen alle Ehre und läßt den Lack vom Scheinwerfer nicht mehr los...

Ssseiddem lleb' iich nnur mmehr iim Ddelirium, vversauf mmein Eerspartes, sscheiß aauf ddie Rriesterrente, mmeine Aaltersversorgung iis ddas Ddosenpfand! Hihicks! Uund eein aaltes Mmopped ffaß iich nnimmer aan! Iich nich!

P.S. Ich schwör's euch! (Ich bin wieder nüchtern!) An der ganzen Geschichte is' nix erstunken und nix erlogen. Alles hab' ich so erlitten. Drum bitte keine blöden Bemerkungen an den Stammtischen oder Treffen, ihr wißt schon: Mein 12-Volt-Hochleistungsmagengeschwür!

Behörden und andere Vorhöllen

Jahrzehntelang waren Halteriemen und Schmutzlappen Synonyme für straßenverkehrsbehördliche Lächerlichkeit. Sie wurden mittlerweile ersetzt durch paragrafenbetriebene Zitronenpressen, mittels derer der Verkehrsteilnehmer auf Generationen hinaus sämtlicher Ersparnisse enteignet wird.

Mederer ist nicht gut zu sprechen auf Hoheitsträger und deren Erfüllungsknechte. Ab und zu jedoch huscht über das steinerne Antlitz der Exekutive ein Hauch von Menschlichkeit.

Gott schuf Himmel und Erde

Aber der TÜV nahm's ihm nicht ab. Wäre ja noch schöner, ohne eigene Beleuchtung und mit schiefer (Erd-)Achse auf der Milchstraße herumzueiern! Gott weiß zwar alles, aber der TÜV alles besser.

Schon meine erste Begegnung mit den Herren im grauen Kittel bei meiner Führerschein-Klasse-IV-Prüfung 1951 in Köln bestätigte meine Meinung. Damals konnte man den alten Vierer (bis 250 cm^3) noch mit einer mündlichen Prüfung ablegen. Die Prüflinge hockten wie verschreckte Hühner im Vorzimmer, nur meine Wenigkeit stand neben der Eingangstüre.

Ein älterer Herr mit Ulbrichtspitzbart erschien im Türrahmen und grüßte nordlichtmäßig mit „guten Tach" (aber da war er schon keiner mehr). Das wartende ängstliche Prüflingsvolk erwiderte ebenso. Der Spitzbart: „Na, wollen Sie sich nicht erheben, wenn ein Herr den Raum betritt?" Die Sitzenden rasselten hoch wie im Kindergarten; nur ich, der es ja nicht nötig hatte, konterte: „Erstens haben Sie den Raum ja nicht betreten, und zweitens stellt man sich erst einmal vor!" – „Mein Name ist Kaspar, ich bin Ihr Prüfer." Meine Ahnung, deswegen jetzt schon durchgefallen zu sein, bestätigte sich eine Stunde später. Warum brock' ich mir immer solche Sachen ein?

Aber ich kann eben so aufgeblasene Fatzkes nicht leiden. Bei der anschließenden mündlichen Prüfung wußte ich wirklich alles, das vom Innenministerium herausgegebene Frage- und Antwortheftchen kannte ich auswendig. Wenn man auf die Fragen des Kaspar die Antwort wußte, mußte man sein Fingerchen heben und bei der Beantwortung aufstehen: Kaspars Befehl!

Ich hatte immer den Finger oben, schließlich hatte ich mir schon eine Dürkopp-Sachs gekauft und wollte ab diesem Tag endlich legal am motorisierten Verkehr teilnehmen. (Habe ich mich verständlich genug ausgedrückt?)

Kaspars Frage an mich: „Was machen Sie, wenn vor Ihnen auf der Fahrbahn ein Fußgänger läuft?“ Meine laut Ministeriumsfibel richtige Antwort: „Ich hupe!“ – Kaspar: „Falsch!“ – Mederer: „Richtig!“ – Kaspar: „Falsch!“ – Mederer: „Richtig!“ – Kaspar kriegt eine rote Birne, laut: „Falsch! Haben Sie 'ne Hupe, mit der sie den Mann wegblasen?“ – Mederer, noch lauter: „Nein, Hupe mit Totschläger, Kreuzdonnerwetter, hier im Prüfungsheft steht genau diese Frage und diese Antwort, also richtig.“

Der Spitzbart vibriert, so was hat der Angehörige der deutschen Herrenrasse noch nicht erlebt: Ein Grünschnabel widerspricht ihm! Die Prüflingsmeute ist erstarrt, der Halbgott keift mit überschlagender Stimme: „Was das Ministerium in diesem Heft sagt, ist mir Wurst, alle haben bestanden, nur Sie lasse ich durchfallen, Sie können gehen!“ Und ich Idiot hab' mir das gefallen lassen.

Vier Wochen später die gleiche Prozedur, der Kaspar würdigt mich keiner Frage und keines Blickes, ich krieg' den Lappen mit „bestanden am 25.10.1951“. Das war das Datum der *ersten* Prüfung, er hat ihn mir also einen Monat lang unterschlagen. Und wem heute die fünf Mark Prüfungsgebühr als Peanuts erscheinen, dem sei gesagt, daß mein Stundenlohn damals 91 Pfennige betrug.

Und weitere Beispiele der unendlichen Ignoranz der Graukittel: Da wird einem Notarztwagen – also ein rollender OP-Saal – die Plakette mit der Begründung verweigert, es sei kein Verbandskasten an Bord. (Sollte jetzt Lesern an dieser Stelle der Hintern vor Schreck durch die Klobrille gerutscht sein, geschieht ihnen recht: Weltliteratur liest man nicht auf dem Scheißhaus!)

Den TÜV-Prüfern beim Idiotentest wird, so gibt es Berichte, intern eine Durchfallquote von 70 Prozent vorgeschrieben. Getreu dem TÜV-Werbeslogan: „Wir wollen, daß Sie wiederkommen." Merken die Grautiere dabei nicht den darin enthaltenen Zynismus?

Einer meiner besten Kumpels fuhr einmal mit seinem Kadett zum *Total Überheblichen Volk*, links vorne knackte es so verdächtig, die Graukittel werden es schon finden. Er dachte falsch, die fanden nix, Plakette erhalten. Also bockte er selber die Karre auf, um nachzusehen. Und was kippt aus dem vorderen Kotflügel? Das ganze Rad! Die Mutter an der oberen Radaufhängung, der Querblattfeder, hatte sich verflüchtigt, lebensgefährlich für alle Anwesenden. Schönes Bild: Prüferdaumenwarme Plakette, aber Rad ab!

Ich war mal mit meiner Zündapp Elastic in Cham beim TÜV. Prüfort: Eine Tankstelle ohne Bühne und Grube, TÜVerer nennen sowas einen „Kniescheibentermin". Den Prüfer hatte ich noch gewarnt: „Die Handbremse geht *gut*!" Das Grautier fährt und legt ausgerechnet im frischgesplitteten Hof eine Vorderradbremsung und dann sich samt Zündapp hin. Immerhin ist nix weiter passiert außer einem Loch im Knie der Prüferhose. Wir beißen beide auf die Lippen, – er vor Schmerz –, und ich bin mir sicher, daß das Grautier seinen nächsten Kniescheibentermin beim Doktor hatte.

Ich könnte noch massenhaft Abenteuer mit Grautieren erzählen, heut' nur noch der dickste Hund. Gleich nach der Maueröffnung liefen mir Emzetten zu wie streunende Katzen. Ich hab' sie alle bei mir aufgenommen, aufgepäppelt und eine durch den hiesigen TÜV gebracht. Da führte sich ein Prüfer auf wie sein Kollege vor 40 Jahren in Köln. Ich habe mich daraufhin beim Leiter seiner Dienststelle beschwert, und dieser rief mich dann weit nach Feierabend an und entschuldigte sich für die Ungezogenheiten und fachlichen Fehlleistungen seiner Untergebenen. Der größte Hammer: Die 19-PS-DDR-Version der MZ wurde mit 17 PS eingetragen, und auf meine Frage nach den eventuellen Folgen (damalige Versicherungsgrenze bis 17 PS) erfolgte großes Gestammel.

Also reichte ich Beschwerde beim Bayerischen Staatsministerium für Wirtschaft und Verkehr ein. Aber in Bayern sind die Amigos bekanntlich überall, und die Krönung des Antwortschreibens von dort war, daß ich „an zwei verschiedenen Tagen mit zwei verschiedenen Motorversionen vorgefahren" sei. Daß ich die Gebühr für die Nachuntersuchung bereits bezahlt und der TÜV-Ober den TÜV-Unter angewiesen hatte, mich zu bedienen, spielte für den Unterprüfer keine Rolle, er wollte mir die bereits gezahlte Gebühr zurückerstatten, da ich mich weigerte, mich für irgendwas zu entschuldigen. Ganz klarer Fall von Nötigung und Arbeitsverweigerung. Arbeitnehmer unter uns könnten sich ausrechnen, wie viele Minuten sie danach noch in ihrer Firma beschäftigt wären. Aber abnehmen mußten sie meine Emme mit viel Zähneknirschen doch noch. So dusselig wie 1951 bin ich ja nun doch nicht mehr.

Nach meinen Erfahrungen tun sich die Damen, oftmals von ihren Mannsbildern an die TÜV-Front geschickt, viel leichter. Mit bungeejumpmäßiger Strapsbewaffnung und abgrundtiefen Dekolletés versuchen sie, die Prüferaugen von Rostlöchern und abgelatschten Reifenprofilen abzulenken. Ich hab' mal probiert, die Blicke des Grautiers auf meine topfschrubbermäßig bemoosten, kälberhormongehärteten Titten abzulenken. Er ließ sich von diesen Schmankerln nicht beeindrucken und behielt die begehrte Plakette in der Tasche. Kennt denn keiner einen *Technisch Überforderten Vollidioten,* der auf Stachelbeerwaden und Gummisockenhalter abfährt, mit mir so um den nächsten Plakettentermin ein Mechtel techtelt und, falls er dabei eine Hand frei hat, bei der Gelegenheit meine Stahlflexleitung einträgt?

Ich schlag' vor: Wir verleihen alljährlich dem idiotischsten Prüfer den Orden „Krummer Bolzen mit überdrehter Überwurfmutter und durchgepfiffener Kopfdichtung mit Beischlafscheibe erster Klasse am Kabelband". Ich stifte dem Ordensträger noch einen Tritt auf die Rosette. Gratis!

Latin Lover

Was sagt man diesen *Latin Lovers* nicht alles nach: Charme, Potenz, Erfolg bei der Schürzenjägerei. Mit dieser Geschichte allerdings werde ich die Spezies auf Gartenzwergformat eingedampft haben.

Da war ich wieder mal auf großer Tour unterwegs, sonntags einen Kumpel am Gardasee besuchen, ein Katzensprung von Nürnberg. Arbeitsgerät: BMW R 69 S. Kenner wissen jetzt, daß das lange her sein muß. Also fleißig die Gashand bewegt, beim Freund Kaffe getrunken, in den Swimmingpool gehüpft, denn es galt, abends wieder bei Mederers Mudder zu sein.

Die anwesenden Urlauber schüttelten die Köpfe über den Narren. Auch war die Autobahn noch nicht bis Rovereto durchgehend ausgebaut, Landstraßenräuberei war angesagt, der Ortstarif von 50 kmh wurde ständig überboten. Natürlich ging das irgendwann auf der Heimfahrt im Etschtal ins Auge des Gesetzes.

Beim ersten Mal erwischte ich den mich anhalten wollenden Polizisten auf dem falschen Fuß. Er stand mit seiner Kelle am Straßenrand, ich düste mit viel zu viel Speed und noch mehr schlechtem Gewissen auf ihn zu. Im Hirn des Italo-Bullen gärte es, ich sah es schon von weitem. JETZT mußte er eigentlich die Kelle rausstrecken, da hob ich grüßend mein Patschhändchen und winkte heftig und überfreundlich. Das bewirkte bei ihm hirnmäßig einen Kabelbrand, er wedelte eifrig zurück, doch mit der leeren Hand – und ich war vorbei. Im Spiegel sah ich, er hüpfte auf die Fahrbahn und winkte mit der roten Kelle. Ätsch, aber muß ich anhalten? Muß ich nicht, sagte ich mir und freute mich diebisch. Schon wieder eine Menge Lire gespart.

Doch mit des Geschickes Mächten ist kein ewiger Bund zu flechten. Ein paar Ortschaften weiter dasselbe Spiel. Aber dieser Kerl war cleverer: Roten Kochlöffel raus – anhalten. In deutsch-italienischem Kauderwelsch erzählte er mir, was ich ohnehin langst vor ihm wußte: Ich war viel zu schnell unterwegs, jetzt würden bündelweise Lire den Besitzer wechseln. So war es denn auch. Und er quittierte eine ungeheuere Summe auf einem weißen Zettel, sehr verdächtig!

Beim Hantieren mit meiner nun schmaler gewordenen Brieftasche tauchte ein Kindergeburtstagsfoto meiner kleinen Tochter mit einigen ihrer Freundinnen auf, und der Italo-Sheriff kriegte große Augen. Er nahm es mir aus der Hand und wollte wissen, ob die alles die meinigen seien. Obwohl ich bis dato jede mir angehängte zweifelhafte Vaterschaft erfolgreich bestritten hatte, befahl mir meine innere Zweitstimme: Sag ja! Und ich sprach: „Si, Signore!"

Da war es um den wackeren Italiener geschehen, fast schluchzend kramte er sein Familienfoto raus, und siehe: er inmitten lauter Mädels.

Er erzählte mir nun ohne Punkt und Komma (seine Stimme klang wie der Ventiltrieb einer Gummikuh), daß sein Weib monokulturmäßig jedes Jahr ein Töchterchen in die Welt setzte, weil ihnen der Antipillatus in Rom per Amtsweg im Beichtstuhl Spirale, Pille und Isolierschlauch verboten habe, kaum mehr Lira in Casa und Kassa seien, die Kinder dem Vater die Haare vom Kopf fräßen... Dabei fiel sein Blick auf meine kahle Rübe, er sah in mir einen Schicksalsgenossen, und schluchzend stopfte er mir meine Lirescheine bündelweise zurück in die Weite meiner Barbourtaschen.

Mich packte ebenfalls Mitleid, denn was so ein Tochtervater mitmacht – siehe die Geschichte „Kindermund"... So wechselte gebündeltes Bares etliche Mal die Taschen, und daheim mußte ich feststellen, daß ich doch kräftig beschissen wurde; die Südländer haben halt doch die flinkeren Fingerchen.

Um ihn aufzubauen, teilte ich mit ihm meine letzten Weckla mit Nürnberger Bratwürsten. Bei so viel Edelmut brach er fast in die Knie und wollte partout den Saum meines Gewandes küssen. Ich hielt ihn mühsam davon ab, und unsere Gesichter kamen sich so nahe, daß keine Motorrad-Sonderbriefmarke mehr dazwischen gepaßt hätte (hätte es diese schon gegeben). In seinen Augen glühte wilde Entschlossenheit, per Zungenkuß meinen Rachen von eitrigen Mandeln zu befreien – widerlich, diese *Latin Lovers*.

Ich entschärfte die peinliche Situation durch Nasenbohren. Meine geneigte Leserschaft wird verstehen, daß ich dazu meine eigene benutzte, wer bohrt schon gern in einer fremden Bullengurke? Richtig abgekühlt wurde der uniformierte Straßenräuber aber erst, als er meine Beute erblickte, einen spargelmäßigen Stangenpopel Marke extra dry und extra hard. Er meinte, ich sei eine Sau und sollte froh sein, daß das Geschäftliche bereits abgewickelt sei. Dann ballerte er mit seiner Guzzi von dannen.

Leser, die es bis dahin ausgehalten haben, werden mich fragen, ob ich denn eigentlich des Italienischen mächtig sei? Nein, muß ich zugeben, aber ich hab den Policia-Fritzen genau verstanden: Väter von Töchtern sind vereint in ihrem schweren Schicksal, da bedarf es keiner wörtlichen Verständigung, unser Jammer (und Stolz) ist grenzenlos, international, interkontinental, intergalaktisch.

Anno 1895

Aha, jetzt läßt Mederers Vadder wieder einen Schwank aus siner Jugendzeit los? Weit gefehlt, die Geschichte spielte sich tatsächlich so ab, das Jahr wurde willkürlich gewählt, alle Personen und Handlungen sind nicht erfunden, Ähnlichkeiten sind nicht zufällig.

In jenem Jahr begab es sich, daß ein ziemlich renitenter, aber noch unbescholtener Untertan des Königreichs Bayern den kleinen, noch unbedeutenden Marktflecken Schwabach aufsuchen mußte. Er band sein Rößlein, das ihn dort hingetragen hatte, in einer kleinen Gasse an und wähnte sich sicher vor den geldgierigen Bütteln dieses Kaffs. War doch jenes Sträßchen markiert mit einem Geßlerhut, der besagte: „Pferde anbinden verboten von 18 bis 7 Uhr." Da die Sonne bereits hoch am Himmel stand, galt also das Abstellverbot für Pferde nicht.

Doch die Schergen des Bürgermeisters waren gedrillt, jeden nur möglichen Taler – legal oder illegal – aus den harmlosen Bürgern herauszupressen. Schließlich galt es ja, die Etatlöcher zu stopfen, die das alljährliche Dezemberfieber, die Diätenerhöhung und die mobile Grundsteinlegungsfete für das neue Gendarmeriegebäude gerissen hatten.

Und so fand das arme Reiterlein – nennen wir es M. Ederer – bei seiner Rückkehr am Zaumzeug seines Rennhamsters ein Pergament des städtischen Raubritters, das besagte, er solle zehn Talerchen in die behördliche Cassa einlegen. Begründung: Das Pferdchen sei ohne die vorgeschriebene Sanduhr am Halfter länger als eine halbe Stunde herumgestanden.

Das renitente Bürgerlein dachte sich genau das, was Götz von Berlichingen lange vor ihm so herrlich formuliert hatte. Aber die zuständigen Oberbüttel dachten nicht an solche Delikatessen, sondern waren nur an Barem interessiert. Sie schickten also Erinnerungen, Mahnungen, Bußgeldbescheide mit immer größeren Summen.

Die Komödie endete schließlich vor dem Königlich Bayerischen Amtsgericht in Schwabach. Die Rollen waren ideal besetzt: Ein Richterlein, das keine Ahnung von der Materie hatte. Zum Ausgleich hatte es keinen Blick in die Unterlagen und Gesetzesbücher geworfen, aber dafür hatte es auch vergessen, Zeugen zu laden.

Der Untertan des Königs mußte anhand eines von ihm gemachten Fotos (doch, das gab es damals schon) dem Schwarzkittel die Bedeutung des Schildes erklären, denn das Richterlein war der Ansicht: „Sie dürfen doch das Zusatzschild ‚18 bis 7 Uhr' nicht von hinten nach vorne lesen!" Denn diese Auslegung inklusive aller einschlägigen Gesetze und Paragraphen hatte ihm dieser renitente Schwerstverbrecher M. Ederer unter die Juristennase gerieben.

Das Königlich Bayerische Amtsrichterlein glotzte daraufhin verständnislos aus der Wäsche, die Ahndung dieser überaus komplizierten Ordnungswidrigkeit ging sichtlich über seinen geistigen Horizont, und M. Ederer vermutete, daß der königliche Justizminister das Kerlchen wahrscheinlich mit dem Lasso vor der Hilfsschule abgefangen hatte.

Rettender Ausweg: „Das Gericht zieht sich zur Beratung zurück." Auszug aus dem Saal (Narrhallamarsch), die Anwesenden erheben sich zur Wahrung der Würde des Gerichtes. Einzug (Narrhallamarsch), die Anwesenden erheben sich abermals zwecks Würde des Gerichts. Dem Angeklagten fiel dabei der Spruch ein: „Vom Erhabenen zum Lächerlichen ist es nur ein Schritt!"; und das Gericht war viel geschritten.

Und nun die Krönung von det Janze: „Das Verfahren wird eingestellt!" – ‚Das hätte man schon vor einem halben Jahr ohne Verhandlung haben können', meinte M. Ederer, behielt dies aber klugerweise für sich. Aber dann kam es dicker: „Der Beklagte trägt seine Kosten selbst!"

Nun war M. Ederer bekanntermaßen seinerzeit als Stänkerer verschrieen und forderte ein Urteil in dieser Sache, denn er wollte Ausgleich für Foto, Heu und Stroh fürs Pferdchen. Auch waren die Kosten für den Hufschmied in letzter Zeit sehr gestiegen. Und der Markt Schwabach, so meinte er, habe in letzter Zeit mindestens für 100.000 Taler die Reiter und Fuhrleute beschissen.

Abgelehnt – er solle sich wegen zehn Talern nicht als Held aufspielen und den Saal verlassen, andernfalls werde er ins Turmverlies geworfen.

Fazit: Die Büttel kassierten fröhlich illegal weiter, was Bayern viel später den Ruf des Amigo-Schlaraffenlandes einbrachte. Die zahlungsunwilligen Fuhrleute, die gegen die Obrigkeitsschikanen aufmuckten, konnten zunächst ihre Taler behalten, bekamen sie aber auf andere Weise doch wieder los. Und so lief alles wie geschmiert.

Es ist nicht überliefert, ob die Richter damals auf Provisionsbasis arbeiteten, es ist auch nicht überliefert, ob die Schergen ihre Grundausbildung bei den Raubrittern erhielten oder ob sie mit der Mausefalle vor der Deppenschule eingefangen wurden.

Es ist aber überliefert, daß M. Ederer beim Verlassen des Gerichts über den Unterschied zwischen einem Königlich Bayerischen Amtsrichter und einem Arschloch nachdachte. Beim Lesen des Simplicissimus (SPI gab es damals noch nicht) kam ihm die Erleuchtung: Das Arschloch arbeitet mit Muskelkraft, der Richter mit Geisteskraft. Was dabei ‚rauskommt, ist – meist dasselbe. Und das Arschloch darf es im Namen des Volkes verkünden. Hat das Volk sowas verdient? 1895?

Bikers Freiheit

Über „Bikers Freiheit“ duskutierte man neulich im Bayerischen Fernsehen. Ätzend: Die Fragen der Moderatoren drehten sich ständig um Unfälle, Rasen, Risiken. Man sollte den Eindruck bekommen, wir seien hirnlos rasende Organspender und Bluthunde. Und immer wieder: Beim Motorradfahren spüre man seine Freiheit.

Die Teilnehmer quasselten wie Papageien vom Urwald, die nicht merkten, daß sie eigentlich in einer Voliere hockten. Nach ein paar Minuten habe ich abgeschaltet. Doch das Gschmarri von „Freiheit“ hat sich in meinem Hinterstübchen festgesetzt, und meine dort hausenden grauen Zellen werden ähnlich wie ein Blinddarm ständig gereizt. Sie denken, trotz meines Vetos, dauernd über diesen Begriff nach. Resultat: „Bikers Freiheit“ gibt's fast nicht.

Betrachten wir doch Bikers Alltag: Raus aus dem Haus, rauf auf die Kiste und mit Kavalierstart ab. Den ganzen Tag rumgedüst, und wenn du danach zu dir selber ehrlich bist, müßtest du jedesmal abends den Schein abgeben. Geht aber nur einmal.

Weil: Du bist gestartet, obwohl dir das Ableben des vorderen Standlichtbirnleins bekannt war, beim Kavalierstart hast du gegen die Lärmschutzverordnung verstoßen, die Papiere stecken in der Jacke von vorgestern, der Reifen ist am Ende, die Bremsbeläge auch, das ergibt im Falle des Un-Falles keinen Versicherungsschutz, dasselbe gilt für die zehn Jahre alte Schüssel am Kopf. Dann vielleicht etwas außerhalb der Legalität überholt, gehupt, geparkt, gewendet, ein bisserl auf die StVZO gepfiffen, das BGB mißachtet und ein klitzekleinbißchen auf die StVO geschissen, halt so der übliche Bikeralltag.

Also hängt „Bikers Freiheit“ (wie ich dieses Wort hass‘!), stündlich, ja minütlich an einem Seidenfaden, an dem dich Stiefvater Staat jederzeit aufhängen kann. Du brauchst beispielsweise nicht mal selber zu schnell fahren, es genügt, wenn dein Fahrzeug ein paarmal geblitzt wird und dir mit der Bemerkung „Beweis: Frontfoto“ der Schein entzogen wird. Daß eben diese „Beweise: Frontfoto″ verschiedene Personen beiderlei Geschechts zeigen, spielt für die Büttel keine Rolle. Tatsache!

Tja, flüstern mir meine grauen Zellen zu, die Freiheit ist weiblich, deshalb wird sie so oft vergewaltigt! Und mir kommt die Erkenntnis, daß „Bikers Freiheit“ am besten geschützt ist, wenn er im Omnibus fährt.

„Wenn aber Goldwing draufsteht, sitzt er garantiert im falschen″, hör ich die Stimme meiner Traumfrau. Zustimmend nicken Millionen grauer Zellen mit meinem Kopf, bis mir schwindlig wird, ich schrecke hoch, es ist tatsächlich Geisterstunde und die Eierlikörflasche leer...

Neulich beim TÜV

Die schönsten Dinge des Lebens sind umsonst – sagen die Amis. Da ist was dran, denn wenn ich mich jetzt hier in Nürnberg auf den Straßen so umsehe, fallen mir die TÜV-Reklamen ins freudenfeuchte Auge: Neun von zehn Autos kommen durch den TÜV!

Mir scheint, früher war das umgekehrt – und mängelfrei war so selten wie die Worte „Bitte" und „Danke".

Wegen eines Kratzerchens im Katzenauge hamse dich nach Hause geschickt. Getreu ihrem Slogan: „Wir wollen, daß Sie wiederkommen".

Einer meiner Prüfer hakte schon mal einen Fehlerpunkt auf seiner Mängelliste an, ehe er überhaupt in die Grube runterstieg. Über meinem gramgebeugten Haupt bildete sich ein Fragezeichen. Am Ende der Prüfprozedur verweigerte er mir dann die Plakette mit der Begründung, ein Umlenkbolzen der Lenkung sei ausgeschlagen (ein Schwachpunkt der DB-207-Reihe). Die Dinger hatte ich tags zuvor samt Nylonbuchsen eigenhändig erneuert, und bis zum TÜV waren es gerade mal fünf Kilometer, da sollten sie schon wieder ausgeschlagen sein? Ich hab mich damals getraut, den Prüfer zusammenzuscheißen, und dieser hat mir dann auch kleinlaut die Plakette erteilt.

Heutzutage erkennt man die Kollegen, die jetzt plötzlich neun von zehn Fahrzeugen durchkommen lassen, an ihren Schlitzaugen à la Japanese, weil sie dauernd dieselben zudrücken müssen. Tests von ADAC und Fachzeitschriften bestätigen meine Meinung. „Die Zeiten ändern sich auch beim TÜV“ – sagt ein Großplakat dieses Vereins.

Das wissen wir inzwischen alle, nur die TÜVerer haben es selber noch nicht geschnallt, denn: Neulich beim TÜV (wo ich sonst nie mehr hingehe) warte ich vor dem Schalter, um meinen Kfz-Brief abzuholen. Warte. – Die Schalterbienen nebenan haben nix zu tun und stiern wie Karpfen auf dem Trockenen. Ich trau mich endlich zu fragen, ob sie mir vielleicht den Brief für die Firma Prietz geben könnten. Die TÜVerin erhebt leicht grantig ihren Arsch, und ich krieg endlich den Brief. Wofür, bitteschön, zahle ich meine Gebühren?

Wie die Blaukittel mit der Zeit ihrer Kunden umgingen, zeigen folgende Beispiele: Ich meld' mich telefonisch wegen eines Termins meines Firmenfahrzeuges beim TÜV Nürnberg und krieg auch einen für zwei Mark, extra zu bezahlen bei der Anmeldung. Ich meld' mich an, drück den Zwickel ab für den ausgemachten Termin, hock' im Tansporter und warte und warte. Andere Autos ziehen an mir vorbei. Ich mach Krach in der Schalterhalle, bekomme aber weder meine zwei Mark zurück noch vor all den andern dran. Entschuldigung? Für TÜVerer ein Fremdwort.

Ein anderes Mal im Winter habe ich einen Termin mit meiner Zündapp Elastik (sicher lange her, aber unvergessen) beim *Total Überheblichen Volk*: Ich zahle, gebe Papiere ab und warte im Hof, auf dem Moped sitzend, auf den Halbgott in Grau. Seine Merkwürden lassen sich aber nicht blicken, so eine Stunde lang, bis mir fast die Arschbacken auf dem Sitz festgefroren sind. TÜV-Prüfpersonal schaut gelangweilt aus dem warmen Glaskabuff mir zu, weil es kaum Arbeit gibt für sie an diesem Tag. Ich reklamiere im angemessenen Ton – laut und grantig –, aber die Prüfermeute meint, bei diesem Wetter würden sie nicht Motorrad fahren. Erst als ich dann SEHR laut werde, tun sie das, wofür ich sie bezahlt habe.

Entschuldigung? Ich sagte ja, die Geschichte spielte sich beim TÜV ab.

Oder: TÜV Roth verweigert die Plakette, weil in meinem Werkstattwagen Regale eingebaut sind: Erhöhtes Leergewicht! Also räume ich die Regale raus, schraddele zur amtlich zugelassenen Waage, zurück zum TÜV, bekomme die

Plakette, weil der Waageausdruck mit Leergewichtangabe in der Zulassung übereinstimmt. Auf meinen schüchternen Hinweis, daß eigentlich gar kein Mangel vorgelegen habe und ich einen Arbeitstag, Fahrt- und Waagenspesen sinnlos verpulvert habe, werde ich belehrt, daß das Leergewicht dem TÜV wurscht sei, wichtig (und richtig) sei nur das Gesamtgewicht! Die totale Verarsche, aber zweimal Prüfgebühren ist doch schließlich auch was – für den TÜV. Entschuldigung? Siehe oben.

Aufmerksamen Lesern verrate ich noch, wie ich den Trick mit dem Leergewicht hinbekommen habe: Na ja, Reserverad raus und Tank fast leer.

Und die schönsten Dinge des Lebens, die umsonst sind – na ja, die Schadenfreude nach jahrzehntelanger TÜV-Schikane. Mit diesem Slogan darfst du aber zu keiner Puffmutter, sonst fliegst du hochkantig aus dem Freudenhaus.

Erscheint mir doch nach langer Zeit meine Traumfrau im Schlaf und stichelt: „Mederers Vadder, bei euch Alten war doch früher immer alles besser?" – „Stimmt, Traumfrau, nur der TÜV war schlechter!"

Mederers Motorrad-Märchen

Die Geschichte mit der verschärften Kfz-Abumanmeldung muß ich auch schnell loswerden! Weil sie garantiert nicht erstunken und erst recht nicht erlogen ist, muß ich Orts- und Personennamen etwas verfremden.

Da ist mir vor einiger Zeit ein Mopped zugelaufen, ein netter Mitmensch hat's mir gleich entrissen, und ich versprach ihm, es gleich auf seinem Namen zuzulassen. Kein Problem, denkt Otto Normalverbraucher – und er denkt falsch.

Die Kiste war all die Jahre nicht abgemeldet, die Zulassung verschütt, der im vorhandenen Brief eingetragene Besitzer unauffindbar, angegebene Wohnung in X aufgegeben. Letztes Gerücht: Er sei Berufsoldat und gottweißwo stationiert.

Anruf bei der Zulassungsstelle X: Alles okay, Mopped nicht geklaut, Steuer und Versicherung bezahlt. Neue Adresse unbekannt, würde auch nicht herausgegeben von wegen Datenschutz. Peng, Ende der Durchsage!

Da hab' ich ein tadelloses, seltenes Mopped in der Garage und keine Möglichkeit, es zu benutzen. Also geh' ich mit wenig Hoffnung zu einer Zulassungs-Außenstelle in einer bayerischen Großstadt und bitte um Umschreibung. Nixzumachen: Kein Kaufvertrag – keine Zulassung, Kfz-Brief is' wurscht.

Nächster Trick: Tags darauf steh' ich in einer bayerischen Kreisstadt auf der Matte der dortigen Zulassungsstelle mit meinem treuherzigsten Dackelblick und will das Findelkind abmelden. (Und morgen meld' ich's wieder an!) Die Dame am Schalter bleibt hart, als gelte es, ihre Unschuld zu verteidigen. Nixzumachen, siehe oben.

Zwei Töpfe für die Runkel – Vadder zieht in den Kampf.

Zefixhalleluja! Schlaflos hirne ich nachts im meinem Bettchen, brüt' eine gute Idee aus, und derart gestärkt, steh' ich am nächsten Tag in einer bayerischen Kreisstadt auf der Matte der dortigen Zulassungsstelle und krieg's, ohne es zu wissen, mit dem Dienststellenleiter zu tun.

Und weil's kein Weib ist, leg' ich den Dackelblick ab und setz meine Dienstmiene auf. Und heut' klappt's!

Ich erzähl dem armen Kerl, mein Sohn habe das Mopped von einem früheren Kameraden aus seiner Bundeswehrzeit geschenkt bekommen den er nachts auf der Laderampe einer Spedition getroffen habe der Sohn habe aber dummerweise dessen Adresse nicht verlangt und eben dieser Kamerad habe nur diese Nacht bei einer meinem Sohn unbekannten Spedition ausgeholfen und der Bundeswehrler tue inzwischen längst wieder in Mazedonien irgendwo Dienst das Mopped sei zwölf Jahre alt und bei einer jährlichen Abschreibung von zwanzig Prozent eigentlich gar nix mehr wert und es sei doch kein teurer Benz der in den Orient verscherbelt werden soll und das Teil sei zerlegt und verschwinde doch ohnehin in meinem Ersatzteilkeller und nehme nie mehr am bananenrepublikanischen Straßenverkehr teil und ich sei ein unbescholtener regierungs- und obrigkeitsgläubiger Staatsbürger der regelmäßig seine Steuern und Abga...

Ich hab's dem armen Mann wirklich ohne Punkt und Komma geschildert, so wie es hier steht. (Liebe/r Leser/in, du mußt den letzten Satz mit stark erhöhter Drehzahl lesen, ich gebe dir genau gestoppte neunzehn Sekunden, nur so kannst du ermessen, was der arme Beamte überstehen mußte!)

Was soll ich sagen, noch ehe ich die zweite Stufe meiner Psychoterrorgeschichte gezündet hatte, war die Abmeldung fertig! (Der Beamte sichtlich auch.)

Widrigenfalls hätt' ich den imaginären Bundeswehrler in Mazedonien auf 'ne Mine treten lassen, alle Spuren wären danach beseitigt gewesen, und der Zulassungsfritze wär' Schuld an diesem Heldentod gewesen. BILD hätt' ihn zur Sau gemacht.

Klar, am nächsten Tag war die MZ wieder zugelassen, von einer Zulassungshauptstelle in einer bayerischen Großstadt. Man soll schlafende Hunde (und Beamte) nicht wecken.

Und was lernen wir daraus? Lügen sind, wenn sie geglaubt werden, oft besser als Wahrheiten!

Unheimliche Begegnungen der grünen Art

Ich will mal in meinen Erinnerungen ein bißchen nachkramen, was mir mit grünen Herren so alles passiert ist. Da stand vor einigen Jahren monatelang ein Porsche in unserer Straße, im Frühjahr wuchs das Grünzeug schon bis Unterkante Seitenscheibe. Das war doch sehr ungewöhnlich, oder? Ich ruf also bei der Südwache Nürnberg an und geb' Nummer und Standort durch. „Ja ja, wissen wir schon, ham' schon mehr Leut' angerufen. Das Auto ist nicht als gestohlen gemeldet, dou mach'n mir nix!" – „Aber dem Besitzer könnt' doch was zugestoßen sein, vielleicht liegt der längst tot in seiner Wohnung, sie haben doch seine Adresse", entgegnete ich leicht fassungslos. Antwort: „Is uns worschd, wissmer nix, machmer nix."

Nun wollt' ich den Namen dieses sauberen Herren erfahren, um mich über ihn bei seinem Vorgesetzten zu beschweren. „Sag' ich nich!" hörte ich noch, dann war aufgelegt. War vielleicht gut so, denn als frustrierter Bürger weiß man um die Wirkung einer Dienstaufsichtsbeschwerde: Formlos, fristlos, zwecklos.

So hab' ich am gleichen Tag noch den Besitzer ausfindig gemacht, bei ihm geläutet, und als er die Tür öffnete, war alles klar: Absoluter Säufer, der Kerl stank nach Fusel wie 'ne Destillierie. Er hatte schlichtweg vergessen, wo er vor Monaten seinen Porsche abgestellt hatte!

Ne halbe Stunde später stand er schwankend vor seiner Kiste und versuchte, das Auto an seinen Türschlüssel zu stecken. Ich hab's ihm aufgesperrt, überbrückt, und er fuhr von hinnen. Ich hab's mir verkniffen, die Bullerei nochmals anzurufen.

Übrigens steht an fast derselben Stelle seit ein paar Wochen ein Damenfahrrad, das niemandem in unserer Gegend gehört. Anscheinend geklaut. Ich und die Polizei anrufen? Ich bin doch nicht blöd!

Üblich war, jedenfalls früher, daß man als Motorradfahrer bei Kontrollen geduzt wurde. Zurück duzen war aber sofort eine Beamtenbeleidigung! „Du hast gwieß Ratzn (Ratten) daheim?" kriegte ich bei einer Führerscheinkontrolle zu hören, nur weil dem Bullen mein schon etwas ausgefranster Lappen nicht gefiel.

Ja, unsere Freunde und Helfer, ihr Auftritt ist auch im Ausland nicht bürgerfreundlicher. Beispiel Österreich: Ich fahr mit meiner MZ (was sonst?) auf der B 111 in Kärnten hinter einem Ford Sierra her, zwei Austrobullen stoppen uns, der Ford-Fahrer kurbelt die Seitenscheibe runter, ein Bulle steckt seine Rübe rein und gleich wieder raus, Ford fährt fort.

Kann ja nicht schlimm werden, der war ja genau so schnell wie ich. Denkste! Die übliche blöde Frage folgte: „Hams dös Schild ned gseng, 70 km?" meinte der Australier. „Zworaachzge sans gfoahrn. Sans mit aner Organstafverfügung einverstanden? Hundert Schülling bittaseahr!"

Was willst gegen zwei Alpensheriffs machen? Also blechen. Wie sie denn mein Tempo gemessen hätten, wo ich doch hinter dem Ford fuhr, der doch genauso schnell war und den sie doch laufen, nein, fahren ließen? – Dort vorn stehe ein Mast, meinte der Ordnungshüter, das sei ihr Meßpunkt, beim Vorbeifahren drücke er auf seine Stoppuhr, basta! – Ja und wie genau habe er denn sehen können, wann ich am Mast war, wo er mich doch nur von vorne erkennen konnte, und der Sierra...

Seine Antwort hab ich noch heut im Gehörgang: „Was glauben's denn, was wir zu hören kriegen, wenn wir abends ohne Geld heimkommen?" – „Das gleiche Problem hab ich bei meiner Frau auch", hörte ich mich ihm entgegnen, und noch nie war ich mit einem Straßenräuber so einig. Und noch heut reg' ich mich auf, daß ich mich damals nicht geärgert habe, am 4. September 1991 bei Tröpolach um 15.45 Uhr.

Ich bin mal sonntags ein bißchen mit meiner MZ (was sonst?) ausgeritten. Freu' mich am blauen Himmel, schönen Wetter, an meinem Moppedle, und überhaupt. Hab's Abblendlicht an, wie sich's gehört, obwohl es damals noch nicht vorgeschrieben war. Da kommt mir auf der B 2 ein Bulle auf seiner Kuh entgegen. (Er hat sie, da bin ich mir sicher, dabei aber nicht besamt.) Im Rückspiegel seh' ich: Er wendet und verfolgt mich. Hä? Ich weiß: Gestern war ich brav, heut' hab' ich nix angestellt, und morgen wird's genauso sein.

Der Bulle überholt und stoppt mich, fragt grantig nach den Papieren, umkreist meine Maschine (wahrscheinlich wechselt er dabei ins Neidgelbe) und will von mir so zehn Märker. Biewitte? Wofürweshalbwarum? – Ich sei bei Tag mit Licht gefahren, und das sei verboten. – Da solle er aber erst einmal in seinem Bußgeldkatalog nachschauen und mir das beweisen, sonst läuft mit mir heut' kein Geschäft.

Er blättert. Verzweifelt und verzweifelter. Schließlich: „Da steht's: ‚Licht muß eingeschaltet werden auch am Tag bei Nebel, starkem Regen oder Schneefall.' Schneit's bei Ihna etwa?" – „Und wo steht, daß es in der übrigen Zeit verboten ist? Aber hier, Herr Wachtmeister, jetzt könnens ein Riesengeschäft machen: Da kommt eine endlose Ami-LKW-Kolonne, alle mit Licht!" Und ehe er begreift, daß er soeben verarscht wurde, setze ich noch eins drauf: „Ach nein, Herr Wachtmeister, war nur ein kleiner Scherz, in Amerika ist es ja jetzt finster!"

Tiefrot vor Zorn, quillt seine Wachtelmeisterbirne aus dem Helm hervor. Aber ehe sie zu platzen droht, erkläre ich ihm, daß ich jetzt weiterfahren werde und er, falls er mich noch weiterhin belästigen wolle, ganz schnell eine Dienstaufsichtsbeschwerde am Hals habe.

Sprachlos und verdattert läßt er mich tatsächlich fahren. Man muß seine Wachtmeisterle eben schmieden, solange sie heiß sind. Die Wirkung einer Dienstaufsichtsbeschwerde (formlos, ...) ist ihm in diesem Moment wohl entfallen.

Ich könnt' noch massenhaft Geschichten über die Herren in Uniform erzählen, aber für heut' würde es allmählich langweilig, und ich geriete vielleicht in den Geruch eines Bullenfressers. Dem ist aber nicht so, unter Motorradfahrern gibt's ein paar Ordnungshüter, die könnten echt meine besten Freunde sein.

Nur wennste mal so wie ich mehrmals und vor versammelter Reviermannschaft von einem Zweimeterzweizentnerbullen zusammengedroschen wurdest, haste 'ne gewisse Allergie gegen Uniformierte. Ach ja, damals war ich gerade so mal vierzehn Jährchen.

Genug gestänkert für heute.

Aus der Steinzeit

DKW SB-KS 200, Baujahr 1937, 6 PS müßt' ich noch dazuschreiben – und geklaut! Dies war meine erste richtige Maschine, die hatte ich mir buchstäblich vom Mund abgespart. Wie, weiß ich heut nicht mehr genau, ich muß damals sehr schlank gewesen sein.

Wir schrieben das Jahr zweiundfünfzig (für Boshafte: *1952*), da kaufte ich besagte DKW von einem Arbeitskollegen für fünfhundert Märker, ich bildete mir ein, so was zu brauchen. Dreizehn Nettowochenlöhne! Dazu muß man wissen, ich wohnte damals in Köln in einem Arbeiterwohnheim, und da kostete die Woche allein schon 35 Märker, *all inclusive*. Und ein klitzekleinwenig was zum täglichen Leben brauchte man ja auch noch. Ich muß damals nicht bloß schlank, sondern unterernährt und saudämlich gewesen sein. (Heutzutag bin ich wenigstens ein bißchen fetter.)

Wahrscheinlich lief sie deswegen sagenhafte 85 km/h, etliches schneller als der gleiche Typ meines Kumpels. Und der hatte schon einen Tacho! Aber saß man erst einmal auf dem Bock, waren alle Sorgen weggeblasen, wenigstens bis zum nächsten Tanken! „Fünf Liter *Nitag* getankt = 3,75 DM" steht am 27. August 1952 in meinem Tagebuch. Das war der Lohn für einen halben Tag Maloche.

Deswegen, so glaub ich, hingen und hängen wir Alten viel mehr an unsern Kisten. Heutzutag wissen die jungen Biker oftmals gar nicht, welche Marke sie heuer fahren. Nächstes Jahr wird die alte Kiste ja sowieso in Zahlung gegeben. Und geleast wird die Neue ohnehin.

Mir hingegen hat es mehr Kummer gemacht, daß meine Kiste noch Hand- und keine Fußschaltung hatte. Klar, daß ich so was haben mußte, damit konnte man ja besagtem Kumpel ein paar Zehntelsekunden beim Abzug abknöpfen. Also hab ich weitere 39 DM erhungert und den Fußschaltautomat bestellt. Ich glaub', ich hab' damals Gras gefressen und mußte nur mehr zwei Krankheiten fürchten: Hautausschlag und Knochenfraß. Und ein Fußschaltautomat ist doch was wirklich Feines, das man unbedingt haben mußte, oder? Schon toll, jetzt wurde mit der rechten Fußspitzen geschaltet und mit der Ferse gebremst, die DKW hatte von Haus aus eine Hackenbremse. Liest sich komplizierter, als es in der Praxis war. Bremsen und Runterschalten mit einem Fußtritt! Was würde der TÜV heut wohl dazu sagen?

Außerdem fühlte sich die DKW gleich viel schneller an, mit ihrem Starrahmen hoppelte ich – und nicht nur ich – damals über die schlechten Nachkriegsstraßen, natürlich mit weit weniger Tempo als heutzutage. Es galt eben, den Lenker festzuhalten und ihn in die gleiche Richtung zu bugsieren, in die das Hinterrad sprang. Als Sensor diente das Popometer oder die Knie am Tank, wenn man sich bei ganz üblen Straßenverhältnissen in die Rasten stellen mußte. Man durfte sich nur nicht fürchten, schließlich sind wir damals doch auch nicht reihenweise im Straßengraben gelandet. Diese Fahrtechnik hat mir 40 Jahre später bei den Besuchen in der DDR sehr geholfen. Gelernt ist eben gelernt.

Ja, und dann kam der Oberhammer: Ein Brief der Kölner Kripo, die DKW sei ab sofort beschlagnahmt, dringender Verdacht der Diebstahls! Helle Aufregung bei der Heimleitung – Mederer ein Motorraddieb? Zuzutrauen wär's ihm schon, für'n Mopped macht der doch alles! Gemach, Freunde, ich war nicht der Dieb, sondern der Betrogene, man hatte mir, bewußt oder unbewußt, heiße Ware angedreht. Glück für mich: Die Rahmennummer war von einer Schweißflamme ausradiert, und ich durft' die DKW behalten. Uff, nochmal gutgegangen!

Ein paar Jahre später, ich war wieder zurück in Nürnberg, ist sie dann, ihrem Herrchen ein paar Jahrzehnte voraus, den Weg allen Altmetalls gegangen. Ihr Nachfolger war dann eine NSU Fox, von der erzähl ich euch vielleicht auch mal was, wenn ihr brav seid.

Kreidezeit

Es gab Jahre, die liegen erstens lange zurück und waren zweitens gekennzeichnet von Schulden eines Motorradfahrers, der wegen Jugend, Haus- und Familiengründung in der Kreide steckte: Kreidezeit.

Es ging noch etwas lockerer zu auf unseren Straßen, allerdings auch weitaus langsamer, menschenleerer und überschaubarer. Und affenkälter in den Wintern.

Adenauer, De Gasperi und Mederer

Wer, so fragt sich der verstörte Leser, sind die beiden Ersteren? Und treibt sich der Mederers Vadder mit jedem herum? Doch wenn ihr bereit seid, euch in das Jahr '52 (*1952* natürlich!) zurückzuversetzen, werde ich euch heute wieder ein Kapitel aus *Mederers Motorrad-Märchen* erzählen.

In jenen Jahren hatte es mich nach Köln verschlagen, um mich beruflich als Installateur (Lästerer nennen uns „Klosettieftaucher“) weiterzubilden. Bedingt durch die ständig wechselnden Baustelleneinsätze, mußte natürlich sofort vom letzten Ersparten ein Motorrad her: Dürkopp-Sachs, 98 cm^3, 2,25 PS und eine Spitze von sagenhaften 65 km/h! Damit hatte ich mir einen lebenslangen Virus eingefangen, sehr zum Leidwesen meiner Eltern.

Nun, eines abends auf der Heimfahrt in Richtung Deutzer Brücke wunderte ich mich über den fehlenden Autoverkehr sowie über die zahllosen Fans auf den Gehsteigen, die mir begeistert zuwinkten und applaudierten. Ich hatte das Gefühl, an diesem Tag endlich die mir zustehende Anerkennung für meine hervorragende Arbeit zu ernten, nur das Gesicht meines Chefs vermißte ich unter den Jublern. Wahrscheinlich fürchtete er eine massive Gagenerhöhung. Auch die zwanglos eingestreuten Polizisten beteiligten sich heftig an der Winkerei, und mir dämmerte allmählich, daß sie mich von der Straße weghaben wollten.

Ein lebensmüder Uniformierter wollte sich mir in den Weg stellen, um mich zu stoppen, gab sein Vorhaben aber blitzartig wieder auf, da von hinten eine Armada von Polizei-BMWs zum Überholen ansetzte. In ihrem Gefolge ein Schwung Benzen, beflaggt mit schwarz-rot-goldenen und grün-weiß-roten Standern. Da fiel es mir siedendheiß ein: Staatsbesuch in Bonn! Alcide De Gasperi, italienischer Staatschef (in jener Woche) zu Besuch bei Adenauer! Und Klein-Robertchen mit Dreck und Speck und Sachs mitten unter den Staatsgästen und der Eskorte.

Die kölschen Jecken sahen in mir anscheinend den italienischen Stiefelputzer, und ich brachte es nicht übers Herz, mein Volk zu entäuschen, und segnete sie mit den Worten: „Silenzio in Bordello!" Doch die Leute gaben keine Ruhe, und das andere hatten sie seit Jahrhunderten schon um die Ecke (gerüchteweise war man damals mit fünf Mark dabei).

Und das Unglück nahm weiterhin seinen Lauf: Die Gehsteigbullen konnten mich nicht stoppen, die Eskortenbullen auch nicht. Ich traute mich ebenfalls nicht anzuhalten, denn die hinter mir grummelnden BMWs wären über mich gepurzelt, die Bremsen der Benzen und ihre Insassen hätten gekreischt, und es wäre bestimmt zu diplomatischen, körperlichen und moppedmäßigen Verwicklungen gekommen.

Aus dem neben mir fahrenden 300er Benz blickten ungläubig die Gesichter zweier alter Männer, und der südländische Typ schien Gefallen an mir zu haben, denn er schenkte mir einen langen warmen Blick, denn ich war einst ein gar knackig Bürschlein, und man sagt den Romanen manches nach, so auch dieses.

Ich erwiderte seinen Blick ebenso, und in der Presse stand, daß das Treffen in „entspannter Atmosphäre" stattgefunden habe – wegen wem wohl? Dabei hatte ich nur die Völkerfreundschaft im Hinterkopf.

Inzwischen hatte ich meine Staatsgäste über die Deutzer Brücke geleitet und versuchte verzweifelt, rechts abzubiegen, was angesichts meiner zahllosen Fans (die leider die falschen Fähnchen mitgebracht hatten: Einen Bajuwaren bewedelt man bekanntlich weiß-blau) ein aussichtloses Unterfangen war.

Endlich, schon weit nach dem Deutzer Bahnhof, als die Kolonne links abbog, fuhr ich geistesgegenwärtig geradeaus (Ciao, Alcide!), direkt in die Arme eines Poli. Der hatte natürlich angesichts des zahlreichen Publikums nichts anderes zu tun als heftigst zu polizeien und hielt sich anscheinend für den Nabel der Welt, während ich ihn im Stillen eher den Löchern der anderen Körperseite zuordnete.

Angesichts meines Sparguthabens von sage und schreibe zwei D-Mark (das Postsparbuch existiert heute noch!) behielt ich diese Einschätzung klugerweise für mich. Am Ende seines Vortrags wollte er dafür von mir eine Gage in gleicher Höhe. Ich überzeugte ihn in italienisch-fränkischem Dialekt, daß man einem Nackerten nicht in die Tasche langen kann. Mit der Urkraft meiner 2,25 PS entfernte ich mich schleunigst Richtung Heimat.

Doch mein freundlicher Blickkontakt zu dem italienischen Häuptling hatte ungeahnte positive Auswirkungen. Amore-Schnulzen stürmten die deutschen Charts (die es damals noch gar nicht gab); Pizzerien schossen aus dem Boden, in denen Trink-, Steuer-, Schmier- und Schutzgelder die Besitzer wechselten; die Namen Vespa, Lambretta, Moto Guzzi, Ducati, Pirelli und Parilla schmolzen wie Chocolata in unseren Gehörgängen, Gorgonzola und Gelato auf der Zunge, Pasti im Magen und die Mädels bei den Papagalli dahin. Für die Germanen wurde Italien das Traumland, das damals noch ein paar tausend Kilometer weiter südlich lag.

Heutzutage soll es Narren geben, die mit ihren Moppeds – mir nix, dir nix – für einen Espresso am Sonntag an den Gardasee fahren, beispielsweise von Nürnberg aus. Heut' kann ich's ja ruhig zugeben: Ich bin dort niemandem aufgefallen außer (stark gebührenpflichtig) der Polizia Stradale.

Was bisher keiner wußte, und bei aller Bescheidenheit: Den Anstoß zur europäischen Gemeinschaft gab ich 1952 mit einem Lächeln auf der Deutzer Brücke. Nur ein Gedanke plagt mich seit über 40 Jahren: Was wäre aus dieser Welt geworden, wenn ich damals rechts abgebogen wäre?

Fixe Fahrer fahren Fox

So hatten's die NSU-Reklamefritzen in den 40er, 50er Jahren gereimt. Und ich fühlte mich fix, ganz klar, deshalb mußte so ein Föxlein her, gebraucht versteht sich.

1160 DM hätt' sie neu gekostet, meine bekam ich um die Hälfte, was meine Eltern in Angstschweiß ausbrechen ließ. Dauernd lagen sie mir deswegen in den Ohren, die ich natürlich auf Durchzug gestellt hatte. Und es war ihr Pech, daß sie immer in das außlaßseitige reinjammerten. Außerdem hat's eh nix genutzt, beim Motorradkauf sind die für Vernunft zuständigen grauen Zellen paralysiert, das Objekt der Begierde, ein einmaliger, nie wiederkehrender Gelegenheitskauf muß her, muß ich's den Lesern erklären? Und nachts schlich ich mich ans Fenster, um meine davor parkende Schönheit zu bewundern. Schließlich kauft man ja auch fürs Auge, und eine schöne Frau frißt soviel wie 'ne häßliche. (Meine Erfahrung als langjähriger Ladykiller.)

Und dann ihr Auspuffsong! Wenn den Mutter hörte, konnte sie mit Kartoffelschälen beginnen, in spätestens 'ner halben Stunde war ihr Sohnemann da. Auch vom Verbrauch her war alles eitel Freude, heutzutage würde deswegen ein Einwegfeuerzeug erröten und sich vor Scham selber wegschmeißen. Beim Tanken stand man an der Benzintanksäule und blickte verachtungsvoll auf die Zweitaktgemischpanscher herab. Mit der Viertakt-Fox war man wer!

Auch das Fahrwerk war ein Genuß, jedenfalls für die damalige Zeit. Lange bevor die Japsen an ihren Autos die mitlenkende Hinterachse erfanden, hatte die Fox so was, wenn auch ungewollt. Runter in den Kurven bis Anschlag Fußrasten, und der Foxarsch hoppelte Richtung Kurvenaußenseite, harmlos für den Fahrer, doch die Zuschauer befiel Panik, ich will euch ein Beispiel erzählen.

Da fuhr ich sonntagnachmittags auf meiner Hausstrecke mit unzähligen Kurven, jede eine Sünde wert, und wer trottelt vor einer Linkskurve vor mir her? Ein halbes Altersheim. Das verdirbt den Schnitt! Die letzten hörten mich, drehten sich nach mir um und sahen mich aus der vorherigen Rechtskurve speedwaymäßig rumkommen. Die hintersten der Rentnerbande sprangen – echt graue Panther – schreiend über den Straßengraben geradewegs in die Bromheerhecken, und der Rest der Ausflügler lemmingte hinterher. Dornröschen hoch zwölf! Die waren plötzlich so rüstig, daß sie eigentlich ihre Rentenbescheide hätten zurückgeben müssen. Dabei hätte der blindeste Oppa mit dem Krückstock erfühlen können, daß ich mich – wie immer – auf der Ideallinie befunden hatte und keine Gefahr für den Rest der Menschheit war.

Als höflicher, hilfsbereiter Mensch kehrte ich selbstverständlich um und bot meine erste Hilfe an. Es wär' beinahe meine letzte geworden, denn die Senioren, fast alle mit Krücken und Spazierstock bewaffnet, hätten mir mit diesen liebend gern meinen damals noch vorhandenen Scheitel nachgezogen. Aber so schnell gaben die Dornenranken ihre Opfer nicht wieder her.

Die Geschichte gäbe heute Stoff für eine komplette ARD-Sport-Sondersendung: Motorradrennen, Crosslauf, Seniorenturnen, Survival-Training. (Wie ernähre ich mich von Beeren, wie komm' ich ohne Machete aus dem Busch?) Meine armen Opfer von damals sind heutzutage bestimmt nicht mehr unter uns, weil sie unter uns sind und von ihren Erben mit der Gießkanne besucht werden müssen. Das Himmelreich haben sie sich nach diesem Schrecken reichlich verdient.

Heute, wo ich ebenfalls der Kukident-User-Generation angehöre, geb' ich's ja zu: Ich war schon ein elender Sauhund. Auch meine Hausstrecke ist weg, heute ist dort der Nürnberger Kanalhafen, ein schlechter Tausch.

Eines fällt mir aber auf: Kurz nach meinem Böse-Buben-Streich kamen die hauptsächlich von Senioren frequentierten

Omnibus-Verkaufsreisen auf. Nach dem Motto: Lieber sich ,nen krummen Buckel sitzen und 'ne teure Rheumadecke andrehen lassen als bequem und kostenlos heckenstehen. Ich gab Anstoß für tausende von Arbeitsplätzen! Ich bitte um's Bundesverdienstkreuz!

Rentnerschreck und Rentnerglück: NSU Fox.

Einmal wäre mein Foxl beinahe an seinem eigenen Furz gestorben. Ich hatte den Vergaser gereinigt, Benzin lief unbemerkt unter den Lichtmaschinendeckel, und beim Ankicken gab's einen mächtigen Schlag. Der Unterbrecherfunke, ihr wißt schon, brachte das Benzingewabere zum Explodieren, und der Deckel donnerte an die Rückwand von Nachbars Hasenstall. Drinnen dröhnte es daraufhin wie in einer Rumbarassel, die armen Viecher starben fast vor Panik, und der Cheframmler hat's Rammeln für die nächste Zeit bestimmt vergessen. Der Fox ist eben der Hasen Feind.

Ja ja, die Foxl, so was würd' doch heut' noch in die Motorradwelt passen; um Freude am Fahren zu haben, braucht's keine 150 PS, 270 Spitze und drei Sekunden auf Hundert, wer schafft das, was kost' das? Honda hat mal 'ne Hunderter-Viertakt gebaut, neu hat sie kaum jemand gewollt, heute ist sie gesucht. Die Fabriken sollten gleich Gebrauchte bauen, da weiß man, was man hat. Bei Fabrikneuen langt man oft in den Scheiß, man weiß ja noch nicht, ob die Dinger halten. Ich hab' öfters mal mit sicherem Griff das falsche Trum gekauft, mir fallen da so die Namen Honda CB 450 ein, Horex Regina, BMW R 69 S.

Meine Fox hab ich schmählich-schändlich verkauft. Rückblickend weiß ich, es war eins meiner besten Moppeds, neben meiner Zündapp Elastic, die war auch so ein verkanntes Aschenputtel. Vielleicht schreib ich über die auch mal was, sie hat's verdient.

Klar, daß sich auch meine Traumfrau ins Fox-Thema einmischt. Traditionell erscheint sie mir zur Geisterstunde und flüstert mir streng tadelnd – diesmal aber ins einlaßseitige – Ohrli: „Nein, Vadder, wie du mit den Alten umgesprungen bist! Wie du jung warst, warst aber reichlich blöde!" – „Ja ja", grummel' ich verschämt zurück, „inzwischen bin ich aber viel älter geworden!" Sie versteht den Satz genauso, wie er gemeint war, und verschwindet resigniert aus meinem Traum.

Erinnerungen eines Rasers

Die 60er Jahre – das war jene Zeit, in der nur noch die wirklich Verrückten in Deutschland Motorrad fuhren, Grüßen kam auf. Der Vadder erlaubte sich damals den unsäglichen Luxus eines nagelneuen Moppeds: Die legendäre Honda CB 450, 41 PS. Etwa dreieinhalb tausend Märker habe ich dafür löhnen mussen. Dafür kaufte sich damals der karrierebewußte Mann 'nen gebrauchten Opel Rekord, trug fortan die Nase hoch und einen zufriedenen Gesichtsausdruck herum. Man ließ die Käferfahrer merken, daß sie zu den Versagern gehörten, und wir paar Motorradfahrer damals waren verkehrsmässig sowieso der letzte Abschaum, den man nicht einmal zu ignorieren brauchte.

Es war eine gefährliche Zeit für uns. Ein Lichtlein im Rückspiegel? Kannst links abbiegen, höchstens 'ne Kreidler! Entgegenkommendes Zweirad? Kannst kolonnenspringen, wird 'n Mofa sein. Motorrad neben 'nem Auto an der Ampel? Gelangweilter Blick durch's Seitenfenster, den Hebammenracer staub' ich doch mit links.

Dann brach ich mit meiner CB in die Autofahrerszene ein wie ein Habicht in einen Haufen Hühner! Das Ding war ja sowas von unbekannt, mit dem hab' ich manchem „Sport"wagenfahrer einen Schreikrampf verpaßt. Ährlich! Einen Alfa-Romeo hab ich mal durch die halbe Fränkische Schweiz zur Minna gemacht. Denn beschleunigt hat die CB für die damaligen Verhältnisse sagenhaft. Aber sportlich ging's zwischen uns beiden schon zu. Vorm Ortsschild hat er meist zu mir aufgeschlossen, schön brav durch die Käffer getuckert, und am Ortsende gab's voll Stoff für Honda und Alfa. Schee war's, aber ich war zuerst in Nürnberg.

Oder einmal mit einem 911er und einem 190 SL Ampelrennen um den Nürnberger (nicht Nürburg-)Ring. Die beiden sind an der ersten roten Ampel links und rechts an mir mit blockierenden, rauchenden Reifen in die Kreuzung hineingeschossen. Die wollten's einfach nicht glauben: Ein unbekanntes Mopped versägt ihre edlen Renner.

Nach ein paar dutzend Ampelstarts waren sie reif für die Klappsmühle. Die haben bestimmt an diesem Abend ein paar Hunderter für Reifengummi auf den Asphalt geschmiert.

Heutzutag' würde es der Autofahrer gar nicht mehr drauf ankommen lassen. Das sind die Früchte meiner Pioniertat zu Beginn des zweiten Motorradbooms nach dem Krieg.

Das Unvergeßlichste jedoch war – so etwa 1968 – das Zirler-Berg-Rennen, zwischen Innsbruck und Garmisch. Da schloß ich kurz vor jener berüchtigten Bergstrecke auf einen ganzen Pulk Sportwagen auf. An Alfa, Ford Osi, Porsche, Triumph und Austin Healey 3000 erinnere ich mich heute noch. War's Zufall, oder kamen sie von einem Treffen? Was weiß ich.

Was ich aber heute noch weiß: Ich hab' sie alle gemacht, bergauf und auch sonst. Ich erinnere mich, daß der Healey seine Hinterreifen verheizt hat. In jeder Kehre stieg aus dem kurveninneren Radkasten der Gummirauch auf, doch das Scheiß-Mopped mußte er schließlich ziehen lassen.

Mein letztes Opfer war der Porsche, GAP-Nummer, er hatte also ein Heimspiel. Am Schlagbaum stand ich neben seiner Tür, er hat sehr verkniffen geschaut, vielleicht hat ihm ab diesem Abend sein 911er nicht mehr gefallen. Wir haben uns gejagt bis Garmisch (da wollte ich gar nicht hin), scheint's hat er nur mich im Rückspiegel belauert, weil er mit den Baustellen-Gummihütchen, den rot-weißen, Kegeln gespielt hat. Die sind plötzlich durch die Gegend geschossen; eines ist von der Böschung retour auf meinen Weg gekommen. Ziemlich gefährlich für mich und diesen Satz – eigentlich für die ganze Geschicht'. Ich sollte sie besser nicht schreiben, oder lest sie lieber erst gar nicht.

Vielleicht erwischt Kommandantura meiniges diesen Artikel und liest mir dann wieder die Leviten. Seit der Lima-in-Constructa-Geschichte lach' ich sowieso nur noch frech unterm Tisch vor und hoffe auf besseres Wetter. Betet für mich, Freunde!

Auch nachts gibt's für mich nix mehr zu lachen, meine Traumfrau, sonst immer a Nette, scheißt mich zur Geisterstunde zusammen: „Mederers Vadder, heut schimpfst du über die jungen Raser, du warst doch früher genau so, sogar noch viel schlimmer!" – „Stimmt, bloß gaanz anders", grummle ich im Schlaf zurück.

Daß ich auch immer das letzte Wort haben muß...

Once upon a time

An der Wand meines Spielzimmers hängt eine Landkarte Bayerns so aus den 40er, 50er Jahren, und sie bringt mich ins Sinnieren, wie es damals war. Zu dieser Zeit muß mich der Motorrad-Bazillus befallen haben.

In dem Dorf, in das wir evakuiert waren, hatte ein Bauernbursche im Frühjahr 1945 eine alte Victoria irgendwo aufgegabelt, und jeder, der wollte, durfte sich an einem Sonntagnachmittag auf einer Wiese auf dem armen Ding austoben.

Sprit hatten wir aus einem alten Opel Blitz, den die Landser dort hatten stehen lassen. Ehe sie sich in Zivilklamotten aus dem Staube machten, hatten sie noch den Kabelbaum durchgeschnitten – als ob die Amis auf einen Beute-Laster angewiesen gewesen wären.

So sahen sie aus, die Blitze.

Irgendwann war dann ich an der Reihe, ein paar Runden drehen zu dürfen. Ich kämpfte also mit Handschaltung am Tank,

Innenbowdenzuggriffen und Handgas! Das Letztere sah etwa so aus wie der Chokhebel am Lenker der früheren Emzetten. Und mit so einem unbekannten Teufelszeug drehte ich als Zwölfjähriger meine endlosen Runden auf der Wiese, denn bremsen hatte mich niemand gelehrt.

Irgendwie, irgendwann wurde ich von den Watschen der anderen gestoppt – auch eine Methode, und bei diesem Tempo leicht anzuwenden. Alle schrien: „Ich will auch mal!", und ich machte mich auf rote Bäckchen gefaßt. Aber sie wollten alle nur Victoria fahren.

Zu Hause stiftete mir mein in Motorraddingen ohnehin verständnisloser Vater erneut eine gesunde Gesichtsfarbe. Später hatte ein Spezi von mir das „Arschwärmerle" (FM 38, Fahrradhilfsmotor) von Victoria an sein Fahrrad angeschraubt, und ich durfte damit gnädigerweise ein paar Runden um unseren Häuserblock drehen. Natürlich habe ich irgendwann ein paar Blöcke zuviel umrundet, und ich durfte dafür meinen Freund mit meinem Auge auf seine Faust hauen. Wofür hat man seine Spezis?

Später als Lehrbub kam ich wieder mit Victoria – meist nur putzlappenmäßig – in Berührung. Mein Meister hatte sich eine Vorkriegs-Victoria „Lux" (200 cm^3, 7 PS, 3-Gang, Tank-Handschaltung, Starrahmen, Trapezgabel, aber schon mit Tacho) angeschafft, und ich Stift hatte die Ehre, das Zeug putzen zu dürfen – nach Feierabend, klar, er hat meine Moppedleidenschaft gnadenlos ausgenutzt. Ebenso klar, daß ich im Werkstatthof verbotenerweise ein paar Runden drehte, als Zundschlüssel einen Nagel in die Lichtmaschine gesteckt. Und wieder gab's was auf die Backe. Das wurde mir aber dann doch zu viel, und ich habe mir nie eine Victoria gekauft.

Mein erstes eigenes Mofa war anfangs der 50er Jahre ein Dürkopp-Sachs (98 cm^3, 2,25 PS, Spitze 60, Baujahr '38) für 200 Märker, mein ganzer Notgroschen. Endlich konnte man über den Radfahrerhorizont hinaus Neuland entdecken, das Gefühl war unbeschreiblich. Ich kam mir vor wie ein Schwachstrom-Kolumbus.

Motorradreisen über Land waren damals ein kleines Abenteuer, über oftmals noch unbefestigte Straßen, und wollte man sich auf den Dörfern bei den Bauern nach dem Weg durchfragen, so kannten die sich höchstens drei bis vier Ortschaften weit aus. Klar, alles weitere war schon mehr als eine Tagesreise für die Leute auf ihren Pferdefuhrwerken damals.

Oder: Ein Arbeitskollege fuhr mit seiner Frau und Gepäck auf einer 200er DKW von Köln in den Urlaub ins Allgäu. Für die Anreise plante er drei Tage, was er auch brauchte und damals ganz normal war.

Meine erste große Fahrt bleibt mir immer unvergeßlich: Am 22. Dezember 1951 startete ich nachts um 3.30 Uhr von Köln aus nach Nürnberg. Um 18.30 Uhr stand ich mehr tot als lebendig in unserer Wohnung, um meiner Mutter zu ihrem Geburtstag zu gratulieren. Allen blieb die Spucke weg: Mir war sie im Maul gefroren, und den Eltern, weil ihr mißratener Sohn sein ganzes sauer Erspartes in so eine verhaßte Karre gesteckt hatte. Mein Vater wollte mich sofort standrechtlich enterben, doch glücklicherweise hatten wir nix. Für die Rückfahrt sammelte die Mederer-Gang Benzingeld für die Strecke Nürnberg-Köln, EINFACH! Jetzt, nach 54 Jahren, kommt mir die Hinterfotzigkeit dieser Spende zum Bewußtsein. Der Liter Gemisch hat damals so um die 80 Pfennige gekostet, mein Bruttolohn betrug sage und schreibe 99 Pfennige pro Stunde. Man tankte Nitag, Rheinpreußen oder Gasolin, heute längst vergessene Marken.

Die Rückfahrt nach Köln begann nachts um drei Uhr mit Nieselregen, der dann in Schnee überging und sich ab Spessart zu einem Schneesturm auswuchs. Fahr mal mit einer 15-Watt-Funzel dagegen an! Ein dressiertes Glühwürmchen im Scheinwerfer wäre heller gewesen.

Ich wußte oftmals nicht mehr, ob ich rechts, in der Mitte oder links auf der Landstraße fuhr. Leitplanken, Pfosten und so weiter gab es ja noch nicht. Irgendwo kreuzte die Bundesstraße (Autobahn Frankfurt-Nürnberg war bestenfalls in Planung) eine Bahnlinie; Geleise zu spät gesehen, und schon lag ich flach. Ehrlich, da bekam ich es schon mit der Angst zu tun: Jetzt einen Haxen brechen, und in einer halben Stunde bist du Gefrierfleisch. Dann machte sich auch noch der Luftfilter davon (such sowas mal im Schneesturm!), und die Dürkopp kroch so mit 30 Spitze dahin. Zum Aufwärmen legte ich manchmal den Leerlauf ein und trampelte mit den Pedalen. Natürlich mußte hin und wieder auch die

Kerze zwischen den Elektroden gesäubert werden, das naturlich im Dunkeln, denn ohne Motor auch nix Licht. Und Köln war weit.

Auf der Autobahn räumten mich die Schneepflüge beinahe in den Graben, und von den Sandstreuern beworfen, sah ich aus wie Streuselkuchen. Irgendwann nachts lag ich dann doch in meiner Kammer im Arbeiterwohnheim in Köln. Am nächsten Tag war ich reif für einen Arztbesuch. Niere und Blase rebellierten! Die Ärztin *(sic!)* fand trotz Kälteschocks die zu untersuchenden Organe, vermutete Treibeis in der Blase und schrieb mich sofort arbeitsunfähig, was ich meinen Eltern natürlich verschwieg. War ja auch kein Wunder: Was gab's denn damals an Winterklamotten für Motorradfahrer? Gummiregenmantel – war wohl mehr Kunststoff, bei Kälte steif wie Blech, und es gab Risse. Gummistiefel: Ich brauche wohl keinem Leser zu erzählen, wie man sich nach 17 Stunden Fahrt darin fühlt. Aber wie sagt man bei uns in Bayern: Ein Guter hält's aus, und um einen Schlechten ist es nicht schad'!

Mit der Dürkopp und später mit der DKW habe ich noch längere Zeit das Rheinland unsicher gemacht und ein paar prima Kumpels kennengelernt, Benzin sowohl geredet als auch geschnüffelt, jawohl, geschnüffelt, bis uns damisch wurde in der Rübe. Eine verrückte Zeit. Jedes neue Modell wurde von uns bestaunt, und mancher von uns hat sich den Kauf, die Raten und den Unterhalt vom Mund abgespart, wortwörtlich. Ich kann mich erinnern, daß ich sonntags oft gar nicht aus dem Bett ging, weil ich Geld weder für Kino, Bierchen, Schwof oder Benzin hatte.

Der Besitz einer Horex oder gar BMW war die Erfüllung (und manchmal das schmerzliche Ende) eines Traums, der für mich mit den ersten Runden auf einer Wiese begann. Nach dem Krieg konnte man ja sowieso nur von besseren Zeiten träumen. So eine Zeit und solche Gefühle kommen nie wieder, da müßte man vorher Krieg, Trümmer und Hunger erlebt haben, wer will das schon?

Drum, Kumpels: Freut euch über eure gräßlichen Goldwings, herrlichen Emzetten, giftigen Kawas und die Kühe, die aus Preußen sind! Wenn mancher aus Unkenntnis von den „goldenen 50ern" redet, hat er sie nicht erlebt. Die 50er waren anfangs hart. Die guten Zeiten, die sind *jetzt*, trotz allem.

Ich bin (m)ein Stammtisch

Nürnberg-Süd, Katzwang, 20 Uhr, Dienstag gerader Woche, Stammtischzeit. Kein Schwein außer mir weit und breit. Daß die Stammtischler ein undisziplinierter Haufen sind, weiß ich ja seit Jahren, aber heut' ist absolut die Katz' gfreckt. Neben mir rauschen der Verkehr und die Rednitz, ich lausche auf Töne von Stammtischbrüdermoppeds, doch nix und wieder nix!

Um 21 Uhr kündige ich allen Brüdern und Schwestern und gründe meinen eigenen Einmannstammtisch. Klar, warum bin ich nicht schon längst darauf gekommen? So kann mich keiner mehr frozzeln, belästern und verarschen.

Regelmäßig allvierzehntäglich hau'n sie mir meinen Bingdüsen-Gelegenheitskauf um die Ohren (das Ding von Bing). Ne 130er Düse um 27 DM kriegste schließlich nicht alle Tage. Man muß nur dämlich genug und gut bei Kasse sein, und man darf's nicht für sich behalten. Das gibt auf Jahre hinaus Ablachmaterial für die Stammtischbrüder! Und ich bin der Dumme. Nein wirklich, mein Einmannstammtisch ist für mich die beste Lösung.

Und ich unterhalte mich auch gern mit mir. „Weißt du noch, wie ich mir meine gelbe ETS bei Kleckermann gekauft hab'?" – „Nein," heuchle ich, „erzähl doch." (Ich kenn den Scheiß seit 25 Jahren.) „Die habe ich '72 als letzte ihrer Art den Kleckermännern entrissen, und der Moppedverkäufer strotzte vor Fachwissen. Bei der Übergabe stand sie da mit plattem Vorderreifen, und der Verkäufer kommentierte es mit: „Vorne ist sie so flach."

Ob er bis gestern Miederberater bei Triumph (krönt die Figur) gewesen sei, fragte ich zurück? Aber er verstand meine feine Ironie nicht, und ich hatte wieder mal Perlen vor eine Sau geschüttet.

Oder: Erinnerst du dich noch an die Geschichte in der Kölner Straßenbahn? Ich tue interessiert, obwohl ich doch damals – neben einer Unbekannten in Unterwäsche – die Hauptrolle spielte. Aber wenn der Vadder mal am Reden ist, stoppt ihn sein eigenes Ich nicht mehr. – Also, das war im Winter '52/53. Meine (deine? unsere?) DKW lag zerlegt im Keller meines Kölner Wohnheims und harrte des Wiederaufbaus, der Einpflanzung eines Fußschaltautomaten und des Frühlings. Da kam ein Brief der Kölner Kripo, die DKW sei wegen Diebstahlverdachts sofort beschlagnahmt. Und ich hätte den Rahmen zwecks Untersuchung zum Polizeilabor zu bringen.

Ich schnappte mir also den Rahmen und fuhr mit der Straba zur Bullerei, kein Problem. Beim Aussteigen war's jedoch eins, denn ich war der letzte, und die ersten Einsteiger, allen voran eine Frau, drängten sich bereits in den Wagen, ehe ich draußen war. Es gab ein fürchterliches *Raaaaaaaatsch!* – ich war draußen, sie drinnen, aber doch draußen aus ihrer halben Gaderobe, und sie trug – nur mehr teilweise – rosa Unterwäsche. Irgendwo splitterte eine Fensterscheibe, ihr Strapsknöpfchen muß wohl dort eingeschlagen sein. Das waren gefährliche Dinger damals, eine Art Berührungszünder für Sexbomben.

Na, die Olle hat vielleicht geschrien, weil ich ja meinen Rahmen mit Gewalt aus ihrer Reizwäsche fetzte; schon damals hing ich mehr an meinen Moppeds als an Weibern. Und der DKW-Rahmen war stabil, schließlich war er der Großvater der späteren Emzetten. In ihrem kölschen Dialekt kreischte sie, daß ich ihr „datt allett bezahlen" sollt'. Doch das nütze ihr alles nichts, die Fahrgäste pressten sie einfach weiter in Richtung Wagenmitte, und die Bimmel fuhr von hinnen.

„Und die Kripo?" frage ich mich. „Was war mit der Rahmenuntersuchung?" – „Nun ja, die konnte die ursprüngliche Nummer nicht mehr richtig entziffern, eine Schweißflamme hatte sie ausradiert. Geklaut war sie sicherlich, aber da ich sie rechtmäßig von einem gekauft hatte, der sie rechtmäßig von einem gekauft hatte, der sie..."

„Weißt du, was ich jetzt gern wär'?" höre ich mich fragen. „Ich wär' so gern der Schlüssel vom Stammtischlokal, dann wär' ich jetzt auf der Isle of Man und in Klausis Jackentasche. Mist, jetzt müssen wir den ganzen Abend auf unserer Mühle hocken", und ich klappe schon mal die Soziusrasten runter. Aber weder Mederer noch der Vadder wollen hinten sitzen, denn als Fahrer sind sie beide verrufen.

„Tja, und das Scherzchen mit der DKW-Batterie muß ich dir unbedingt erzählen." (Weiß ich längst, denke ich mir im Stillen.)

Wie gesagt, die DKW war seinerzeit zerlegt, und in unserem Arbeiterwohnheim arbeiteten und wohnten auch vier Mädels für die Küche und so, ich meine wirklich nur ‚und so' und nichts anderes! Unter rund fünfzig jungen Mannsbildern hatten sie die Großauswahl, aber natürlich auch unter unseren Streichen zu leiden. Habe ich doch abends, als alle in der Essensausgabe im Keller werkten, Batterie und Hupe so unters Bett der Brigitte montiert (eine dralle Deern aus Ostpreußen), daß beim Belasten der Matratze die Hupe losbrüllte (die Leser/innen wissen, ich bin der perfekte E-Bastler). Das hat dermaßen gut funktioniert und nicht mehr aufgehört, Brigitte ist hysterisch schreiend und mit hüpfenden Möpsen aus dem Zimmer gerast, die war echt in Panik. Hat mich eine Tafel Schokolade gekostet, sie wieder zu beruhigen, sie war wirklich leichenblaß.

Und ein zweites Mal haben wir unsere Küchenschaben mit Schokolade verwöhnt. Am Abend vor meiner endgültigen Heimreise nach Nürnberg habe ich allen vier Mädels Trumpf-Schokolade geschenkt. War halt so Sitte, daß die Auszieher (aus dem Heim!) dem Küchenpersonal was zum Vernaschen schenkten, Kavaliere waren wir der Viererbande gegenüber schon.

Vor allem ich, denn wo außen Trumpf draufsteht, war drinnen Abführschokolade! Die darauffolgende Sch...Orgie habe ich am Telefon erfahren. Ich muß zugeben, so schlimm wollt ich's nicht und schämte mich fürchterlich und für meine zukünftigen Gemeinheiten gleich auf Vorrat; ich konnt' es später gut gebrauchen.

Es war eine kleine Rache für das Futter, das sie uns damals zusammengekocht hatten: Salzkartoffeln ohne Salz, mit breiten Nudeln ohne Salz, dafür mit Senf. Außerdem war das Rheinland, wenigstens damals, wurstmäßig die Wüste Gobi. Nix Nürnberger Bratwürst, Stadtwurst, Weißwurst etc.

Da hat sich mal ein Kölner Kumpel meinen ganzen Ring Nürnberger Stadtwurst nacheinander reingefuttert. Er konnt' einfach nicht aufhören, so gut hat's ihm geschmeckt. Anschließend hat er sie mir vor die Füße gereihert, na ja, da mocht' ich sie auch nicht mehr, so ohne Senf. – „Hast recht gehabt", meint mein zweites Ich, „ein Gentleman diniert nicht aus der Gosse." Und wir wiehern über den gelungenen Witz. Heut' ist wirklich ein harmonischer Stammtisch.

Beim Stöbern in unseren gemeinsamen Untaten stoßen wir auf die Geschichte mit der Caprijagd. Die hätt' dumm ausgehen können, und wir werden gleich ein wenig ernster, so wie man es eigentlich von zwei insgesamt 146jährigen erwartet.

Die Geschichte ist etliche Zeit her, also verjährt, da hat mich in Österreich über einen Pass ein Bürschlein mit seinem Ford Capri – randvoll eingeschenkt mit läufigen Damen – geärgert, kurz, er hat mich einfach nicht vorbeigelassen. Er konnte doch vor der Damenwelt nicht zugeben, daß sein „Sportwagen" (er glaubte, in einem solchen zu sitzen) von einer 250er Kawa abgeledert wird.

Tja, und dann hat er zu spät gemerkt, daß er Kurs auf ein altes aufgelassenes Straßenstück genommen hatte. Das führte über ein kleines Brücklein, das, Pech für ihn, längst nicht mehr da war. Nur das ehemals darunterliegende Betonrohr lag noch im Wasser. Er hat dort zuerst das Rohr und dann seinen Capri fürchterlich zerknittert, und der Zustand aller Insassen war dann ebenso.

Zum Glück kein Personenschaden, aber bei den anschliessenden Streitereien der Capristi stellte sich heraus, daß der Unfallfahrer ausgerechnet ein Verkehrspolizist war. „Ja ja, die eifrigsten Pyromanen sind meist auch bei der Feuerwehr", meinen Mederer und Vadder einmütig. Aber seitdem jagen wir nichts und niemanden mehr und schämen uns etwas aus unseren Vorräten.

Nach dem sich bis jetzt noch immer kein Stammtischbruder eingefunden hat, bin ich fest entschlossen, meinen eigenen Schizophrenenstammtisch zu gründen; nur Pärchen werden aufgenommen. Zwei haben sich schon gemeldet: Herr Parkin mit Sohn, sie werden uns die Shakes mixen, und die Herren Creutzfeld und Jakob.

Ich werde mich gut mit ihnen verstehen und allmonatlich ihren Jahresbeitrag kassieren!

Mederers Motorrad-Märchen II

Erlebt, erlauscht, erstunken, erlogen

Das meiste, was ich unter dieser Überschrift erzähle, ist tatsächlich erlebt, manches erlauscht, fast nix erstunken und schon gar nix erlogen. Schon bisher war der Wahrheitsgehalt meiner Artikel so hoch wie Rechenschaftsberichte der CDU. Oder so ungefähr.

In einem verstaubten allerhintersten Hirnwinkel fand ich beim heurigen Frühjahrsputz eine verchromte Halbrundkopf-Tankschraube. Die zierte einst den Tank einer Trumph BDG 250, steckte in einem Sackloch (keine blöden Bemerkungen!) und sollte einen kleinen Aktentaschenhalter befestigen, den es als Zubehör gab. Das Ding sah etwa wie ein kleiner Grillrost mit vier kleinen Füßchen aus.

Kenner wissen anhand des Herstellers –Triumph Nürnberg – daß sich die Gschicht' so etwa um 1950 abgepielt haben muß. Zu dieser Zeit hatten die Motorrad-Hersteller ihren Vergasern eine Art Würgschraube verpaßt (wie das funktionierte, weiß ich heut auch nicht mehr genau), die nach der Einfahrzeit um eine halbe oder ganze Umdrehung rausgedreht werden durfte. Natürlich nur von der Vertragswerkstatt.

Nun, in einer solchen Werkstatt erschien zur besten Abend-Ratschzeit ein Triumph-Fahrer, um seine 250er BDG entdrosseln zu lassen. Der Werkstattfritze machte sich also mit 'nem Schraubenzieher am Vergaser zu schaffen, aber da kam er beim Fahrer schlecht an! „Da, *das* ist die Entdrosselungsschraube", meinte der und tippte auf die Schraube auf dem Tankrücken. Monteur und Kunde stritten sich, bis der Klügere, also der Fachmann, nachgab und bei laufendem Motor die Tankschraube unter der Oberbauaufsicht des siebengescheiten Kunden hin und herdrehte. „Ja", jubelte der Besitzer, „jetzt tönt sie schon ganz anders, hören Sie's denn nicht?"

Der Monteur verließ fluchtartig den Werkstatthof und gesellte sich zu mir in die Bude, wo wir uns vor Lachen kringelten. Die Krönung von det Janze: Nach ein paar Minuten orgelte die Triumph wieder in den Hof, und der Fahrer schwärmte von der jetzt sagenhaften Mehrleistung! Und im Unterton: *Er* als Siebenscheiterla muß dem Fachmann den richtigen Dreh zeigen!

Na ja, wir haben auch den zweiten Lachanfall überstanden, und ich wette, die Triumph ist zeitlebens nicht entdrosselt worden.

Und was lernen wir daraus? Einbildung macht d'Leit krank – und auch wieder gsund. Von dieser Tatsache leben die Ärzteschaft, die Pharmaindustrie – und manchmal auch ein bißchen die Motorradfritzen.

Und mir fällt auf, ich hab noch nie über ein so kurzes Schräubchen eine so lange Geschichte geschrieben.

Eurokarpfen

Am dritten Tag nach Erscheinens des Euro im Abendland schlurcht der Vadder in den Tempel des Mammons, um seine wenigen Deutschmark in noch weniger Euros umzuwechseln. Dabei denkt er etwas wehmütig daran, daß er achtundvierzig, ebenfalls in einer ewig langen Schlange stehend, schon mal Demark eingetauscht hat und danach die alte Reichsmark ebenso sang- und klanglos verschwand wie halt jetzt die DM. Wie wir alle wissen, ging's damals mit unserer Wirtschaft bergauf, und Vadder konnte sich deswegen damals ein Motorrädchen leisten. Und noch eins. Und noch eins. Und ... Seit fünfzig Jahren, und dies war sein ganz entscheidender Beitrag zum deutschen Wirtschaftswunder. Seine Eltern haben es damals allerdings ganz anders gesehen.

Mit den noch ungewohnten neuen Kröten in der Tasche möchte der Vadder auch diesmal die Wirtschaft ankurbeln und lädt deshalb die zweitbeste aller Ehefrauen zum Karpfenessen ein; hau'n wir die ersten Euro auf'n Kopf, was gibt's Besseres als 'nen knusprigen fränkischen Karpfen?

Mit gemischtem Salat wegen der gesunden Vitamine! Weibi ist mehr wegen der Kalorien begeistert, die schmecken besser. Rin ins Auto, hin zu unsrer Karpfenstammtischwirtschaft – zu! Zur nächsten Wirtschaft – heute Ruhetag! Zur Dritten – geschlossen! Dasselbe mit der vierten bis schätzungsweise fünfzehnten. Der Hunger nagt im Gedärm, und Vadders Befürchtungen bestätigen sich: Mit dem Euro bricht zuerst eine Wirtschaftskrise und dann 'ne Hungersnot aus!

So ummere halberviere bricht Vadder die Wirtschaft-geschlossen-Rallye als Sieger ab und fällt im Schwabacher Supermarkt ein, schaufelt sich zittrig vor Hunger Sauerbraten auf'n Teller, und beim Bezahlen meint die Kassiererin, er müßt' seinen Kampfhund schon draußen anbinden. Dabei war's nur Vadders Magen, der so grimmig knurrte.

Dieser Ton änderte sich auch während des Kampfes mit dem Fleisch nicht, denn die Währungsumstellung ist dem armen alten Rindviech* ebenso wie Vaddern nicht gut bekommen. Und ich mein' die von neunzehnhundertachtundvierzig! Wirklich, das Material (ich vermeide bewußt die Bezeichnung „Fleisch") zog sich nach dem Schnitt mit dem Messer wieder zusammen. Seit diesem Fraß leid' ich an Lederallergie.

Anschließend tätigte der Vadder noch ein paar Einkäufe für'n Haushalt und kriegte an der Kasse rote Ohren, weil er zu wenig Euros im Beutel fand. Unter Zurücklassung der halben Beute wurde der Rückzug angetreten.

Summa summarum: Eurostart mißlungen, 2002 begann mit 'ner Wirtschaftskrise, mit 'ner Hungersnot, mit miserablen Nahrungsmitteln und Euro-Mangel. Aber das kennt man ja aus DM-Zeiten, und 'nen Karpfen gab's bis heut noch nicht. In Karpfenkreisen ist man darüber höchst erfreut.

Auf dem Heimweg verglich der Vadder die neuen Benzinpreise: 93,4 Cent – wie sie's nur immer so hinkriegen! Siehste, jetzt ist's doch noch eine Motorradgschicht geworden, denn ohne Sprit käm' ein Moppedfahrer nicht mal bis zur Fernbedienung.

* *Den Satz hätt ich doch etwas anders formulieren sollen, na ja, jetzt laß ich ihn halt so stehn.*

Das erste Mal

Das erste Mal schwitzte ich Blut und Wasser, der Puls war so bei hundertfuffzich, und das ist bei jedem so, der sich das erste Mal draufschwingt, mit unangenehmen Reaktionen und Widerständen rechnen muß, die meist mit starker Manneskraft überwunden werden müssen, speziell, wenn es in kurviges und hügeliges Gelände geht: auf seine geliebte Solomaschine, an der plötzlich ein Beiwagen hängt.

So ging's mir Anno achtundfünfzig im Spätherbst. Angesichts des bevorstehenden Winters wollt' ich nicht mehr auf ein drittes Rad verzichten, Faxen dicke von alle Tage mit'm Solomopped zur Arbeit. Zudem ja meine Baustellen, die ich mit meiner Installationsarbeit verzieren durfte, *jwd* waren – janz weit draußen.

So hatt' ich deshalb bei einem Moppedhändler hier in Nemberch 'nen Steibseitenwagen LS 200 aufgetrieben und ihn beauftragt, gleich mein Mopped Zündapp Elastic 200 dranzuschrauben, sagenhafte 9,5 PS. Die Leistung würde allemal ausreichen, nonstop und pausenlos um den Steib rumzufahren.

Na ja, ganz so war's dann doch nicht, über's Stilfser Joch hat's allemal gereicht, vollgepackt, versteht sich. Aber davon später.

Mußte natürlich abends mit der Straßenbahn (nembercherisch: Schdrassaboh) zur Werkstatt, um mein nun so entscheidend verändertes Zündapple abzuholen. Dort bezahlte ich schweren Herzens und leichten Geldbeutels die

Rechnung, schwang mich auf's Mopped, raus vom Hof zur Straße, so Stücker fuffzehn Meter unfallfrei! Bei der Schdrassabohfahrt hatt' ich nachgezählt: 19 (in Worten: neunzehn) Rechtskurven waren bis zur heimatlichen Hütte zu bewältigen! (Ich weiß das bis heut noch ganz genau!) Und auf der gegenüberliegenden Straßenseite lauerte schon die erste, die hatte ich gar nicht auf meiner Rechnung, sie hatte ja nur 45 Grad.

Gehen wir's also an, jemminee-auauau, schon war der Gehsteig erobert, Schweißausbruch, Scheißausbruch, Zusammenbruch! Pause.

Das Himmelfahrtskommando, komplett, erhält die letzte Ölung.

'S Gespann in ein Taxi hieven und hinterherlaufen? Schmarrn, achtzehn Kilometer zu tippeln. Außerdem sieht ein Gespann im Taxi albern aus und ist meist ein Unfall, vergiß es.

Robert, du mußt da durch! Warum hast' dir sowas eingebrockt? All die Jahre biste ja auch solo im Winter gefahren! Und solltest du wider Erwarten heil an Leib und Zündappsteibscheißgespann daheim irgendwie und irgendwann ankommen, baun mer sofort den Steib weg, der wird zum Blumenkasten degradiert. Und aus die Maus! Ende des Selbstgesprächs.

Also, Loide, ich hab die neunzehn Rechtskurven – und später noch Tausende andere – irgendwie gekriegt, sogar unfallfrei, sonst könnte ich diesen Artikel ja nicht schreiben. Wer schon mal ein Gespann und seine Besatzung gesehen hat, die in den Gegenverkehr gekracht sind ...

Mit wachsender Praxis bin ich ein leidlich guter Gespannfahrer geworden, mit so richtigen Könnern möchte ich mich aber nicht messen. Und der wahre Motorradspaß findet meiner Ansicht nach immer noch auf zwei Rädern statt.

Außerdem war das Gesamtkunstwerk Steib-Elastic schon etwas abenteuerlich, denn die Elastic hatte eine prima Federung, das Anhängsel Steib war jedoch völlig ohne, das heißt, in Linkskurven war die Kiste bocksteif, rechtsrum puddingmäßig weich. Und der Zündapptelegabeldämpfer schluchzte beim Ein- und Ausfedern wie eine verlassene Braut. (Wer weiß das heute noch?) Und unterdimensioniert war die Gabel für's Gespann auch, mir ist sie zweimal gebrochen. Schon ein komisches Gefühl, wenn der Lenker beim Fahren plötzlich auf halbeins steht!

Manchmal mußte mein klein Brüderlein als Ballast herhalten, er hat's lang nicht gespannt, daß ich ihn als Sandsack mißbraucht hab. Ich mußt' beim zweiten ersten Mal , zur Wintersaison '59, als ich den Steib wieder montiert hatte, spät abends noch 'ne Probefahrt absolvieren, und klein Brüderlein wollt' unbedingt mit. Na ja, wenn er unbedingt wollte ...!

Ganz in der Nähe unseres Elternhauses war so ein kleines Bächlein mit einer flachen Furt, die ich öfters als Abkürzung benutzte, *null Problemo* würde man heute sagen. In der weiteren Fahrtrichtung lag eine flache, aber großflächige Pfütze, auch *null Problemo*. Bis gestern. Seitdem hatte es geregnet, nein, geschüttet.

Der aufmerksame Leser weiß jetzt, was klein Brüderlein damals noch nicht wußte: Das Bächlein war ein großer Bach, die Furt eine gar tiefe, die Pfütze ein Schlammsee. Der große gemeine Bruder briet da durch, volle Lotte wie immer, wir kamen in schweren Seegang mit Schlagseite Steuerbord, da, wo das Steib-Boot hing. Ich hörte etwas gurgeln (à la Strassengully, echt!), dann war ne Zeit lang Stille, klein Brüderlein mußte Luft holen, währenddessen groß Brüderlein um's

Boot rum wendete und im eigenem Kielwasser erneut Kurs auf den Heimathafen nahm. Schließlich muß die Eletkrik von Zeit zu Zeit auf Wassereinbrüche getestet werden.

Im milden Licht unserer Garage erhob sich in meinem Steib ein Passagier, der früher einmal mein Bruder gewesen war. Ich konnt's nicht glauben, er sah aus wie ein verschissenes Heldendenkmal. Nur das Weiß der Augäpfel leuchtete aus einem erdfarbenen Gesichtsklumpen, und klein Brüderchen hätte gerne auch was gesagt (wenn er nur gekonnt hätte), zum Beispiel, daß die Spritzdecke und die Windschutzscheibe tadellos sauber geblieben seien, sie lagen fein säuberlich genau vor seiner schlammtriefenden Nase auf der Werkbank. Ordnung ist das halbe Leben, pflegte unser gemeinsamer Vater immer zu sagen. Recht hatte er.

Wortlos stieg er aus'm Steib und watschelte im Dunkel der Nacht pinguinmäßig Richtung Haustür, eine Dreckspur hinterlassend wie ein lecker Öltanker. Irgendjemand schluchzte, es kann natürlich die Zündapp-Gabel gewesen sein.

Unsere gemeinsame Mutter, die ihn dort abfing, sagte an jenem Abend allerdings was ganz anderes, nämlich daß wir gottserbärmliche Saubären seien (recht hatte sie!) und sie das Vergnügen habe, all unsere Klamotten waschen zu dürfen. Was nicht ganz stimmt, denn ich hatte bei der Schlammschlacht schlauerweise meine Gesenia-Überhose an.

Klein Brüderleins Klamotten kamen hingegen komplett in die Wäschetrommel, und die spie angewidert einen Strahl graubrauner Brühe raus. Brüderlein war wirklich ein echter Saubär!

Seine Sprachlosigkeit konnt' ich nur durch eine – allerdings ungewollte – Schockbehandlung überwinden. Ich befahl ihm im Unteroffizierston (schließlich bin ich der Ältere!): „Schöpf den Steib aus, alter Saubär!" – „Bleb mbch om Orch", war seine Erwiderung, es klang beleidigt, und man hörte es leise, aber deutlich zwischen seinen Zähnen knirschen.

Und was lernen wir daraus? Hockt euch nicht in Mederers Vadders Gespann!

Liebe auf bayerisch

Zwischen 1943 bis 1946 war unsere Rest-Familie aus dem fränkischen Jura-Dorf evakuiert. Vadders Vater war bei der Wehrmacht, und Mutter schlug sich mit ihren drei Kindern durch. Eine verdammt harte Zeit damals!

Unser Bauer hatte fünf erwachsene Kinder, drei Söhne, von denen zwei nicht mehr aus Rußland zurückkehrten und einer schwer verwundet wurde, sowie zwei Töchter, so etwa zehn Jahre altersmäßig auseinander. Klar, daß die Jüngere mit so 18 Jährchen auch die weitaus knusprigere war. (Sehr, sehr nett waren sie beide, wie überhaupt die ganze Familie.) Und – was ganz wichtig war damals – sie hatte den Führerschein Klasse 4, die Berechtigung, Traktoren zu fahren, damals Lanz Bulldog, der ganze Stolz des deutschen Landwirts und heute ein gesuchter Oldtimer. Für einen Bauernhof sehr wichtig!

Nun, die Ältere, nennen wir sie A., war einem Bauern im Nachbardorf als Braut versprochen, die Eltern handelten das miteinander aus. Die Braut hatte damals wenig Mitspracherecht, außerdem waren die Deandln froh, überhaupt einen Mann zu bekommen, denn eine ganze Generation heiratsfähiger Männer blieb auf dem „Felde der Ehre". Eine wirklich bedauernswerte Generation!

Im selben Nachbardorf spielte auch die jüngere Schwester, nennen wir sie B., ein- bis zweimal pro Woche für die Frühmesse die Kirchenorgel, sie war eben ein begabtes Kind, Führerschein für Orgel und Bulldog! Eines Morgens lauerte der Bräutigam der A. der jüngeren B., seiner zukünftigen Schwägerin, auf dem Heimweg im Wald auf und druckste herum, ob sie nicht etwa ihn, na ja, vielleicht, warum auch nicht, ihn, na ja, heiraten wolle?

B., ziemlich perplex: Er und ihre Schwester A. seien doch einander versprochen, warum dieses?

Na ja, du hast doch schon den Führerschein für den Bulldog und deine Schwester nicht, wir und mein Lanz passen doch viel besser zamm, oder net?

Ehrenwort, so hat mir's die B. erzählt. Und bei Ludwig Thoma kann man's nachlesen, wia's mit der Liab in Bayern so is.

Überfall im Hunsrück

Wir schrieben das Jahr 1952, in der ganzen Bundesrepublik herrschte Friede. In der ganzen? Nicht doch, im Hunsrück trieb anscheinend noch immer der Schinderhannes sein räuberisches Unwesen, und um ein Haar wäre ein unschuldiger, harmloser, mofafahrender fränkischer Jüngling das Opfer seines nächtlichen Überfalls geworden. Obwohl von diesem Kerlchen absolut nix zu holen gewesen wäre. Dessen einziges Kapital war ein 98er Vorkriegs-Dürkopp-Sachs. Heißgeliebt von seinem Besitzer, weil vom eigens erschufteten Geld, der Rest der Menschheit blickte damals verachtungsvoll auf einen so veralteten Hühnerschreck herab. Ich weiß das noch ganz genau, denn der Dürkopptreiber war ich.

Ich fuhr also in stockfinsterer Nacht von Trier wieder heim Richtung Köln (richtig gelesen: Köln), und ich muß meinen Lesern erklären, daß die Nächte stockfinsterer waren als heutzutage, denn in der Dürkopp-Lampe (ihr seht, ich vermeide den Begriff Scheinwerfer) versah eine 15-Watt-Birne ihren Dienst. Das heißt, natürlich nur bei Höchstdrehzahl!

Ich fuhr also durch den Hunsrück, immer dahin, wo die Straße am wenigsten finster war, die Steigungen im ersten Gang, so mit 20 km/h, und ich muß es den heutigen „Bikern" vielleicht erklären: Man sah im Finstern die Steigungen nicht, man spürte sie, wenn der Motor im großen Gang nicht mehr mochte, nein, konnte. Nun, während so einer Steigung in einer langgezogenen Linkskurve versuchte jemand, mich mit einem Ruck nach links vom Mopped zu zerren. Oh Schreck, ist der Schinderhannes heut Nacht mit dem Lasso unterwegs? Ich hielt, so gut es eben ging, dagegen, und der unsichtbare Räuber ließ ganz plötzlich wieder von mir ab.

Na ja, ich bin heil in meinem Arbeiterwohnheim in Köln-Poll angekommen, geglaubt hat mir die Räuberg'schicht keiner, bis, ja, bis ich meinen Motorradmantelgürtel (Marke Gisenia, ein stabiles Teil!) um das hintere Kettenrad gewickelt wieder fand! Natürlich total unbrauchbar als Gürtel, aber immer noch gut genug als Beweismittel! Meine Kumpels ham' mich nämlich ganz schön blöd angepflaumt und mir meine Schinderhannesraubüberfallgeschichte natürlich nicht geglaubt. Als ob ich lügen tät!

Genug für heut'. Aber bitte nicht wieder falsch verstehen.

Mederers Motorrad-Märchen III

Neunter November 2003. Die Saisonabschlußtour reit' ich heut wieder mal auf meiner Hausstrecke ab, schon Tradition. Ausnahmsweise bin ich allein, meine Kumpels ham' ihre Kisten schon eingemottet, und weil die MZ NVA 250 a bisserl rumzickt, hock' ich eben auf meinem Lieblingsmopped, der MZ ETZ 150. Das Ding macht sowas von Spaß, 150-PS-Treiber werden's nie verstehen. Also wirklich, das Dingelchen erinnert mich an meine längst verblichene NSU Fox, auch so ein Freudenspender aus den Fünfzigern. Und so will ich euch erzählen, was mir bei dieser Saisonabschlußfahrt so alles unterm Helm köchelt. Es ist ja das Schöne beim Fahren auf der Hausstrekke, daß man den Streckenverlauf sozusagen gespeichert hat und ein Teil der grauen Zellen sich mit anderen Gedanken beschäftigen kann, ohne daß dadurch die eigene Sicherheit (und auch die der anderen) beeinträchtigt wird.

In einem Marktflecken (ich vermeide Ortsnamen, wär' ja noch schöner, wenn mir beim nächsten Mal meine gesamte Leserschaft kolonnenweise entgegenkommen, oder, noch schlimmer, mich überholen würde) ist gerade Grafflmarkt, Mordsbetrieb, mit dem ich gar nicht gerechnet habe, also durchschlängeln.

Dabei seh' ich, wie ein alter Knacker verzweifelt versucht, in sein Auto reinzukommen. Tür zu, läßt sich nicht öffnen. Hätt' ihm ja gerne geholfen, habe aber leider kein Hämmerchen dabei wie damals in den sechziger Jahren bei dem verschlossenen Opel Kapitän.

Das muß ich euch unbedingt erzählen: Es war ein wunderschöner Sommertag, da stand vor der Thyssen-Schulte-Niederlassung Nürnberg, von der ich nach einer Materialabholung zum Hoftor rausfuhr, ein Opel Kapitän, dessen Herrchen rumpelstilzmäßig vor der Fahrertür rumhüpfte. Angehalten und gefragt, ob ich vielleicht helfen könnte. Ja klar, er stochere schon die ganze Zeit mit 'nem Schweißdraht durch die Türgummis, das verdammte Sicherungsknöpfchen kriege er einfach nicht hoch, jammerte er im reinsten Oberboarisch.

Der kriegt auch sonst nix hoch, der Münchener, dacht' ich, da muß ein kerniger fränkischer Hammer her, der hing in meinem Werkstattwagen (Tempo Rapid) neben mir. Ich schlug vor, das Dreieckfensterchen einzuschlagen, das sei das billigste Glas am ganzen Käpt'n ringsum. Notgedrungen willigte er ein, und der Kraft meines Bizeps, vereint mit einem halben Kilo bestem deutschen Stahls, konnte das Dreiecksfensterchen nicht widerstehen, es zerkrümelte sich auf Sitz und Fußraum. Täglich eine gute Tat! Der Münchener enterte seinen Kapitän und schenkte mir einen dankbaren Blick und einen zweiten zum blauen Himmel – durch das offene Schiebedach!

Na ja, ich bin dann gegangen, ich glaub', sogar ziemlich schnell, man hat mich ja nicht mehr gebraucht mitsamt meinem Hammer, außerdem war die Luft plötzlich sehr bleihaltig... „Depp meets Doldi", würde man heute die Geschichte überschreiben. (Doldi ist ein Depp auf fränkisch.)

Ehrenwort, genauso ist's passiert so zwischen 1964 und '69, da hatte ich den Tempo Rapid, und die Geschichte ist nicht die Wiederaufarbeitung eines Österreicher-Uraltwitzes. Schließlich gab's den Opel Kapitän lang vor diesem Österreichwitz.

Und während ich pausenlos durch die Gänge zappte, fiel mir Holger Aues G'schicht in der Motorrad-Zeitung ein, wo ein eifriger Helfer eine umgekippte Goldwing wieder aufrichtete. Hütet euch vor übereifrigen Helfern!

Ja ja, die pausenlose Schalterei ist das einzige, was mich an der 150er ein bißchen stört. Weiß jemand, ob man das Ding vielleicht ein bißchen aufbohren kann? Mein Schaltbein, das linke, glaubt, es müßte die ganze Strecke joggen, während das Bremsbein, das rechte, meint, es läge auf dem Sofa. Die Bremserei erledigt die rechte Hand locker mit links. Auch sonst gibt's für die rechte Pfote wenig zu tun, Drehgriff immer auf Anschlag, auch beim Gangwechsel, egal ob rauf oder runter. Ich fürcht', dieser Fahrstil wird mich zum Monster machen, linkes Haxerl à la Schwarzenegger, rechtes wie die Spinnenbeine einer Habergeiß nach Ramadan.

Daß dem noch nicht so ist, dafür hat die große Schwester gesorgt, die NVA-ETZ. Derzeit sieht mein rechter Haxn eher aus wie eine Chiantiflasche, dick und blaugrün. Das Ergebnis eines Kickstartversuchs bei hochgeklappter linken Fahrerfußraste (meine NVA hat sowas). Gottseidank blieb die Raste heil, Ersatz gäb's da bestimmt nicht mehr.

Ich glaub', meine NVA haßt mich, denn es ist nicht das erste Mal, daß sie nach mir schnappt. Schon im September hatte ich mir einen Fetzen Bluterguß am rechten Oberschenkel auf, nein, unter ihr eingefangen, das Ding schwoll blitzartig an, so wenig Platz hatte ich schon lang nicht mehr in meiner Unterhose...

Wie's dazu kam? Stell den Motor ab, klapp den Seitenständer raus, erhebe mich von meinem Sattel – und kipp nach links auf die Straße. Mein Titan-Hüftgelenk hat diesen Crashtest locker überstanden, aber ich spür' einen saumässigen Schmerz am rechten Oberschenkel innen, ich hatte mit meinem Haxn die Sattelgrundplatte verbogen. Großes Bein-Aua, wie Enkelchen zu sagen pflegt.

Die eigentliche Ursache war aber eine ganz gemeine, kleine Absenkung in der Straßenoberfläche, in die ich den Seitenständer ausfuhr, mit dem bloßen Auge kaum und mit Gleitsichtbrille schon gar nicht zu erkennen. So hock' ich wochenlang mit hochgelegtem rechten Haxn herum, und wenn's so weitergeht, macht mich meine NVA noch zur Immobilie. Die Voraussetzungen wären längst erfüllt: Im Erdgeschoß Käsegeruch, 'nen Stock höher Überdruck in der Gasversorgung, neuinstalliertes Titangelenk, morsches Gebälk, Leerstand im Oberstübchen, Dachschaden! Was einem so alles beim Rumdüsen für'n Quatsch einfällt!

Dabei sollt ich mich lieber am meinem Moppedle und an der vorbeirauschenden Landschaft erfreuen und das Einmalachzehn üben. Wieso? Pro 1000 U/min kommt die Kleine

18 km/h vorwärts. Im fünften; im vierten sind's immerhin noch 16.

Das weiß ich seit einer halben Stunde, da bin ich in einer Ortschaft an so 'nem Meßpunkt vorbeigerauscht, der die Geschwindigkeit in Leuchtschrift anzeigt. Gleich ein paarmal getestet, und schon bin ich wieder ein bißchen schlauer. Tacho geht zwölf Kilometer vor, meine Ahnung wird zur Gewißheit. Und so erfreuen sechseinhalbtausend Umdrehungen Vadders Auge und Herz, das sind nach Adam Riese (und seiner Frau Eva Zwerg) stolze 117 km/h. Die Tachonadel zittert bei 130, beim Heimweg auf der AB weist die Drehzahlnadel sogar auf 7000 U/min, die Kollegin im Tacho steht dazu passend bei 140 km/h, denn es ist Abend, also kühl, und das lieben die Zweitakter. Schneller ist die 250er NVA auch kaum.

Aber vorerst ist's noch nix mit heimfahren, die G'schicht ist im Kopf noch nicht ganz fertig (vielleicht wg. Dachschaden?).

Und wieder fällt mir ein Holger-Aue-Comic ein, „Das Kerzenbild". Da hat ein Motorradfahrer (wie ihr seht, vermeide ich strikt das Wort „Biker"! Sakra, jetzt is' mir's doch rausg'rutscht!) den Rat, das Kerzenbild zu kontrollieren, falsch verstanden und ist dabei auf die Fresse geflogen. Er hätt' halt vorher anhalten sollen!

Oder bei mir in die Lehre gehen müssen, denn das hab ich schon vor über fünfzig Jährchen gekonnt: unterm Fahren Kerze putzen. Liebe Leser/innen, ihr dürft jetzt ruhig die Augenbrauen heben und denken, euer Mederers Vadder wird langsam alt, und wir wissen, daß er uns schon immer die Hucke vollgelogen und gesponnen hat, aber was zu weit geht, geht zu weit! Lest erst einmal den nächsten Absatz, und ihr werdet demutsvoll eure Brauen wieder senken und mich innerlich um Verzeihung bitten. (Ersatzweise nehm' ich auch Freibier aus der Weltenburger Klosterbrauerei, Märzen bitte!)

Also, so anfangs der 50er Jahre des vergangenen Jahrhunderts gab's so 'nen komischen Sprit, der, zumal bei den damals noch massenhaft verbreiteten Zweitaktern, zwischen den Kerzenelektroden einen Faden zog, und du konntest bei der Bezeichnung Zündkerze die erste Silbe sowie das Weiterfahren vergessen. Also Kerze (ohne Zünd-) raus, mit dem Daumennagel zwischen die Elektroden gestochert, reingeschraubt, und es ging weiter. Vielleicht 50 Meter, vielleicht auch 50 Kilometer. Aber das war eher selten.

Nun, ich fuhr (es muß Ostern '51 gewesen sein) von Nürnberg wieder zurück nach Köln. Mit meinem Dürkopp-Sachs-Zweitakt natürlich gab's jede Menge Zündkerzenelektrodenentpopelungspausen. Scheiße, so was. Doch zweimal hatte ich Glück, der Motor blieb auf einer Bergabfahrt weg, Gang raus, Wasserpumpenzange aus der Jackentasche, und mit der kamste beim alten Sachs-Rundkopfmotor an den Sechskant der Kerze. Die Kerze hab ich mit Zange gelokkert, mit behandschuhter Hand rausgedreht, freihändig mit unbehandschuhter-Zweithand-Daumennagel Popel beseitigt und dann das Ganze rückwärts. Stecker drauf, Gang rein, der Berg war zu Ende und die Reparatur auch!

So, wo sind jetzt eure Augenbrauen, wo ist das Freibier?

Egal, mit dem Ende dieser Geschichte im Kopf ist auch meine Saisonabschlußtour zu Ende, ich bieg in meinen Garagenhof, fädle meine Kleine zwischen all die anderen Moppeds in der rappelvollen Garage und bin stolz auf all diese Schätze. Auch wenn sie mich manchmal ärgern.

Vier-Tage-Woche: Mederers Garagen-Inhalt (nicht komplett).

Nachts träum' ich selig von zwei Instrumenten, deren Zeiger ganz auf Anschlag stehen, geiles Gefühl, da erscheint mir endlich wieder mal im Schlaf meine Traumfrau und spricht kopfschüttelnd und mit leise tadelndem Unterton: „Der Stolz des Mannes ist wohl eine prallvolle Garage?" – „Tja, was uns die Garage ist, ist euch eure Bluse." (Und da haben wir beide was davon. Hab mir das aber nicht sagen traun.)

Blick in den Rückspiegel

2003 – 1953

Da hab' ich doch die Zeitschrift „Zweirad“ (Verbreitungsgebiet Nordbayern) in die Finger gekriegt, in der alle in Deutschland angebotenen Motorräder aufgelistet sind. Das bringt mich auf die Idee, in meinen alten Schätzen zu stochern, und siehe da: Ich finde „100 Motorräder in Wort und Bild“ von 1953.

Und so blicke ich in den Rückspiegel, um zu sehen, was sich in einem halben Jahrhundert so alles verändert hat. Meine Leserschaft möge mir verzeihen, wenn das Glas nach fünfzig Jährchen manches etwas undeutlich widerspiegelt; wenn ich heut' reinschau', merk' ich: Die Dinger waren damals besser. Mein Gedächtnis auch.

1953 war das billigste Motorrad die NSU Quick mit 660 Deutschmark, Spitze 60 km/h, mit Tretkurbeln à la Fahrrad, mit Kickstarter sicherlich ein paar Märker mehr. 2,9 PS quetschte sie aus 98 Kubikzentimetern. 2,9 PS – die Zehntel nach dem Komma waren sehr wichtig, der Erzfeind Sachs mit seinen 98ern bot nur 2,25 Pferdchen (die späteren Kickstartermodelle besaßen 3 PS). Ich weiß das so genau, weil mein erstes Motorrad eine Dürkopp-Sachs war.

4,9 Pfennig soll der Kilometer damals gekostet haben, so haben's die Finanzeierköpfe 1953 ausgerechnet, so les' ich's hier. Für die Anschaffung von drei Ponystärken galt es, 660 Stunden zu schwitzen, das waren 220 Stunden pro Gaul. Ja, wenn's Moppedfahren so billig war, warum hab' ich damals schon niemals kein Geld nicht gehabt?

Fünf Liter Nitag getankt (die Marke gibt es längst nicht mehr), so lautet mein Tagebucheintrag vom 27. März 1953 – 3,75 DM. Bei meinem Brutto-Stundenlohn von einer Mark mußte ich also genau eine Dreiviertelstunde für 'nen Liter Zweitaktgemisch malochen. Zwei Arbeitsstunden waren der Gegenwert von 100 Kilometern Fahrt bei gemütlichen 50 bis 60 Sachen. Für die Kfz-Steuer für 100 cm³ (DM 12,00) hingste zwölf Stunden in den Seilen. Wer heute über die hohen Spritpreise und Kfz-Steuern jammert, darf sich an meiner Brust ausweinen; Ladies first – und immer schön hinten anstellen!

Laut „Zweirad" ist das derzeit billigste Motorrad die „Pulsar" von Kymco, kostet 2480 Euro (ich möcht' die Kiste trotzdem nicht), und Hersteller und neue Währung zeigen, was sich in 50 Jährchen so alles geändert hat. Für die besagte Summe gibt es 11,6 PS (schau an: Wieder Komma-PS!) aus 125 cm³, der Fahrer durchbricht die 100-km/h-Schallmauer, und bei diesem Hubraum schaut der Eichel-Hans mit dem Ofenrohr ins Gebirg'.

Das ist eigentlich verwunderlich, wo doch der Stiefvater Staat uns kleinen Leuten den letzten Cent rausquetscht wie einer toten Sau den finalen Furz aus'm Arsch, um es den Besserverdienenden in eben denselben Körperteil tausendfach wie Puderzucker wieder reinzublasen. *Da* hat sich in den letzten fuffzich Jahren nix geändert. Sollte da zu unseren Ungunsten demnächst an der Hubraumsteuerschraube gedreht werden, wissen wir, der Bundesfinanzminister liest unter der Bettdecke heimlich dieses Büchlein.

Und so blättere ich weiter im Katalog von '53. Er liest sich wie die Totenliste der deutschen und speziell der Nürnberger Motorradindustrie. Triumph, Victoria, Zündapp, Ardie, Mars, Hecker, Hercules, nicht zu vergessen Steib und aus dem fränkischen Umland Express und Imme sind für immer von der Bildfläche verschwunden.

Das teuerste, schnellste, beste (?) Motorrad, das man sich damals aus deutschen Landen auf den Tisch, nein, in die Garage stellen konnte, war die BMW R 68, DM 3950 ab Werk, 35 PS, zu schnell für das Fahrwerk, zu schwer (finanziell) für Otto Normalverbraucher. Otto wohnte meistens noch in einer bombengeschädigten Wohnung und kratzte gerade mal

Stolz der Nürnberger Motorrad-industrie: Der Grüne Elefant, Zündapp KS 601.

die Anzahlungen für die Quick zusammen (165 DM), die Max (500 DM) oder die Lambretta (390 DM), alle drei aus dem Hause NSU. Er war glücklich damit und träumte von einer Horex Regina. Heute ist Otto froh, daß es bei einem Traum blieb, denn das Teil war stabil wie ein Kartenhaus. Ich weiß das, ich spreche aus Erfahrung.

Noch glücklicher war er, wenn er sich mit diesen gerade einmal angezahlten Dingern und den verbliebenen Deutschmärkern einen Italien-Urlaub leisten konnte. Urlaubsgeld? Wozu? Der Urlaub war so kurz, daß er es ohnehin kaum ausgeben konnte.

Der einzige R-68-Besitzer, den ich kannte, war ein Metzger aus unserem Kundenkreis, der konnte sich so etwas leisten. *A fresserts Gschäft geht immer,* sagen wir Franken. Nicht, daß ich ihm deswegen neidisch war, was ganz furchtbar gelogen ist, nein, wer fränkische Wurstwaren kennt, weiß: Er hat sich's verdient. Und wie! Wenn der gewurstelt hat, war im ganzen Viertel der Wasserdruck weg. Daß er zu so viel Kohle kam, lag unter anderem daran, daß ich von ihm nie ein Trinkgeld bekam, ja nicht einmal 'nen Wurstzipfel – ein Fiesling, den ich nicht einmal als Hämorrhoide hinterm A-Loch hängen haben möchte. Rührt daher etwa meine leichte Aversion gegen die weiß-blaue Marke und ihre Fahrer her?

Heutzutage muß sein Kollege den Wasserhahn schon etwas länger offen lassen, will er sich die teuerste Maschine in die Garage stellen, die MV Agusta F4 Tamburini – 40.000, und das in Euro! Schätze, das Ding ist aus'm 999er Goldklotz gefräst. Ob die Menschheit auf so etwas gewartet hat?

Für den Gegenwert in Demark gab's in den Anfangsfünzigern eine Doppelhaushälfte samt Grundstück in mittlerer Wohnlage und einen Zuschuß vom Stiefväterchen. Man muß das fairerweise auch mal erwähnen und nicht immer nur nach der öffentlichen Hand schnappen, wo sie uns doch manchmal auch ernährt. Heuer soll's damit aber vorbei sein, wer jetzt noch kein Haus hat, baut sich so schnell keins mehr.

Da ist mir doch beim Stöbern im '53er Katalog aufgefallen: Nicht die berühmten Namen der deutschen Motorradindustrie haben die ersten Hinterradschwingen-Modelle gebaut (die von NSU Lux und Max rechne ich nicht zu den richtigen Schwingen, die machten auch nur Hoppereiter), nein, Göricke in Bielefeld und UT in Stuttgart waren die ersten! Wer kennt heute noch diese Marken? Und ich wette, ein beherzter Fahrer konnte damals beispielsweise auf einer 250er UT mit Zweizylinder-Ilo-Motor und 15 PS kaum geringere Landstraßendurchschnitte herausfahren als heutzutage möglich – wenn das Tempolimit eingehalten wird. Schließlich waren ja viel weniger und langsamere Fahrzeuge unterwegs. Ein 25-PS-Käfer war etwa für eine Max mit 17 PS kein Hindernis. Die damals schnellsten 250er – Adler, NSU Max oder Ilo-Twins – rannten so um 120 km/h, der Tacho zeigte 130, und der Sensor an der Nasenspitze meldete 140. Darüber gab's in Motorradfahrerkreisen heftige Diskussionen, und bei fehlenden Argumenten wurden dem Gegner schon mal dessen Fäuste mit dem Auge blau geklopft. Oder so ähnlich.

Da hab' ich mal versucht, einen geliehenen Renner auszureizen. Jemineh, das Ding machte vorn mit der ungedämpften Telegabel *Wiggiwaggi* und hinten mit der Geradwegfederung *Eiapopeia*, da hab' ich gern auf die hoch und heilig versprochenen 140 verzichtet. Die Marke verschweig' ich, man soll Verblichenen nix Übles nachsagen.

Ausgangs der fünfziger Jahre wanderten die meisten Motorradln auf den Schrott, verschwanden in Schuppen und Kellern. Für 'n Appel und 'n Ei konnste dir ein gutes Motorradl untern Nagel reißen, manch entnervter Verkäufer verzichtete sogar auf's Ei. Schließlich stand bei einigen ja schon der Lloyd oder der Käfer vor der Tür. Meines Vaters Sohn hat sich damals getreu dem Spruch aus dem Buche der Weisheit „Kaufet gebraucht, so kaufet ihr billig" manch scheinbares Schnäppchen gesichert. Die Eltern hab' ich in Verdacht, daß sie in der Kirche manche Kerze gestiftet und angezündet haben zwecks Bekehrung ihres mißratenen Sohnes. Es hat alles nix genützt. Ich hab' genau das gemacht, was die Jungen heutzutag mit den gut gemeinten Ratschlägen ihrer Eltern auch tun, und zwar gewaltig.

Die Generation vor mir hatte kein Verständnis für meine Motorradleidenschaft. Sie konnte ja nix dafür, die hatten halt alle noch das altmodische Hirn mit der untenliegenden Nockenwelle und den Seitenventilen, da geht nix fix. Mein Erzeugerpärchen folterte mich trotz der täglichen Vorhersage meines baldigen Rasertodes mit Berufsaus- und -fortbildung, Bausparvertrag, Tanz-, Abend- und Meisterschule und so weiter. Was hätte man in dieser so sinnlos vergeudeten Zeit Kilometer abreißen können! Die Eltern dachten eben, so gehe die Jugendzeit am besten vorbei, und der Sohn sei dann reif für Vernunft, Volkswagen und Vermehrung, Letzteres am bequemsten auch gleich im Zweitletzten, wegen der Halteschlaufen an der B-Säule.

Fünfzig Jährchen sind nun vorbei, inzwischen bin ich selber Opa und fahr' noch immer gern meine Emzetten (und laß' mich noch lieber mit dem privaten Abschleppdienst in Form meiner Tochter wieder abholen).

Blättere ich heute in der Motorradliteratur, so fällt mir auf, daß da 600er mit über 100 PS als Einsteigermodelle bezeichnet werden. Jaschpinni? Die Dinger kosten ab 7000 Eurosen aufwärts, und dabei sind wir Deutschen Weltmeister im Jammern, kein Mensch hat kein Geld niemalsmehrnicht. Die Fensterscheiben kippen aus ihren Rahmen, weil die Leute längst vor Not und Elend den Kitt gefressen haben – aber mit über 100 PS um die nächste Ecke zum Kippen holen! Mit der Tamburini, jawoll!

Aber was reg' ich mich auf? Ich rauch' nicht (nur meine Emzetten), hab' keine 100-PS-Karre, keine 40.000 Euro und folglich auch keine Tambu.

Genug im Rückspiegel gesehen, liebe Leser?

Motorräder aus Zschopau und anderswo

MZ-Zweitakter sind Geschichte, an deren erzwungenem Ende neidische Mitbewerber maßgeblichen Anteil hatten. Mederers Vadder sind die robusten und flinken Einzylinder dennoch ans Herz gewachsen, wenngleich seine Begeisterung nicht ungetrübt ist.

Doch auch Viertakter und -zylinder kreuzten seine Schenkel, obwohl er sich auch immer wieder von ihnen trennte – manchmal heftig und unfreiwillig.

MZ: Modernstes Zweirad der Welt

... und ein paar todernste Betrachtungen dazu

Schon mit dieser Überschrift hab' ich den größten Teil meiner Gegner außer Gefecht gesetzt, da sie die nächsten Tage im Streckverband zubringen müssen, weil sie sich krumm und bucklig gelacht haben. Speziell in Senebula (sechs neue Bundesländer) wird es wegen dieser Krankmeldungen zu dramatischen Produktionsausfällen kommen, nur der Raum Zschopau wird davon verschont bleiben, weil dort die Fachleute zuhause sind, die das schon immer gewußt haben.

Aber ich werde meine Behauptung begründen, und am Ende werde ich Deutschland wieder in zwei Teile gespalten haben. Zum einen werden die Leute die MZ-Läden stürmen, um so ein bis jetzt verkanntes Juwel zu ergattern. Die anderen möchten's zwar auch, können aber nicht, weil sie in ihren Streckverbänden stecken. Geschieht ihnen recht.

Und hier meine Argumente:

Als letzter Schrei werden uns im allerschönsten Neudeutsch „naked Bikes" angeboten. Meine ETS ist, wie sich's für ein Lebe(r?)wesen gehört, nackert geboren ('73 in Zschopau). Ob's eine Zangengeburt war, entzieht sich meiner Kenntnis. Tatsache ist, daß ich selbiges Werkzeug (und nicht nur dieses) später, öfter als mir lieb war, gebrauchen mußte.

Weiter: BMW und Yamaha bieten aufwendiges und aufpreisiges Brems-Antiblockiersystem an. Meine ETS-Bremsen haben noch nie blockiert, und das vollkommen aufpreislos. Mit der Länge der Bremswege nehme ich es ohnehin mit jedem Superbike auf. Der Muskelkrampf in der Bremshand wird nur noch durch den der Schließmuskeln übertroffen, aber Angst muß sein, und ich bin immer noch sauber heimgekommen.

Und wer steckt denn sein Gesicht und Gerät in die Botanik? Doch nur die, die zwar drei- und vierfach scheibengebremst, innenbelüftet, sechs- bis achtfach bremsbekolbt, doppelhydraulisch, fest- und schwimmsattelbremsig, jedoch hirnlos durch die Gegend düsen.

Weiter: MZ-Feinde behaupten, Emzetten hätten zu wenig Leistung und seien qualitativ nicht auf Weltniveau. So ein Schmarrn, wenn ich will, bin ich in einer Sekunde auf hundert, die Waage ächzt, und Kommandantura meiniges murmelt was, das verdächtig nach „fette Sau" klingt (der gut trainierte Ehemann überhört so was). Leider zeigt der Zeiger auf Kilogramm und nicht auf Kilometer. Aber schweigen wir von was anderem.

Und nun vergleichen wir mal die Qualität der Emzetten mit weltberühmten Marken: Zugegeben, dies ist nicht das Resultat einer repräsentativen Umfrage, nein, viel schlimmer, es sind eigene, leidvolle Erfahrungen.

BMW: Pleuelbruch nach 8000 Kilometern, Motor wegschmeißreif. Dazu bei Neuanlieferung Ölbohrungen vergessen, Keil auf Schwungscheibe fehlt, Luftkanal mit Alu zugegossen, Zündung auf UT (jawohl, UT!).

Honda: Dreimal Motorschaden bis 18.000 Kilometer, nie richtig zum Laufen gebracht, heilfroh, wie sie endlich aus dem Haus war, Bremsen notabene auf MZ-Niveau.

Kawa: Nach 17.000 Kilometern Motorschaden (Ölpumpe defekt). Nochmals Kawa: Wasser in den Rahmenunterzügen!

Yamaha: Der Seitenständer zerreißt den Rahmen, Tank rostet durch, da mit Wassersack konstruiert.

Horex: Schweigen wir lieber, es gäbe ein Extrabuch, „Die Leiden des jungen M."

Jetzt werden die Leser höhnen und mir meine eigenen Kupferwurmgeschichten um die Ohren hauen. Davon ein anderes Mal, nur die Ursache des dicksten Wurmes: Der Halter der Zündspule war im Durchmesser zu gering, betätigte sich als Würgeisen und fügte dem zarten Spülchen innere Verletzungen zu, eine Art Zündverhüterli, ein Hochspannungsvernichter. Dabei hat doch gerade die Bezeichnung „Halter" einen helfenden, stützenden Beiklang, siehe auch Büstenhalter, der ja auch für Stütze und Hoch-Spannung zuständig ist, und Mann kann bei einem Miß-Griff fürchterlich eine gewischt kriegen. Aber lassen wir das, sonst steigt bei den Lesern mit Herzschrittmacher der Qualm auf, und wir haben ein neues elektrisches Problem.

Beim Stöbern in diversen Motorradzeitschriften fielen mir Dinge auf, die dort als letzter technischer Fortschritt angepriesen werden. Vergleichen wir diese doch mal mit dem geschmähten Aschenputtel aus Sachsen: Für ein paar lächerliche Hunderter kriegt man schon größere Tanks! Da lach' ich doch! Die ETS schluckt locker 22 Liter – aufpreisfrei! Das heißt, der Aral- oder Essoknecht will für seinen Sprit schon Kohle sehen, aber der Tank, wunderschön noch dazu, ist *apf* (ich kürz' das einfach ab). Oder: Die teuersten Karren kommen jetzt teilweise ohne Hauptständer daher. Zum Nachrüsten kosten die Dinger dann so um die 100 Märker – MZ: *apf.* Kettenkästen etwa 500 DM – MZ: *apf.* Speichenräder seit neuestem wieder lieferbar, natürlich gegen Mehrpreis – MZ: *apf.* Yamaha SR 500: Trommelbremse gegen Mehrpreis – MZ: *apf.* Bei Gericke gibt's Gabelmanschetten zum Nachrüsten – MZ: *apf.*

Dann soll's Motorräder geben, die so überflüssige Dinge wie oben- oder sonstwo herumliegende Nockenwellen samt Zuwaage wie Ventile, Ketten usw. haben, die auch noch von einem Öltank und Pumpe genährt werden müssen. Oder sollen, siehe Kawa. Da lach' ich doch wieder! Der Mann von Welt fährt zweitaktenderweise durch selbige.

Nun werden meine Feinde höhnen: Er verstinkt sie auch! Mitnichten, wage ich zu behaupten, und ich will's auch beweisen: Ich mische 1:100 und brauche also auf 1000 Kilometer gerade einen halben Liter Zweitaktöl, biologisch abbaubar dazu. (Hinter meinem Auspuff blühen schon bald die

Veilchen.) Und wieviel, bitteschön, füllen die Viertaktheizer nach der gleichen Strecke nach?

Von Autos wollen wir gar nicht erst reden. Leider hat sich die 1:100-Mischerei bei den Zweitaktfahrern noch nicht herumgesprochen. Würden es alle tun, wären die Senebula nebelfrei, und die Fischköppe könnten das Erzgebirge sehen. Die würden vielleicht erschrecken!

Feiner Nebeneffekt der Zweitakter: Die Auspuffanlage rostet nicht von innen heraus durch, hält ewig, und das *apf* ohne teures Nirostazeug. Und wenn ich bedenke, was eine Vier-in-Vier-Anlage kostet, reicht der Betrag locker für die erste Rate eines Bausparvertrages.

Weiter: Beim Stöbern bin ich auf den Test einer Ducati gestoßen. Da ist meine nackte Trophy tausendmal schöner als die Duc. Zieht doch mal der Signora das Hemd aus! Darunter ist doch nur Gerümpel, ein paar Eimer Hausmüll rein, Deckel wieder zu, und der rasende Müllcontainer ist fertig, made in Italy. Was haben die doch für begeisternde Motorräder gebaut! Früher!

Und fällt so ein Schalentier mal um, könnte man den Reparaturbetrag locker für die erste Rate eines zweiten Bausparvertrages (oder die zweite des ersten?) verwenden. Ich komm' ganz durcheinander, ich red' mich in Rage. Kauft Emzetten und spart Bau, nur damit überholen wir die Wohnungsnot! (Jetzt brauch' ich 'nen eiskalten Waschlappen auf's Hirn!)

Weiter: Fällt meine Karre wirklich mal um – und 140 Kilogramm sind nun mal leichter zu beherrschen als 250 oder 300 –, so wechsle ich in geradezu selbstheilerischer Weise das Lenkerendeplastikblinkerochsenauge mittels Schraubenzieher in zehn Minuten, und das Ding mit dem langen Namen kostet lächerliche drei Mark zehn. Oder sollte bei meinem Liebling (falls überhaupt, irgendwie, irgendwann, fast undenkbar) irgendetwas nicht in Ordnung sein, ist das Wehwehchen in Null Kommna nichts geheilt. („Schwester Gaby: Caramba, Tupfer, 13er Schlüssel und Startspray zum Wiedererwachen!")

Der Reparateur eines vollverschalten Sayonarabombers hat in der gleichen Zeit gerade mal den notwendigen Mauerdurchbruch gestemmt und sich an die Unterputzapparate herangearbeitet. Sein hoffentlich schmales, im Werkshebammenkurs trainiertes Händchen darf dann im teuren kaputten Gerümpel nach dem Fehlerchen fahnden, und das für schlappe 77,35 DM (plus Steuer) pro Stunde. Bis der fertig ist, komm' ich fröhlich pfeifend von einem Trip durch den Thüringer Wald zurück.

Außerdem ist bei meinem Mopped keine Schraube zuviel – im Gegensatz zu seinem Fahrer. Beispielsweise machen mir die Zylinder zwei bis sechs keinerlei Probleme, sie sind erst gar nicht vorhanden. Auch ärgere ich mich nicht mit Black Boxes, Computern, Stereoanlagen, Benzinpumpen und Einspritzanlagen herum. Die 25fache Verstellmöglichkeit der Hinterradfederung (somit die Chance von 24 Fehleinstellungen) ist mir fremd. MZ hat zwei: Hart und weich, besenstieleinfach.

Denk' ich dann noch an die Uni-Trac-Soft-Damp-Hinterradfederungen und Führungen mit -zig Gelenken ohne Schmierung (ich habe solche, drum weiß ich, das tut weh), die die Karre in einen quietschenden Starrahmen verwandeln, der dann fröhlich über die Autobahnen wackelt (300-Kilogramm-Gurken, deren Koffer und Topcases man am besten nur mit Flaumfedern füllt), dann, Freunde, weiß ich: Vor meiner Tür steht noch ein richtiges, un-fortschrittliches Motorrad, leicht, zierlich und folgsam, wie es sich gehört.

Oder behauptet etwa jemand, der Spaß mit einer Grossen, Dicken sei heftiger als mit einer Kleinen, Zierlichen? Ich rede immer noch von Motorrädern! Und die wahren Liebhaber verstehen's sowieso.

Fazit: Das, was man uns als Fortschritt anpreist, ist wie ein falscher Hund, der uns schwanz- und mit Prospekten wedelnd anlockt, um dann gnadenlos nach unserem gebündelten Baren zu schnappen. Er frißt auch Schecks, Visa- und sonstige Creditcards, und am Ende ist man der Dumme.

Es sei denn, man fährt MZ!

Deuglish

Wenn sich der Mederers Vadder richtig erinnert, so genügte in seiner lang zurückliegenden Jugendzeit zum Kauf und Unterhalt eines Motorrades ein ganz normales Deutsch, je nach Landstrich auch dialektisch eingefärbt. Heutzutage wäre er damit ganz schön aufgeschmissen.

Genügte ihm seinerzeit beim Betreten des Motorradladens ein fröhliches „Grüß Gott, ich mecht a Zündapp Derby!“, so kam ihm gerade *ein* englisches Wort über die Lippen. Heutzutage sollte man schon ein paar Semester Englisch hinter sich haben – möglichst in Oxford or Harvard –, damit man sich im *Biker-Shop* oder *Horsepower-Center* auskennt. Dort werden nämlich jetzt von einem *Salesman* die *New Creations* der *Bikes show*mäßig präsentiert: „Soll's ein *Racer* sein, eine Enduro im *Crosser Style*, ein *Muscle Bike*, ein *Tourer*, ein *Off Roader*, ein *Street Bike* oder gar ein *Fun Bike*?“

Schon ist der *Consumer* verwirrt, was den Verkäufer gnadenlos nachstoßen läßt: „Oder vielleicht ein *Soft Chopper*, ein *Super Bike* oder *Convertible*? *On Stock* hab' ich auch noch einen *Fat Bob* als *Softtail*, eventuell sogar im *Zig-Zag Design*!“

Nein, so einen fetten Bob, der am Stock gehen muß, will der Vadder nicht, schon gar nicht mit einem soften Tail. Und ihm fällt ein, daß er das alles zu Haus hat, wenn er daheim ist. Eher ist er schon der hinterwäldlerischen Ansicht, daß ein *Bike Fun* machen muß, und er möcht, bittschön, auf der *Street* kutschieren, weil er sich beim *Offroaden* nicht von der *Police* erwischen lassen darf, die ihm sonst ein *Ticket* auf den *Helmet* klatscht, daß der *Smoke* aufsteigt.

„Stehen Sie mehr auf *Double Overhead Camshafts* und *Five Valves?*" fragt der *Salesman* süßlich. „Da ist allerdings die *Pitting*-Gefahr etwas größer."

Der Vadder verkneift sich die Bemerkung, daß *Petting* auch auf einem *Funbike* kaum möglich ist, dafür gibt's schließlich die *Fun-Cars* (altdeutsch: Zärtlichkeitsversuchskabinen), und bei zu viel *Fun* drin kann man einen *Traffic-Accident* erleben, daß man so nach einem Dreivierteljahr von Happ-Kindernahrung einen Aufkleber geschenkt kriegt: „Kind *on Board*!" Bevor man so ein *Car* dann gebraucht erwirbt, empfiehlt es sich, Rahmen und Liegesitze auf erhöhten Verschleiß zu untersuchen. Meist sind die ziemlich ausgenoddelt.

Aber bleiben wir bei den *Bikes*, die man neuerdings auch per *Leasing, Erpressing* oder *Überweising* erwerben kann. *Cash* ist *out, Sponsoring by Daddy in.*

Beeiling beim Kauf ist angesagt, die *Designer* verschandeln die *Bikes* gnadenlos im *Style of the Year twothousand.*

Dazu muß natürlich auch das *Outfit* des *Riders* passen, *multicoloured Dresses* und *Boots* sind Pflicht, der entnervte Vadder möcht' sich am liebsten die *Knee-Pads on his Ears clipsen,* und beim *looking* auf die heutigen *Plastic-Bombers* bekommt sein *Face* oritschinal *British-Racing-Green,* das kurz zuvor eingenommene *Brunch* drängt nach dem zweiten *warming-up* zum *hanging off,* und besorgt fragt der *Salesman* den *After Salesman*: „*Spider* oder *spider* net?"

Bei der Flucht aus dem *Showroom* flüstert der Vadder dem *sexy Secretary Girl* noch zu: „Hällou Fräulein, kommense *here with the Underhouse in the Hand*!"

Leider ist es aber das *Housewife* vom *Boss,* und der plärrt im schönsten Fränkisch: „Dou die Griffl von meiner Aldn!" und befördert den so Überraschten mit einem *Kick on the Eyes* (das Gesicht blieb unverletzt) *upside down on the Street.*

Daddies lips fühlen die heimatliche Erde, die er sogleich küßt, und tief *inside* fühlt er: Ei äm ä Dschörmen!

Regina, der Satansbraten

Regina: Sie war der Traum aller gestandenen Mannsbilder seit ihrem Erscheinen 1950, und wer ihr Äußeres kennt, wird's auch 50 Jahre danach noch verstehen.

350-cm^3-Einzylinder und ein satter Viertaktschlag, die die Herzen der Fans und die Einmachgläser der Hausfrau in den Kellerregalen höher hüpfen ließen. Vor dem Schaufenster des Händlers tigerte ich armer Lehrling auf und ab, drückte mir die Nase platt, und wenn ich eine irgendwo stehen sah, hätte die Lollobridiga im knappsten aller Bikinis vorbei schweben können – ich hätt' sie glatt übersehen. Womit die beiden Dinge, die mein Herz schneller schlagen lassen, auch der Reihenfolge nach geklärt sind. Doch der Gegenwert von 160 Lehrlingswochenlöhnen rückte die Erfüllung dieses Traumes in unerreichbare Ferne.

Einstweilen mußte ich mich mit motorischem Kleinzeug wie Sachs, DKW und NSU Fox begnügen, und wenn mich auf freier Wildbahn die Reginas verbliesen, hab' ich mir jedesmal ein Herzinfärktchen eingehandelt.

Doch irgendwann mußte ich mir eine Königin gönnen! Egal wie! Der letzte Anstoß dafür war ein schon sehr flotter Käfer aus meinem Tanzkurs. Mit meinem Charme, der normalerweise jeglichen weiblichen Widerstand zwecklos werden läßt, hatte ich sie den ganzen Abend umgarnt, und dann schleppte sie so ein Reginafahrer ab! Ich war schöner, aber er hatte 350 cm^3, und der mitleidige Blick der Puppe lehrte mich, daß Hubraum durch nix zu ersetzen ist.

Seitdem liebte ich den Horextreiber wie Kain seinen Bruder Abel, aber ihr konnt' ich es ja nachfühlen.

Jahre später habe ich erfahren, daß er Gebrauchtwagenhändler wurde und sie in Versicherungen macht und also aus beiden nichts Gescheites geworden ist.

Doch dann machte ich den Fehler meines Lebens! Ich verkaufte meine treue Fox, und der Judaslohn war die Anzahlung für eine Regina. Und wer die Qualitäten der beiden Motorräder noch kennt, wird mir diesen Fehler bestätigen. Mein Herz jubelte, und mein Hirn fluchte, weil es sich Argumente und Ausreden für diese blödsinnige Anschaffung ausdenken mußte. Seitdem streiten sich beide Organe. Mal sehen, welches eher schwächelt.

Und nun hatte ich *sie*. Die Damenwelt lag mir zu Füßen, aber ich konnte mich auf meinen eigenen fast nicht mehr halten, bei mir flog das Geld nur so zum Fenster raus. Was um so leichter war, nachdem ich aus schierer Verzweiflung schon vorher den Kitt von Glas und Rahmen gefressen hatte.

Echt wahr: Ich kam nach einer Reparatur vom Händler erst gar nicht nach Hause, da mußte ich schon wieder schieben. Nächtens und bei Regen sowieso. Dabei reparierte ich soweit als möglich alles selbst, und die abendliche Stille unserer Siedlung wurde fast jeden Tag von Mederers Ur-Wutschrei „Jahimmelarschundzwirnscheißdreckverrektesglumpjalecktsamarschkreuzweis“ zerrissen. Alles verreckte an der Karre, und das mehrmals.

Mutters fragendem Blick wegen des ausstehenden Kostgeldes ging ich tunlichst aus dem Weg, und Vadders Vater durfte von der finanziellen Katastrophe nichts merken.

Königin Regina war an allem Schuld, nix Neues, denn die Monarchen lebten ja schon immer auf die Kosten der malochenden Untertanen, die, um die Unterhaltskosten zu senken, die Guillotine erfanden.

Ich hätte aus dem gleichen Grund den ersten Shredder bauen müssen. Und wo heute ihre Gebeine bleichen, ist mir nicht bekannt. Für diese Lieblosigkeit rächte sie sich später fürchterlich, wie ihr noch erfahren werdet.

Wer mich deswegen nicht verstehen kann, hier eine Auswahl ihrer Gemeinheiten: Auf einer Bergstrecke aufwärts mit etlichen Serpentinen kam mir ein Bäuerlein mit seinem Pferdegespann entgegen. Die Viecherl scheuten, der Bauer hatte alle Hände voll zu tun, ich zog den Zündschlüssel ab und ließ die Regina äußerst rechts an der Hangseite ausrollen.

Als die Gefahr vorüber war (galoppel, galoppel), stieg meine am Vorabend im Tanzkurs frisch aufgerissene Sozia ab, und ich versuchte, die Karre wieder anzukicken, Kickstarter links. Diese Situation nützte das hinterfotzige Ding (das Motorrad!) sofort aus, um mich per zurückschlagenden Kickstarter hangabwärts zu katapultieren. Sie (die Horex!) hinterher, und so rollten wir gemeinsam durch eine grasende Schafherde.

Satansbraten, halbroh.

Schon wieder hatten wir ein paar Viecherl scheu gemacht. Die vor sich hin dösenden Schäferhunde hatten plötzlich unheimlichen Stress und hätten fast den Richtigen gebissen.

Wieder aufgesessen und der Einfachheit halber hangabwärts zur Straße gerollt, gewendet, um meine fassungslose Sozia abzuholen. Natürlich begegnete mir das Pferdegespann erneut, und diesmal scheute auch der Bauer.

Mit der Tanzmaus war auch bald Schluß, ihr Abschiedskuß fühlte sich an wie eine Kaltlötstelle. Sie stand anscheinend auf Siegertypen, und heute war nicht mein Tag. Klein-Robertchen war an diesem Tag um eine Lebenserfahrung reicher: Schafscheißapplikationen auf dem Rücken sind ein echter Liebestöter für die Sozia. Welch kleinliches Weibervolk! Anderntags fuhr ich wieder, mit krummem Lenker, Schmerz im Herzen und verstauchtem Knöchel – und solo.

Einmal hat sie mich aber doch halbwegs erfreut. Ich wurde Sieger beim inoffiziellen, ersten und letzten Rennen um den Nürnberger Stadtpark. Da düste ich doch eines Sommerabends flott durch unsere Stadt, und irgendwann bemerkte ich ein Lichtlein hinter mir, das mich verfolgte – ein Motorrad. Ich war immer zu einem Rennen aufgelegt, und so hatte jener nicht den Hauch einer Chance gegen mich und meine Regina.

Doch dann stoppte mich irgendwo eine rote Ampel und der ewige Zweite stand neben mir. Da fiel mir der Unterkiefer auf den Tank: Der Nachbar entpuppte sich als Reisevertreter der Strafzettelmafia auf einer Victoria Pionier mit 350er Horex-Motor. Die Unterhaltung endete damit, daß der Erste an den ewig Zweiten DM fünf zahlen mußte. Mein Ehrgeiz, Erster zu sein, wurde damals abgetötet, und mein längst verstorbener Großvater, der ebenfalls Polizist war, hätte deswegen bestimmt in seinem Sarg rotiert, so daß ich ihn, sogar ungeschmiert, als Tachowelle hätte gebrauchen können. Aber niedergemacht hab ich den Bullen trotzdem, und das erfreut des Bübleins Herz.

Und nochmals verhalf mir die Regina auf's Siegertreppchen: Auf einer Baustelle arbeitete mit mir ein Kollege, der eine NSU Max besaß, und jeder von uns lobte seine Karre, wider besseres Wissen, über den Schellenkönig. Ihr ahnt, worauf es hinauslief? Die Sache mußte ausgerannt werden. Der Erste sollte vom Zweiten einen Kasten Bier bekommen.

Startaufstellung in der Mittagspause hinter dem Bau auf den abgeernteten Feldern, und los ging's. Und, sorry, liebe Leser, auch die Max hab ich niedergemacht. Die Horex fräste sich durch den Acker bis zur Lichtgeschwindigkeit, und die Max wurde sandgestrahlt. Ich war vorn, und das war gut so.

Denn in vorderer Position liegend, sah ich die quer zur Piste liegende Ackerfurche und konnte mich, der langen Horex-Tele sei's gedankt, mit Ach und Krach darüber retten. Der Max-Pilot stach mit der Schnauze voraus in die Krume, und gnädig senkte sich eine Staubwolke über das Drama.

Zehn Zuschauer stürzten sich auf die Max und ich mich auf den Fahrer, und beide haben unsere Erste Hilfe erstaunlich gut überstanden. Dankbar schenkte er mir dafür eine Kartoffel, die er aus dem Ärmel zog. Beim späteren Abschied von dieser Baustelle erzählte ich dem Unterlegenen beiläufig, daß die Regina auf dem hinteren Schutzblech eine falsche Beschriftung trug: „Regina 250". In Wirklichkeit war es natürlich eine Echte. Vorsichtshalber hatte ich bereits den ersten Gang eingelegt, die Kupplung gezogen, und der folgende Blitzstart bewahrte mich wahrscheinlich vor einer Mordstrum-Watschen. Machen Niederlagen etwa aggressiv?

Da las ich doch kürzlich in einer Veteranen-Zeitschrift einen Artikel über die Horex Regina, der meine Meinung bestätigte, daß diese eben doch ein ziemlicher Scheißkarren gewesen sei, aber eben mit einer unverdienten Aura, die heute noch nachwirkt.

Drei Königinnen.

Wahrscheinlich deswegen erscheint mir nächtens meine Traumfrau. Sie flüstert mir ins Ohr: „Mederers Vadder, fahr mit mir einmal Regina, und ich bin ewig dein!" Und sie beginnt sogleich den Tanz der sieben Schleier, um mich zu bezirzen. Nachdem das letzte Wäschestück gefallen ist, gestehe ich ihr, daß ich die Karre schon vor 30 Jahren weggeschmissen habe, und beleidigt verschwindet die Wäscheschleuder aus dem Traum.

Es ist schon ein Kreuz mit der Horex. Mit ihrer späten Rache verdirbt sie mir heute noch die besten Chancen.

Regina – sie war schon ein Satansbraten.

Beschissenes Montags-Werkstück

So die Deutung des Kürzels nach meinen Erfahrungen mit einer bestimmten Marke. Anhänger derselben werden nach dieser Überschrift schmerzlich aufjaulen und mich beim nächsten Treffen mit BMW foltern: *B*ier *M*it *W*eißwürscht, das Zeug nahm ich, da bin ich nämlich charakterlos. Trotzdem werd' ich weiterhin das Heiligtum der Kuhtreiber anpinkeln. Woher ich diese Frechheit nehme? Vernehmet mein Klagelied.

1971 verkaufte, nein verschleuderte ich meine CB 450, das erste Moped, das ich bis dato ladenneu gekauft hatte, und schwor meiner versammelten Familie, mir nie wieder ein Motorrad zuzulegen.

Das war Samstag vormittags.

In der gleichen Samstagsausgabe der Nürnberger Nachrichten, in der ich meine Honda angeboten hatte, stand eine BMW R 60/2 (600 cm^3, 30 PS), frisch TÜV, zum Verkauf. Die achtzehnhundert Märker für meine CB brannten in meiner Kralle, sie mußten schleunigst ausgegeben werden. Wie kann man Kohle lustvoller zum Fenster rausschmeißen als mit einem völlig überflüssigen Mopedkauf? Angerufen, hingefahren, gekauft, heimgefahren und die Kuh vor dem Haus geparkt.

Das war Samstag nachmittags.

Meinen vom Standesamt lebenslänglich zugeteilten Aufsichtsrat traf fast der Schlag, lag schließlich mein Meineid vom Vormittag noch ofenfrisch in ihrem Gehörgang. Ihre schüchtern hervorgestammelte Erinnerung daran fegte ich mit Adenauers legendärem Satz hinweg : „Niemand kann mich hindern, alle Tage ein bißchen klüger zu werden." Und bei mir ging das Klügerwerden schon im Stundentakt voran. Und außerdem, mein Geschwätz vom Vormittag interessierte mich niemals nicht.

Zum Trost versprach ich ihr, soweit ich es für nötig hielt, mich zu bessern und immer lieb und brav zu sein. „Geschwätz", meinte sie nur und sie traf damit des Pudels Kern auf den Kopf, in dem der Hase im Pfeffer lag und der Hund begraben war.

Aber schööööön war sie schon, die Bayerische, obwohl sie schon neun Jahre und 45.000 Kilometer auf dem Buckel hatte. Der Vorgänger, Polizist, hatte sie wohl mehr gestreichelt als geschrubbt. Und damit war's bei mir vorbei. Bei Vollgas waren gerade mal 120 Sachen drin. Die Beschleunigung erinnerte mich an einen Alpengletscher, handelsübliche Kadetten machten mich nieder, sch...ade! Da war die Vorgängerin schon von einem anderen Kaliber gewesen.

Das Gute am Schlechten: Die Bremsen waren der Leistung angemessen, Hinterbremse voller Öl, Auspuffanlage durchgerostet – wie war diese Gurke durch den TÜV gekommen? Verrat, Bestechung, Betrug, Beschiß? Oder war der Erstbesitzer in Uniform vorgefahren und hatte dadurch die Prüfer geblendet?

„Egal", sagte ich mir, „jetzt machst du Nägel mit Köpfen, jetzt wird aufgerüstet!" Mein Onkel vermittelte mir günstig einen der letzten R-69-S-Motoren mit 42 PS, die BMW gebaut hatte. Die letzten einer Serie sollen ja auch immer die Reifsten sein. Doch ich hatte wieder mal Fallobst erwischt. Nach dem Motorentausch ging – gar nix. Zündfunke und Sprit da, doch die Karre steht. (Das hatte ich später bei einer anderen Marke auch, allerdings zum halben Preis der BMW).

Diagnose 1: Der Funke zündete beim unteren Totpunkt, weil das Schwungrad ohne Keil auf der Kurbelwelle befestigt und somit um 180 Grad verdreht war. Die Zündung hatte ich nach Markierung auf der Schwungscheibe eingestellt. Motor raus, Fehler beseitigt, Motor rein, Karre geht, aber qualmt wie die Sau.

Diagnose 2: Ölrücklaufbohrungen im Motorgehäuse beim Zylinderfuß vergessen, Zylinderköpfe stehen voller Öl. Fehler beseitigt, bei der Montage Kolbenring verreckt, mußte einen ganzen Satz kaufen, dauerte 'ne Ewigkeit.

Dann war alles fertig, jetzt geht's aber los! Bloß nicht lang. Der Mistbock schüttelte, nicht zum Aushalten. Dabei hat der 69-S-Motor doch einen Vibrationsdämpfer – der vorherige 60/2-Motor nicht, und der ging doch viel ruhiger? Nach einer Tour auf diesem Prostata-Vibrator konnte ich abends glücklich meine Gallensteine aus den Stiefeln schütteln (die nachfolgenden Eierschalen machten mich nur kurz unsicher). Und danach beschloß ich, der Sache auf den Grund zu gehen.

Die Quelle des Erdbebens: Das Kurbelwellenvibrationsdämpferscheibenlagergummi zwischen Kurbelwellenstumpf und Dämpferscheibe war zerschmolzen, und der Dämpfer eierte wie verrückt auf der Kurbelwelle. Vielleicht ein Materialfehler, verzeihen wir es BMW, ich bestellte ein paar neue und baute sie ein.

„Jetzt ist aber Schluß, Scheißkarre, verdammte! Ab jetzt hast du mir nur mehr Freude zu bereiten, die Autobahn zu zersägen, Porsches niederzumachen und den Japsen deine schönen Auspüffe zu zeigen!"

Denkste, ein unglückliches Schicksal führte mich mit einem damals auch noch jungen Mann zusammen, der eine 250er Yamaha besaß. Die Tränen, die ich bei den Beschleunigungsduellen gegen ihn vergoß, rührten nicht nur von seinen Zweitakt-Wolken her, die ich hinter ihm einatmen mußte; ich machte keinen Stich gegen diese 250er. Und das bei 350 cm³ Hubraumvorteil, eine Schande. (Weiter möchte ich mich über den Yamitreiber nicht auslassen, er ist Trittbrettleser und glaubt, ich sei heute noch sein Freund. Bei dem, was er mir angetan hat!) Neuerdings hat er sich mit einer 400er Yamaha bewaffnet, er tut alles, um mir das Dasein zu vergällen.

Aber meine BMW-Qualen waren noch lange nicht zu Ende. In einem Anfall von Fernweh wollte ich einen Freund an seinem Urlaubsort bei Neapel besuchen. Nachts um zwei Uhr ging's auf die Bahn bei strömendstem Regen, die Kühlung tat der S anscheinend gut.

Früh tankte ich irgendwo in Tirol, und dann ging die verdammte Schüttelei wieder los. Ich mach's kurz: Nach jedem Tanken war ein neuer Gummi mit dem langen Namen fällig. Das drückte den Schnitt natürlich gewaltig, was, wie sich später rausstellte, aber auch wurscht war. In der Gegend von Orvieto klopfte es im Motor, als sei ein herzkranker Specht am Werkeln. Umkehren, hoffen, beten, fluchen, daß alles gut geht.

Ging natürlich nicht. In einem Tunnel bei Mugello tat's unter mir einen fürchterlichen Schlag, ausgekuppelt, Sturz gerade noch vermieden, zum Glück gab's zum Tunnelausgang ein Gefälle. Hatte ich zu wenig gehofft und gebetet? Geflucht hatte ich jedenfalls genug.

Hinterm Tunnel sezierte ich die BMW. Befund: Rechtes oberes Pleuelauge aufgerissen, Boxermotor mit Selbst-K.O. Der ACI kommt schon nach drei Stunden, nimmt verdurstenden Fahrer und kaputtes Motorrad mit. Dumm nur: Der Schutzbrief war einen Tag vorher abgelaufen.

Nach einer durchwachten Nacht im Hotel (Nachbarn: Ampelkreuzung, Kirche, Disco, Bar) hirnte ich Folgendes: Das Pleuel wollte ich mit der Flex ganz unten abschneiden, Zylinder drauf, Spritschlauch abklemmen, Stößel raus, die Kerze mit Draht am Sturzbügel feströdeln, Reservekerze reinschrauben.

Die Zuschauer schüttelten die Köpfe wie nasse Hunde und schoben mich an. Die Karre lief einzylindrig und am ruhigsten mit 80 km/h. So schnell könnt' ich sie nie heimschieben. Bis Nürnberg waren es etwa 800 Kilometer, und die R 34 ½ (rechnet's nach!) hat es dann auch in genau elf Stunden geschafft. Die Kerze am Sturzbügel hat im Dunkeln wie ein Elmsfeuer wettergeleuchtet und mich besser unterhalten als ein Moppedradio (pfui sowas).

Zu Hause habe ich dann mit BMW München telefoniert, ich sollte den Motor ins Werk bringen. Die haben wahrscheinlich Augen wie Spiegeleier gekriegt, als sie den Zweizylinder-Einkolben-Motor aufgemacht haben. Ich muß sagen, München war sehr kulant: 300 Märker haben sie mir für die Generalüberholung abgeknöpft. Schließlich war der Motor ja auch schon 8000 Kilometer gelaufen. Die Russennachbauten Ural und Dnepr können's auch nicht besser als das Original. Die Iwans hätten eben die Zündapp 600 abkupfern sollen, das war Qualität aus Nürnberg!

Passendes Schild zur Wanderbaustelle, hier bei Mugello.

Die Münchner fanden auch den Grund, warum die Dämpfergummis immer verreckten: Die Vergaser saugten laut Konstruktionsidee die Luft teilweise durch die Lichtmaschine an, die dadurch gekühlt werden sollte. Bei meinem Motor aber fehlte der Luftkanal, daher das tödliche Gummifieber.

„Aber das Fahrwerk war doch einmalig", höre ich die Leser murmeln, die bis hier hin noch nicht eingeschlafen sind. Da gab es durchaus bessere, nur: Wer traute sich damals, so was zu behaupten? Sie war halt ein Geradeaus-Motorrad, Kurvenräubern wäre bei mir fast ins Auge gegangen. Runterschalten und reinlegen in die Kurve, aber die Karre geht bocksteif geradeaus, und vor mir waren ein paar Millionen Tonnen Großglockner!

Oder der Hosenschiß bei der Irschenberg-Abfahrt. Bei 160 km/h wackelte die Kuh plötzlich kotzerbärmlich mit ihrem Po, daß es mir den Schweiß aus allen Poren trieb. Das will was heißen, denn als gefürchteter Samba-Tänzer hatte ich schon manchen Po zum Wackeln gebracht.

Nein, die BMW war nicht mein Fall. Anfangs hatte ich sie, wie wahrscheinlich die meisten Motorradenthusiasten, geradezu vergöttert. Eines hatte sie mich gelehrt: Wer stärker liebt, ist stets der Schwächere, und sie hatte 42 PS. Drum mußte sie weg. Ich hätte sie wie einen kranken Gaul in den Wald führen, erschießen und mit Zaumzeug und Sattel heimstiefeln sollen.

Vor über 30 Jahren während der „Ölkrise" habe ich sie verkauft und geschworen, mir nie wieder ein Motorrad zuzulegen. Immerhin hielt dieser Schwur damals schon eine qualvolle Woche lang.

Der damalige Käufer besitzt sie noch heute, hat sie ladenneu hergerichtet, sie mit einem Beiwagen vermählt, ein echtes Schmuckstück. Sein einziges Problem damit ist das Moos, das im Kurbelgehäuse immer nachwächst, bei seiner Fahrweise. Und damit wird die Legende von den „unsterblichen" BMWs genährt. Ja, aber nur, wenn sie nicht geschrubbt werden, möchte ich hinzufügen.

Raymond Loewy, ein amerikanischer Designer-Fuzzi, soll gesagt haben: „Häßlichkeit verkauft sich nicht!" – „Häßlichkeit verkauft sich! Nicht?" interpretierte dies die geheime Verhäßlichungsabteilung von BMW und verpaßten den Neuen den Sex-Appeal einer gecrashten Waschmaschine. Mir kann einer einen Wald voll Affen schenken, so ein rasender Schweißroboter kommt mir nicht ins Haus!

Klar, daß zur Geisterstunde meine Traumfrau erscheint und ihren Senf zur BMW-Geschichte dazugibt: „Mederers Vadder, was du immer für Schwierigkeiten hast, bei meinem BMW-Freund haben die Gummis immer gehalten..." – „Sei froh", grummle ich im Schlaf zurück, „sonst würde ich heute Mama zu dir sagen."

Honis Goldwing

So habe ich sie getauft, meine vorletzte Errungenschaft. Und so steht's auch mit silbernen Lettern auf dem Schutzblech der MZ ETZ 250 A. Schon nicht mehr ganz zeitgemäß, denn ich werd' manchmal gefragt, was das eigentlich soll. Kennt niemand mehr Honi Honecker? Das war jener saarländische Zwerg, den wir Wessis beim Staatsbesuch in der alten BRD 1987 so gnadenlos heruntergejubelt haben. Davon hat er sich nie wieder erholt, und es war der Anfang von seinem Ende.

Das war mein persönliches Glück, denn als Folge wurde Jahre später auch seine Nationale Volksarmee aufgelöst. Die NVA-Kräder hat die Bundeswehr hochnäsig verschmäht, besser als ihre alten Hercules wären sie allemal gewesen. Nur gut, daß man seine vorgeschobenen Nahost-Beobachter hat; ein guter Freund aus der Eilenburger Gegend vermittelte mir letztes Jahr durch Vitamin C (Connections) eben meine Honi-Goldwing. Eines Tages stand sie dann vor meinem Haus, Ausrüstung und Tarnfarbe alles "orichinool", ein richtiger NATO-Schocker! Kilometerstand 12 (zwölf!), Baujahr 1987.

Ich rief gleich meinen Lieblingsfeind TÜV an wegen Ausstellung eines Fahrzeugbriefs – ein Armeefahrzeug hat so was nicht. Ein *Technisch Überforderter Vollidiot* wollte mich am Telefon wegen der Kosten anscheinend verscheißern: Kosten etwa DM 300, weil Einzelabnahme, Geschwindigkeitsmessung, Phonmessung und so weiter nötig seien. Mein Hinweis, daß es in Deutschland Zigtausende ETZ 250 gebe, ließ ihn kalt: Entweder Brief gegen Kohle oder nix Mopped! Ja, bin ich denn so blöd wie ich ausschaue?

So rief ich denn bei Dekra Sonneberg an, denn in der Ex-DDR darf Dekra das, was der TÜV im Westen darf und im Osten nicht – glückliche Ossis! Ich schilderte mein Problem. „Welches Problem?" sprach der Dekra-Mensch. „Kommen's halt, wir stellen den Brief aus." Kosten? So etwa 80 Märker.

NVA: Nürnberg-Vadders Armeekrad.

Hurra! Sofort besorgte ich eine rote Nummer (im Regen natürlich), düste nach SON und wunderte mich, warum die Karre bei Vollgas nur 100 ging. Da schiß mich aber meine innere Zweitstimme zusammen, einen neuen Motor Vollgas zu jagen!

In Sonneberg lief alles paletti, die Adresse ist ein richtiger Geheimtip: Freundliche, kompetente Leute, warum gibt's sowas beim TÜV in Nürnberg nicht? Kosten einschließlich einem Eintrag 98 DM, also hatte ich 200 DM gespart, dazu noch ein Ausflug ins schöne Thüringen – was will man mehr?

Wer hätt's übrigens gewußt? Die ETZ-A-Ausführung besitzt nur 18 PS, ist damit schwächer als die auf dem gleichen Band gezeugten Zivilbrüder und hat außerdem Seitenwagenübersetzung.

Dann mußte ich überraschend im Juni zur Kur nach Kreischa bei Dresden. Ich wär' ja so gern mit der NVA hingefahren, aber wer weiß, vielleicht hätten sie mir als vermeintlichem Stasi-Spitzel (IM „Vadder") die Fango-Packung eine Stunde lang auf die Nase gepackt.

Vier Wochen ohne Moped – klar, daß ich auch ohne Diät abgemagert bin; welch freudloses Dasein! Einziger Trost: Jetzt habe ich ein günstigeres Leistungsgewicht kg/PS. Aaaber seit Juli '95 bin ich über 11.000 Kilometer abgerodelt, meist mit meinem Hanuta-Racing-Team-Spezi.

Nix Ernsthaftes gab's mehr zu schrauben, die Kette wollte allerdings bei Kilometerstand 2500 gewechselt werden; also, mit dem Glump hättens' den nächsten Krieg nicht gewonnen!

Nach 5006 Kilometern spendierte ich einen neuen Hinterreifen. Ich wollte ein deutsches Fabrikat, wählte Metzeler, und was steht auf den Reifenflanken? „Made in Brazil"! Der nächste ist ein wieder ein Heidenauer „Pneumant"!

Kurz danach befiel mich allerdings Panik: Die Ladekontrolleuchte ging nicht aus. Hockt der Scheiß-Kupferwurm jetzt auch in Honis Goldwing? Erst Käpt'n Blaubeer vom Hanuta-Team hat den Grund gefunden: Die Zwei-Ampere-Glassicherung war der Übeltäter; der Schmelzfaden schien okay, aber die Sicherung ließ dennoch keinen Strom durch. War dies Honeckers Rache?

Das einzige Manko der Militär-Emme war der Seitenständer mit eingebauter Hinterfotzigkeit: Er wollte ganz exakt ausgefahren sein, sonst fiel die Kiste um. Beim Sohnemann gab's 'ne Delle im Tank (wieso kommt der Lackel dazu, mein Mopped zu nehmen?), mir fiel sie auf die linke Wade, sie war deswegen sowieso reparaturbedürftig. Jetzt ist der ganze Hax'n gelb-grün-blau, die neue Farbe der alten MZ-Helden.

Etwas entmilitarisiert hab' ich sie schon, manchmal mußte ich nämlich an den Fußgängerüberwegen die Passanten überreden, die Hände wieder herunterzunehmen. Und ein Bäuerlein wollte sein einziges Zufahrtsbrücklein beim Auftauchen der NVA sprengen. So was hält auf. Und auf dem Nummernschild steht nicht zufällig N-VA.

Seit kurzem hocke ich auch nicht mehr auf dem Armee-Einzelsitz, sondern hab' 'ne ganz normale Sitzbank quer durchgeschnitten und die hintere auf die vordere Hälfte geklebt. Design „Hohlblockstein", aber super-bequem! Mein Arsch glaubt jetzt, er sei in Schlagsahne gelagert. Mit Puderzucker! Ich gönn's ihm, schließlich macht er viel für mich durch.

Ich habe nie gedacht, daß ich jemals einen Artikel über die Goldwing schreiben würde, drum ist's eine richtig langweilige Geschichte geworden. Alle wollen zuverlässige Moppeds, woher sollen dann die guten, weil Schadenfreude erweckenden Geschichten über Pannen herkommen?

Sachsenmix

Man nehme: Den Rahmen der TS, den Motor der TS/1, die Gabel der TS 150, die Bremse der ETZ 150, den Tank der ETS 150, dazu noch Zutaten wie Luftfilterkasten der ETZ 250, Geländelenker und so fort. Unter Zuhilfenahme von Gabel-, Ring- und Steckschlüsseln und sonstigem Graffl vermische man die oben angegebenen Teile zu einem Potpourri der DDR-Motorradindustrie und kröne es mit dem längsten Auspuff der Welt, die sächsische Variante der Schweizer Alphorns, in den, so hoffe ich, die anderen Verkehrsteilnehmer hineinblicken werden.

Das fertige Ding ist dann so bunt wie eine Obsttorte, weiß, beige, blau, schwarz, rot und silbrig. Hübsch häßlich, aber sind nicht gerade zum Beispiel bei Hunderln die Mischlinge die besten, treuesten? Und werden die häßlichsten Kinder nicht von ihren Müttern am innigsten geliebt? Auch ich war einst Mamas Liebling! Ein Blick in den Spiegel verrät auch heute noch den Grund.

Aber ich wollte eigentlich von meinem Sachsenmix erzählen. Das Ding hatte ich 1990 aus zurückgelassenen, geschenkten und gefundenen (jawohl, sowas gab's damals reichlich) Emzetten zusammengeschraubt und in mein Urlaubsdomizil in den Alpen verfrachtet. Seitdem düse ich so zwei-, dreimal jährlich durch die Täler, über Pässe, Schotterstraßen und alte Militärpisten.

Inzwischen hab ich den Mischling treffenderweise *Gebirgsjäger* getauft, so wendig und handlich ist er. Auf den verwinkelten Sträßchen bin ich der Größte, da werden die dicksten Brummer niedergemacht, manchmal dauert's bei deren Piloten ein bißchen, bis es denen dämmert, daß sie keine Chance gegen so eine leichte, giftige Zweitaktwepse haben. Beim Kurvenfahren beiß' ich mit den Hinterbacken in die Kanten der Sitzbank, der Arsch kriegt Räder, und das Alphorn tönt: „Wir sind ein unschlagbares Paar."

Ein Unbelehrbarer hat bei meiner Verfolgung sogar einmal ein Maisfeld als Brems- und Auslaufzone mißbraucht. Dank meines mitleidigen Zuspruchs ist sein Selbstvertrauen nach ein paar Jahren wieder auf das Niveau eines Sechsjährigen nachgewachsen. Gemeinsame Ausflüge mit mir meidet er seitdem, seltsam!

Sachsenmix vor Kärntensee.

Doch nirgends und niemandem wachsen die Bäume in den Himmel. Fahre ich doch vor ein paar Jahren von Pontebba westlich zum Lanzenpaß. Nach ein paar Kilometern ist die Strecke mit einem schönen runden Schild gesperrt. Da denke ich mir, in Italien ist gesperrt nicht gleich verboten, und fahr' dran vorbei. Das Verbot erweist sich als sehr begründet; Geröllmassen auf der Straße, und was davon auf der unteren Strecke liegt, fehlt nach der nächsten Serpentine darüber.

Ich bin saustolz und überzeugt, nur ich und mein *Gebirgsjäger* schaffen das. Doch dann: In der wüstesten Strekke kommt mir ein Tieflaster entgegen, einspurig, sechszylindrig, Lämpchen, Chromgeraffel und Lametta, soweit mein entsetztes Auge reicht! Ich will schon tot umfallen, aber ich muß ja noch heim. Ein Gartenzwergerl hängt am Lenker, eine Etage höher thronen Mami mit Bambini auf dem Schoß und ein paar Kubikmeter Seitenkoffer und Topcase noch dazu! Ich deute nach vorne: Paß frei? Das Zwergerl nickt, und wir manövrieren aneinander vorbei. Ich bin verstört, und noch verstörter werd' ich im Verlauf der weiteren Strecke. Das Zwergerl ist mit seinem *Rolling Home* unter anderem auf einer postkartenbreiten Kante zwischen einem badewannengroßen Schlagloch und dem Abhang drüber gefahren. Ohne Blick auf sein Bugrad zu haben! Weiß der Kerl eigentlich, wie gut er fahren kann? Oder war es das Glück eines beschwipsten Mondsüchtigen, den sein Schutzengel nicht vom Dachfirst fallen läßt?

Also, dies ist der Beweis: Man kommt mit so einer Schrankwand wirklich durch die Alpen. Meine Meinung über die Winger-Treiber ist damals minutenlang ins Wanken geraten, aber ich lasse mir meine Vorurteile schließlich nicht durch Tatsachen widerlegen: Goldwinger können nicht Motorrad fahren!

Um den Schock zu überwinden, verordnete ich mir eine Beschäftigungstherapie: MZ putzen und basteln, Vergaser und Zündung einstellen sowie Reifen wechseln, der Schotter nascht halt gern vom Gummi. Meine psychische Genesung macht Fortschritte, und allmählich verschwindet auch der Schaum vorm Mund.

Es gibt aber auch Rückschläge zu überwinden, so wie vorige Woche. Im Cercevesatal: „möööóh!" – Vortrieb weg, gerade kann ich noch bis zu einer schattigen Stelle rollen, reiße die Klamotten runter, ihr wißt ja, im Mai '97 hatte es so runde dreißig Grad. Diagnose: Kopfdichtung durch, Zündstrom weg. Wieso gleich zwei Fehler? Beim Versuch, den Kopf (vom Moped) zu lösen (es lebe der Zweitakter!), gibt es einige Schwierigkeiten, weil die Stehbolzen fest auf den Zylinderkopfstehbolzenmuttern (schönes Wort) festgerostet sind.

Aber ich bin gar trickreich, zerreiße die Aludichtung zwischen Kopf und Zylinder mit einer Flachzange und popele die Teile raus, jetzt rennt sie wieder anstandslos ohne.

Zuvor muß aber noch der Unterbrecherabstand eingestellt werden. Danach geht sie aber immer noch nicht, und ich werde langsam sauer. Ich pfeife ihr die Melodie „Näher, mein Gott, zu dir", denn bei diesen Klängen der Bordkapelle versank bekanntlich die Titanic in den Fluten. Und drei Meter neben uns rauscht der Rio Cercevesa...

Da macht mich der Gebirgsjäger auf den abgerutschten Kabelschuh bei Batterieminus aufmerksam. Selber schuld, sagte ich mir, warum hast du das Kabel auch so schlampig und auf Zug verlegt? Wenn man so lustlos an die Sache rangeht und etwas nicht gerne macht, macht man's auch nicht gut. Man sieht's ja manchen Kindern an.

Aber seit gestern rennt sie so verdächtig gut, 140 den Plöcken runter, vor mir ein Toyota Carina, es wird Zeit, einen Reservemotor aufzubauen. Die Geschichte kommt mir bekannt vor, lest „Kilometer 50.000" weiter vorne.

Falls es den geschätzten Lesern allmählich langweilig wird, wenn ich immer nur von meiner einzigen Lieblingsmarke schreibe: ganz einfach, weil ich wegen meiner kaputten Hüftgelenke auf kein anderes Mopped mehr rauf- und runterkomme. Ich warte also als alter Schrauber nur noch auf ein Vorsatzgerät von Black & Decker, daß ich sie mir – es sind ja lediglich Kugelgelenke – selber einbauen kann. Mit Schmiernippel und Fettkammer! Sollte ich euch beim nächsten Treffen mit herausgequollenen Augen begegnen, so liegt das nicht allein am Anblick der Traum- und sonstigen Frauen, es hatte halt die Fettpresse zu viel Druck.

Motorrad-ausstellungen: Nix wie hin!

Bekanntlich läßt der Frühling die nach ihm benannten Gefühle, den Spargel und – neuerdings immer häufiger – Motorradausstellungen sprießen. Um auf der Höhe der Zeit zu sein, hab ich heuer einige dieser sogenannten „Events" besucht.

Aber da geht's schon los: Vor den heiligen Hallen, in denen die Begierdenobjekte der Biker ausgestellt sein sollten, massenweise Autos, viele davon geländegängige Vierradantrieblinge. Wozu die Dinger im Land der größten Autobahn- und Straßendichte und des verbotenen Off-Roadens?

Leicht verwirrt stelle ich mich an der Kasse an, um statt einer Eintrittskarte (ich weiß, man sagt Ticket dazu) einen Stempel auf den Handrücken zu bekommen. Er erinnert mich stark an den „Trichinenfrei"-Stempel einer Schlachtsau. Methoden sind das heutzutage... und auf meinen vorgezeigten Rentnerausweis gibt's keinen Nachlaß! Scheints ist man auf solche Besucher nicht gefaßt, gehöre ich schon zur Zielgruppe der Bestattungsunternehmer? Und ich ahne: Ich bin im falschen Film!

Was sich auch bewahrheitet, denn gleich beim Eingang reihten sich Chopper an Chopper, Cruiser an Cruiser, *Chrom as Chrom can*. Lenker im ersten Stock, Wide Bars, abgelängt als Meterware, nach deren Montage die Kiste vor der Garage bleiben muß. Sitze so tief, daß jeder Dackel den *Rider* mühelos runterschiffen könnte. Wichtig: Nummernschild seitlich! Walzen statt Hinterreifen, das erspart den Hauptständer! Soziusrasten in Höhe Unterkante Oberlippe.

Dann liegen dicke verchromte Rohre rum, an deren Enden ich 'ne Kläranlage vermute – weit gefehlt! Dort hängt oft ein 125er-Motörchen dran, made in Korea, Taiwan, China oder Japan, die Cluisel und Choppel del alten Dackel mit Fühlelscheinklasse Dlei. Daelim, Kymco, Sym, Hyosung, Sanyang und nicht zu vergessen Harley und Co. werden den Chrom dieser Erde bald aufgefressen haben. Wie sollen dann die Ochsenketten (welch treffende Bezeichnung!), mit denen sich die Rocker gürten und behängen, glänzen? Man sollte einen Preis für schlechten Geschmack stiften: den Benetton-Pokal!

Chrom und Fransen auch auf den Lederklamotten, aus Leder auch die angebotenen BHs mit Chromnieten und Fransen, Stück für DM 99,90. Leer! Muß man(n) jetzt mit Nietensprengern auf die Balz gehen?

Dann werden Klamotten für *Indoor Activity Wear* feilgeboten. Ich frag' mich verzweifelt, wie man mit einem Mopped indoor aktiv sein kann. Mein einziger Versuch in dieser Richtung führte zu einem Anschiß von meiner Kommandantura, obwohl das Emzettele garantiert stubenrein war.

Und dann erinner' ich mich noch dunkel, daß *Indoor Activity* am besten *ohne Wear* am Body abläuft. Allerdings ist man da als Kunde besser bei Beate Uhse aufgehoben. Aber, verflixt, was hat das alles mit Motorradfahren zu tun? Bin ich in der falschen Ausstellung? Ich bin's, wie mir der weitere Verlauf meines Rundgangs zeigt.

Traurig: Der neue MZ-Vertreter in Nürnberg ist noch nicht vertreten. Erfreulich: Es gibt auch hübsche kleine 125er zu sehen: Suzuki, KTM, Honda, Yamaha, Aprilia Leonardo *Da Vinci* mir, sowas hätt's gegeben, als ich noch 16 war. Doch damals hätt' ich mir sowas nicht kaufen können, heut' steht man halt auf was Stärkeres.

Dann wieder Tiefschläge wie Stände, die Piercing und Tattoos anbieten. Hilfe, wo bin ich hier? Im Verlauf der allgemeinen Krötenwanderung gelange ich in einen Saal, auf dem auf einem Podium ein Lackierer der oberen Hälfte eines Zweizylindermodells, luftgekühlt, stehende Ventile (noch!), naked, aber mit tollem Fahrwerk, eine neue Farbe verpaßt, neudeutsch: Body-Painting. Und sagte ich Modell? Es war natürlich ein *Model*, die technischen Daten sind nur eine

Frage der Interpretation. Trotzdem: Hat sie es nötig, ihren Busen bepinseln zu lassen, wo doch um die Ecke für DM 99,90 ...?

Nach der Show frage ich den Meister des Pinsels und der Spraydose, ob ich nicht bei seiner Firma anfangen könnt', spachteln, grundieren, schleifen und so. „Nix für einen *Fat Boy* mit *Soft Tail*", meint er, und da ich die Dinger im Vorübergehen ignoriert hatte, grüble ich heute, Wochen danach, ob ich nicht doch eventuell beleidigt sein könnte. (Ich bitte um Leserzuschriften.)

Auf der Flucht zum Ausgang läuft mir eine mir bekannte und rassige Motorradfahrerin über den Weg, der ich natürlich sofort mein Leid klage. Die aber meint ganz cool, sowas gehöre zur Bikerszene wie Aprés-Ski zum Wintersport.

Dann muß ich noch schnell in die Lackierwerkstatt zurück, denn dort ertönten mir bekannte Geräusche: „Klak-Klak-Klak-Klak!" MZ mit Pleuellagerschaden, wo kann ich trösten und helfen? Unnötige Aufregung, eine Raumpflegerin ist am Werken, und das Klak-Klak-Klak kommt von den Hosenknöpfen im Staubsauger!

Nix wie weg und nie wieder hin – in eine Motorradausstellung!

Der Vadder träumt

Und zwar von seinem Idealmotorrad. Da hat sicher jeder seine eigenen Vorstellungen. Ich auch, drum frisch ans Werk. Ich erfinde das Motorrad nicht neu, alle meine Zutaten sind seit Jahr- und Jahrzehnten bekannt.

Ich schnapp mir als erstes einen Deltabox-Rahmen, aber aus simplen Stahlrohr, der ist billiger als Alu, außerdem leichter zu reparieren, im Falle des Falles. Drunter schraube ich einen liegenden (spart Bauhöhe!) Einzylinder, 500-cm³-Zweitakter. Sackzylinder, schon bläst keine Kopfdichtung mehr durch. Überströmkanäle außen aufgeschraubt, à la DKW.

Direkteinspritzung, das müßte so locker 50 PS ergeben, und ich hauch' ihm so 50 Newtonmeter ein. Im Verein mit einem Kat bläst er das Abgas so sauber raus, daß ich das in Spraydosen abfüll' und als WC-Lufverbesserer verscheuer'.

Weiter: Über den Motor ein flacher Tank, so zehn Liter, weil mein Motor nur drei verbraucht. Dann der Clou: Zwischen den außenliegenden Rahmenrohren ein „Kofferraum", mit einem abschließbaren „Tank"rücken. Für Fernreisen einen extra hohen, das erspart den Tankrucksack.

Kettenantrieb in MZ-Schutzschläuchen, weil Zahnriemen zu teuer und nicht überall erhältlich. Im Kettenschutz ein Schauloch, ich kenn' doch meine Pappenheimer – die Kette, die man nicht sieht, wird auch nicht gepflegt.

„Du solltest dein Traum-Moped doch gleich als Diesel konzipieren, dann könntest' auch gleich mit Rapsöl fahren!" flüstert meine Zweitstimme. „Denk an den Literpreis!"

Meine Erststimme scheucht die Zweitstimme aus dem Traum, schließlich dürfe da nur die Traumfrau reingackern, und sie, die Zweitstimme, würde erst wieder bei den kommenden Wahlen gefragt. Aber recht hat sie schon, schließlich hatte vor 50 Jahren Krupp einen Zweitakt-Diesel gebaut, den sie „Titan" nannten. Was früher einmal ein griechischer Gott war. Sie hätten ihn „Thor" nennen sollen, den germanischen Gott des Donners. Mama mia, schon im Leerlauf ließ der Kruppdiesel den Putz von den Wänden rieseln!

In meinem Moped ist der Diesel natürlich gesittet, spuckt 17 PS raus, zieht sich eineinhalb Liter rein. Kosten also auf 100 Kilometer 50 bis 80 Cent, je nach Feinkostgeschäft. Bei sechs Litern und dem künftigen Spritpreis würde meine MZ ... ich rechne besser nicht! „Versoffene Schlampe" murmle ich im Schlaf und krieg dafür von meinem Eheweib eins auf die Rippen. Ich red' mir anschließend die Schnauze fusslig, daß ich wirklich nur vom Idealdieselzweitaktrapsölmoped träume. Und daß ich den Motor – ähnlich wie Triumph/ Nürnberg oder Adler – so gestalte, daß man ihn reparieren könne, ohne ihn aus dem Rahmen zu bauen. Besenstieleinfach!

Ob ich damit durch den TÜV komme? meint sie, schon wieder im Halbschlaf. Kontrolliert der TÜV etwa schon meine Träume? Und worauf will der denn das Papperl kleben? Egal, im zweiten Teil meines Taums mache ich die Jungfernfahrt, bei der ich prompt mit leerem Tank liegenbleibe. Ich hatte versäumt, einen Kraftstoffhahn mit Reservestellung einzubauen. Nobody is perfect!

Immer Ärger mit den Kleinen

Ihr werdet's nicht glauben, schon wieder – und hoffentlich zum letzten Mal! – ist mir ein Bonsai-Mopped (MZ TS 150) zugelaufen. Ihr DDR-Nummernschild verriet, daß sie einst im Bezirk Karl-Marx-Stadt beheimatet und seit mindestens 1992 von ihrem Herrchen in Nürnberg ausgesetzt worden war.

Klar, daß ich sie sofort in mein Heim aufnahm und versuchte, sie wieder aufzupäppeln. Ich bin die Mutter Teresa der verstoßenen Emzetten!

Die Untersuchung in meiner Bastelkellerklinik ergab: Zustand nahezu hoffnungslos, zentimeterdick mit weißer Pampe überschmiert, als sei sie in einen Joghurtbecher gefallen. (Eigentlich wär mir ein solcher lieber gewesen.)

Nun, aus meinem Patienten machte ich das Beste, indem ich selbiges abschraubte, und der unbrauchbare Rest wanderte in die Schrottkiste

Zur gleichen Zeit suchte der beste aller Spezis, den Lesern als Käpt'n Blaubeer (KBB) bekannt, eine 125er für seine Holde (mit dem alten Führerschein Klasse 3) – DIE Chance, beide zum wahren Glauben zu bekehren. Also Lauscher ausgefahren und von einem Stammtischbruder eine TS 150 vermittelt, ohne Motor, aber mit Papieren. Aus Zwei mach Eins, die übliche Prozedur.

Mein Motor und etliche Teile aus meinem Lager, und die Kiste wäre wieder komplett. Wäre! Denn die 125er MZ-Teile sind inzwischen rar, für Zylinder, Kolben usw. mußte ich in der halben BRD rumtelefonieren.

Jetzt haben wir einen 125er TS-Zylinder mit Null-Maß inklusive Kolben mit Null-Maß, letzterer aber vom Nachfolge-Modell ETZ, der länger ist und wie ein kecker Spargel oben aus dem Zylinder rausschaut.

Dann liegt da noch ein TS-125er Kolben mit zweitem Übermaß – also zu dick. Sch...ade!

Einer zu lang, einer zu dick, wie soll man da ans Ziel seiner Begierde kommen?

KBB, begnadeter Perfektionist, stöhnt: „Hätt ich blos net o'gfangt!"

Er stöhnt nicht allein, zeitgleich mit ihm hat auch mich das Thema geschlagen: „Auferstanden aus Ruinen". Allabendlich brech' ich über den in meinem Keller stehenden eineinhalb ETZen 150 zusammen. Und jetzt hab´ ich ein Problem: Im Gegensatz zu KBB, der wegen seiner exakten Arbeitsweise eigentlich hätte Chirurg werden sollen (ich habe ihn in Verdacht, daß er täglich sein Werkzeug sterilisiert), bin ich eher ein Metzger.

Nix gegen diese ehrsamen Handwerksleut', im Vergleich zu den Knochenflickern ham's diese ja schwer; ihre mißratenen Werke werden ja nicht gnädigerweise von Totengräbern entsorgt.

Nein, ich bohr' schon mal mit nem 8er Bohrer ein 6er Loch, schneid ein 4er Gewinde rein und verniete das zwei Zentimeter überstehende Schraubenende mit dem Fäustel. Man darf sich nur vor nichts fürchten.

Beim Feilen beispielsweise ist Kreativität angesagt: Rutscht die Feile aus dem Griff, findet die Feilenspitze sofort festen halt in Handgelenk und Schlagader. Nur ruhig Blut, wenn selbiges spritzt, man hat noch etwa fünf Liter in Reserve. Kabelbinder um Arm und darin steckende Feile gezurrt, und gelassen und ruhig weiterfeilen! Nach Beendigung des Arbeitsvorganges gemessenen Schritts zu Hausapotheke wandern. Erste-Hilfe Päckchen aufreißen, Heftpflaster mit dem Aufdruck: Verwendbar bis 4/76 entnehmen und versuchen, es auf die Feilenführung zu kleben. Sich ärgern, weil man sich nicht schon 3/76 auf die Flosse gedroschen hat. Notarzt anrufen. Bis zu dessen Eintreffen hat man hier in Nürnberg noch 45 Minuten Zeit. Getestet anläßlich einer Crash- und

Blutspurrallye der Familie H. aus C. Zwischenzeitlich Zwiebeln schneiden, Speck rösten, Knobi hacken für 'ne Blutwurst, die Sanis sind für jede Stärkung dankbar!

Solche Belanglosigkeiten bremsen die Auferstehung meiner ETZ etwas, außerdem will ich sie als Rennerle umstrikken.

Hab' zwei Herculesse ausgeschlachtet, Sitzbank und Tank sehen flotter aus als die von MZ. Hätt' ich bloß net... Dem ersten Tank mit verchromten Seitenflanken will ich die Lackschicht abbeizen, kommt zweite Lackschicht hervor, kommt dritte Lackschicht hervor, kommt vierte Lackschicht hervor. Und letztere lacht mich mit Riß an.

In solchen Momenten möchte man sich am liebsten eine Unterhose über das Gesicht ziehen. Nehme den zweiten Tank vor, nach der dritten Lackschicht stoße ich auf zentimeterdicken Spachtel und darunter lacht mich...

In solchen Momenten möchte man sich am liebsten eine zweite Unterhose über die erste ziehen.

Was praktisch wäre, denn die Geschichte spielte sich im Januar und im Freien ab. Lieber wäre ich Fußpfleger bei einem Tausendfüßler. Oder Galeerensträfling auf 'nem Schnellboot.

Warum tue ich mir so etwas an? In Garage und Wohnzimmer stehen eine ETS/ES 300, eine ETZ 250, eine ETS/TS 300, eine TS 150, ein 750er Kawa-Gespann und in meinem Urlausort eine TS 250/1. Ich muß Tinte gesoffen haben!

Nur, weil ich den Brüdern vom Stammtisch zeigen will, was bei Vaddern die Butter kost'. Seit Jahren sticheln sie, ich sollte mich mit 'ner 150er zu einem Benjaminrennen stellen. (Einige haben so etwas noch in Garage oder Keller stehen)

Also aufbohren auf 175 cm³. (Fabrikat und Bestellnummer des Kolbens flüstere ich höchstens in meiner letzten Stunde auf dem Sterbebett dem Pfarrer, Notarzt oder der zweitbesten aller Ehefrauen ins Ohrli.)

Einlaß-, Überström- und Auslaßkanal sind vorerst auf 359 Grad aufgefeilt, etwas Reserve muß sein. Nitroglyzerin statt Sprit in den Tank, Würfelzucker dazu, Pferdchenstärken mögen sowas. Bremse optimieren: Viagra in die Hydraulik, das bringt den ältesten Bock zum Stehen!

Auch über's Leistungsgewicht ist was zu holen. Quälende Frage: Abschrauben oder -specken? Bike-Tuning in Form von Wegschmeißen von Blinkern, Batterie, Soziussitz und -rasten. Bike waschen.

Body-Tuning à la *Weight Watchers.* (Grausam!) Fahren ohne Unterwäsche unterm Barbour. (Goil!) Ohne Hartgeld, Papiere, Hausschlüssel, „Schuberth" auf Glatze lackieren, Ohren mit Sekundenkleber anheften, Blinddarm, Mandeln, Gallenstein entfernen lassen. Body waschen!

Letzter und gemeinster Trick: Stammtischkumpels aushorchen, Thema Schmierstoffe. Dabei dummes Gesicht aufsetzen, das verleitet die Renngegner und zukünftigen Verlierer zur Preisgabe ihrer geheimsten Rezepte. Erster todsicherer Insidertip: Schlick Fuffzich bei Zweitaktern in den Tank und ins Getriebe. Vernichtet jede Reibung – garantiert! Zweiter todsicherer Insidertip: Das Teufelszeug darf keinesfalls in Motor und Getriebe. Vernichtet alle Innereien – garantiert!

Mein streng geheimes Privatölrezept: Olio Olivio Insalata 0-W100 mit 50% Maggi-Soßenbinder per Quirl (nicht mit Schneebesen, wegen Wintertauglichkeit) vermischen, fünf Minuten auf kleiner Flamme aufwallen lassen. Bei Neumond und Südwind ins Getriebe einfüllen, das Eigelb einer chinesischen Nachtigall nachplumpsen lassen. „Aralolioessomixagipscheißaufshell" murmeln, Getriebe verschließen – fertig!

Ich berichte weiter!

Nürnberger Promenadenmischung.

Die Zicken der Madame Enixbe

Käpt'n Blaubeer (KBB) und ich schmieden schon seit unserer letzten Frankreichtour wieder Urlaubspläne. Diesmal soll es von Slowenien quer westwärts durch die Alpen gehen. Doch welches Mopped nehme ich?

Die 73er MZ ETS, Mutter aller Schlachten, hat leichte Pobleme mit der Bremszange. Oder die neu aufgebaute ETZ, bei der müßt' eigentlich alles palletti sein.

Nehme ich doch lieber die ETZ (N-XB 71) schließlich hat uns ja das Standesamt vereint. Also nehm ich mir die Enixbe vor, verpasse ihr Kofferhalter und Seitenkoffer, ein kleines Schweißnähtchen wäre da noch zu bruzzeln. Also zu Traktors Werkstatt, ein Katzensprung von mir zu Haus. In Schwabach fängt die Kiste an zu stottern und zu rotzen, Madame Enixbe zeigt ihre ersten Zicken, und das ausgerechnet vor einer Ampel. Kiste rechts in eine Hofeinfahrt geschoben und aufgebockt. Aus dem linken Koffer kommt das Werkzeug raus, der Kofferdeckel wird als Ablage benutzt.

Da kommt Traktors Volvo auf die Ampel zugerollt, Inhalt: sein Knecht Olaf (das ist der, der so gut Geschichten schreibt, wenn er schreibt, der faule Hund). Olaf sieht meinen mitleiderrregenden Zustand, reißt, hilfsbereit wie er ist, die Schwedenschleuder ruckzuck in die Einfahrt. Die Volvostoßstange bleibt Sieger gegen meinen Kofferdeckel – kracks! Der zweite Schaden in zwei Minuten! Wir diagnostizieren einen Fehler in der Zündanlage, popeln es provisorisch hin, ich will die Kiste ankicken – wieder kracks! Die

Kickstarterrückholfeder ist abgebrochen. Dritter Schaden in drei Minuten, und in Schwabach stehen zwei Wracks. Ein maschinelles und ein menschliches.

Olaf hievt das menschliche auf das maschinelle und schiebt beide an, Richtung Werkstatt. Dort schweißt er meisterhaft und sichtlich schuldbewußt (Kofferdeckel!) den Kofferhalter, ich mach mich über die Zündung her. Wieso ist die total verstellt, die Klötzchen abgeschliffen, die Prüflampe will gar nicht mehr angehen, der Unterbrecher war doch vor 300 Kilometern noch neu? Rätsel über Rätsel. Ich humple so gerade noch heim, stell' die Kiste ins Eck und schau sie nicht mehr an.

Mit KBB und meiner alten ETS fahr ich ein paar Tage später gen Süden und problemlos wieder zurück. Quer durch die Alpen wurde es leider nix, aber davon ein ander Mal. Mental und körperlich gestärkt, mach' ich mich danach an die Enixbe, um ihr zu zeigen, wer hier Scheff im Ring ist. Schließlich hat mir noch keine MZ widerstanden (und ich keiner MZ).

Alter Trick: Ich schüchtere die Enixbe ein bißchen mit Hammer und Werkzeug ein, implantiere wieder einen neuen Unterbrecher, und schon pariert sie, wie es sich gehört. So 200 Kilometer lang. Ich steh' in der Münchner Straße an der Ampel, warte auf Grün, um auf der Autobahn mal die Höchstgeschwindigkeit zu testen. Bei Enixbe kracht's fürchterlich im Bauch, will sagen im Getriebe, teure und gefährliche Geräusche! Öl läuft aus dem rechten Motordeckel, weia! Bin letztendlich froh, daß der Scheiß nicht bei Tempo 150 passiert ist. (Doch, so viel muß sie schon rennen! Oder schreib ich gleich 160?)

Gut, daß Mezes MAN eine Hebebühne hat, und so kommt Enixbe wieder als Frachtgut (-gut? Wieso gut?) heim. Ich öffne den Ölablaß: Zähne von einem ehemaligen Zahnrad plumpsen raus! Na sauber, kaum vier Wochen bin ich mit der neuen Lebensabschnittsgefährtin zusammen, schon darf ich für einen Satz neue Beißerchen löhnen. Wo ich doch selber dauernd für's eigene Gfries zu blechen hab! Ich stell' die Kiste ins Eck und schau sie wieder nicht mehr an. Der zweite Akt von Blut, Schweiß und Tränen ist angesagt, Geldverschwendung und Nervenzusammenbrüche ebenfalls.

Ein paar Wochen später entkerne ich die ETZ und öffne den Motor. Am Schaltrad ist die Führung der Schaltgabel am halben Umfang abgebrochen, und das Teilchen hat bei allen Mitarbeitern des Getriebes ganze Arbeit geleistet, die Schaltwellen haben sich nach außen gestemmt und das Kettenritzel so zehn Millimeter nach rechts gedrückt. Alles (alles!) versenke ich schluchzend in der Schrottkiste, schätze Höhe und Stärke des untersten Astes meiner Birke ab und suche ein Wäscheseil. Die Sonne verfinstert sich (okay, es ist der 11. August 1999) wie bei Christi Kreuzigung, ich finde das Seil nicht wegen finster und Wäschetrockner und gebe entnervt den Suizidplan vorläufig auf.

Auch trau ich der Auferstehung am dritten Tag nicht so recht – die Kiste wäre dann ja trotzdem immer noch kaputt –, und meine Apostel vom Stammtisch würden mich nicht mit „Grüß Gott" begrüßen, sondern wahrscheinlich mit „ETZ is der immer nu dou!"

Die Sonne kommt wieder und mit ihr die Erleuchtung, daß ich ja noch einen prima TS/1-Motor hab und dieser eigentlich, nein, tatsächlich! ins ETZ-Fahrgestell paßt. Bingo! Man soll sich nicht voreilig erhängen, weil man es hinterher vielleicht bereut. Mancher Selbstmörder würde heute noch fröhlich weiterleben, wenn er im richtigen Moment einen MZ-Motor im Regal gehabt hätte. *(Manche hängen sich gerade deswegen auf! Anm. v. Mederers Tochter.)*

Der mit zwölf Volt sollt's aber schon sein. Und das war das Problem mit dem TS/1-Motor. Kenner wissen: Der hat nur die Hälfte. Ich fahre also die Lauscher aus und kriege den Umbauschaltplan von sechs auf zwölf Volt, veröffentlicht in der MZ-Clubzeitung. Der Haken: man braucht nur einen tschechischen PAL-Regler. Ich kriege nach einer ganzen Stadtrundfahrt durch Eger endlich das Original und ladenneu für etwa 24 Mark. Dann besorge ich noch einen Gleichrichter bei Elektro-Crummrad, und bin häbbi.

Ich verspreche KBB einen Satz heißer Ohren, wenn er das Elektik-Graffl nicht bis gestern zwischen die Sechs-Volt-Lichtmaschine und die Zwölf-Volt-ETZ-Anlage einbaut! Und zwar so, daß es funktioniert! Problemlos bittschön!

Unter meiner Oberbauleitung funktioniert KBB ebenso wie das von ihm installierte PAL-Crummrad-VEB-Fahrzeugelektrik-Bosch-Delo-Elektro-Potpourri.

Übermütig, wie ich jetzt nach diesen Erfolgen bin, werde ich mit KBB noch einen TS/1-Motor wieder aufbauen, als Reserve. Ich hab nämlich zwei solche bei einem Schrotti in einem alten Renault-Wrack entdeckt. Irgendein Verbrecher hat sie dort als Altmetall reingeschmissen. Und wenn mich dann die Enixbe wieder entäuscht...

Das Wäscheseil hab ich inzwischen wieder gefunden und probiert, ist aber zu lang. Lebensfroh wie ich derzeit noch bin (alle Emzetten laufen) habe ich es „Solartrockengerät" getauft. Klingt so positiv!

Klar, daß meine Traumfrau – mit MZ-Praxis – mir zur Geisterstunde im Schlaf auf der berühmten Felgensilberwolke erscheint und mir vorwurfsvoll ins nicht vorhandene Gewissen redet: „Mederers Vadder! Am Standesamt hast du doch deiner Enixbe versprochen, zu teilen Freud und Leid'?" – „Stimmt, Traumfrau. Doch womit hab ich verdient, daß ich immer das Leid erwisch?"

Die Kinder von Marx und Cola ...

Die fuhren erstmals mit 16 Mopped. Hier im Westen Kreidler, Hercules oder Zündapp und maximal 50 Kubik. Im Osten Simson und MZ.

Und „Die Partei, die Partei, die hat immer recht" schob ihrem Jungvolk gleich maximal 150 Kubik und 14 PS untern Hintern – da hatte sie ausnahmsweise wirklich recht. Nie war die Überlegenheit des Sozialismus für Jugendliche augenfälliger, wenn Nachwuchskapitalisten, in Demutshaltung überm Lenker ihrer 50er hängend, gnadenlos niedergemacht wurden.

Zu ihren Hobeln kamen die Burschis beiderseits des Zauns, indem sie ihre Seelen bei der Jugendweihe den roten Genossen und bei der Konfirmation (fränkisch: Kombfermatzion) den schwarzen Pfaffen verkauften. Denn bei diesen Veranstaltungen ließ die bucklige Verwandtschaft reichlich Bares übern Tisch wachsen. (Beim Bimbes schmeißt sogar ein Ex-Kanzler seinen Charakter ins Klo.) Derart gespendetes Kapital wurde meist bis zum 16. Geburtstag gebunkert und dann in Moppeds angelegt, das einzig Wahre, find' ich.

Nebenbei wird mir jetzt klar, warum ich mir meine Mühlen selber ersparen mußte: Ich bin Katholik. Luther hatte recht mit seiner 96sten These, angeschlagen an der Schloßkirche in Wittenberg: „Gebet itzo jedem teutschen Jüngeling und Maidelin eine ETZ 150!" Aber da war die noch gar nicht erfunden, ich nicht konvertiert, und der Fortschritt ist bekanntlich eine Schnecke.

Aber hart war das Dasein der lieben Kleinen schon – der Fahrzeuge, nicht der Halbstarken: In den nächsten zwei Jahren wurden sie gnadenlos verheizt. Dann wurde was Stärkeres gekauft oder aufs Auto aus fünfter Hand umgestiegen. Für die meisten Besitzer war's das Ende ihrer Zweiradkarriere, das geschundene Mopped flog in irgendeine Ecke und Jahre später auf den Schrott nach dem Motto: Was nix kost' (hat), is nix wert.

Zumindest einem MZttele ist dies harte Schiksal erspart geblieben: der Numer 4111400. Sie fiel in die barmherzigen Hände eines gewissen R. M. aus N. (Details verbietet das Datenschutzgesetz). Zustand: Mirwidsgleischlecht.

Der Motor hing nur mehr an der Zylinderkopfbefestigung im Fahrgestell und baumelte wie Tom Dooley an seinem Ast. (Den Vorbesitzer – ein Jugendgeweihter – hätt' ich am liebsten gleich genauso...) Das arme Ding muß aber in diesem Zustand noch geknechtet worden sein, denn Kettenaus- und Eingangskanal waren fast durchgeschliffen! Lenker, Rasten, Hebeleien, Auspuffkrümmer und -topf verdallt, verbogen. Kilometerstand um die 17.000. Aber so sind sie, die Kinder von Marx. Ich staple also den MZ-Schrott in meinem Keller und ahne, was auf mich zukommt.

Stolpere über zwei Herculesse RL 50, Stolz der Wessi-Halbstarken in den Siebzigern/Achzigern. Zustand: Mirwirdsgleinuamolschlecht. Vorbesitzer wahrscheints a Kombfermatzionsopfer. Aber so sind sie, die Kinder von Coca Cola. Stelle den Hercules-Schrott zum MZ-Schrott in meinen Keller und weiß, was auf mich zukommt.

Wie's weiterging? Lest „Immer Ärger mit den Kleinen" weiter vorne. Die Schlamper unter den Lesern werden jetzt ihre Unordentlichkeit verfluchen und blättern, wurschteln und suchen. Geschieht ihnen recht. Zur Erinnerung: Aus Drei machte ich Eins.

Nu isse praktisch fertig, müßte eigentlich zum TÜV, aber dem sch...upf ich was, fahr zu meiner Geheimadresse „Cekra Lunatal", dort ist man wenigstens zu seiner Kundschaft freundlich. Da die Drucktechnik dieses Büchleins mich so an die „Bäckerblume" erinnert (nix Farbe und so), will ich euch den Höhepunkt meines künstlerischen Schaffens so gut es eben geht beschreiben: Rahmen gold (natürlich aus der Spraydose), Schutzbleche und Tankrücken rot, Telegabel schwarz. Seitendeckel zweifarbig rot-gold, ich trau mich was, gelle!

Jetzt, beim Schreiben, fällt mir auf, mein Emzettele strahlt in den Nationalfarben! Das eigentliche Vorbild war aber der Bericht in „Motorrad-Classic" über eine 175er italienische Berneg – kennt heute keiner mehr. Ich fand's hübsch, aber meine ist natürlich viel schöner! Wie sie rennt? Keine Ahnung, von meiner Traumfrau erwarte ich doch auch nicht, daß sie Holz hackt, es genügt, wenn sie's vor der Hütte hat!

Und eine Typenbezeichnung für mein Meisterwerk hab' ich auch schon: „MVN Kompfermatzionsgeweihtetesjugendhochleistungszweitakteigenbaumotorrad"!

Tja, für's Typenschild werd' ich wohl den Rahmen verlängern müssen.

Die kleine Geisha

So um 1981 war ich der MZ überdrüssig (welch ein Frevel!) und stocherte in den Motorrad-Verkaufsanzeigen der „Nürnberger Nachrichten", um nach etwas Passendem zu suchen. Leicht soll sie sein, nicht allzu teuer – und zur Abwechslung wieder mal ein Viertakter. Und so stolpere ich über ein Angebot: Kawa Z 250, Zweizylinder, 27 PS, 4500 km, DM 1700.

Der Telefonnummer nach auch gleich um die Ecke. Ich rufe an, ein zartes Frauenstimmchen meldet sich, ja, die Kawa sei noch zu haben. Also nix wie hin, ehe sie sich ein anderer unter den Nagel reißt.

Auf mein Klingeln öffnet, wie mir scheint, ein knackiges Teenagerlein, ich duze sie und frag' nach Mamas Kawa. Ich steh' sofort bis zur Halskrause im Fettnäpfchen, weil: Die Mama sei sie, antwortet sie mir amüsiert, und die Kawa gehöre ihr. Ich krieg rote Ohren, was sie sichtlich noch mehr amüsiert. „Na prima", hör ich mich stottern. Wenn die Kawa auch so gut erhalten sei wie ihre Mutter, könne ich die ja unbesehen kaufen, schleime ich verlegen, und das hat Madam Kawasaki zum drittenmal amüsiert. Sei sie mir deswegen überhaupt nicht böse, solche Situationen passierten ihr laufend.

Nach dem Wiederauffinden meiner Fassung laß' ich mir als erstes den Fahrzeugbrief geben, um nach den Daten zu sehen – natürlich von der Besitzerin! (Die der Kawa kannte ich längst.) Siehe da, 30 Jährchen alt war die Maus, Stuttgarterin, Architektin, ihre Eltern übrigens auch, wie sie mir sagte. „Kompliment, Ihre Eltern haben damals schon gut gebaut“, rutschte es mir heraus, und sie amüsierte sich zum vierten Mal. Damit hatte ich mich in eine schlechte Preisverhandlungsposition gebracht, denn wer Süßholz raspelt, schachert nicht.

So war es dann auch. Aber noch nicht ganz, denn: „Sie könnet au die andere kaufe, die TX 500, die han i kauft, aber's Kawale isch mr eigentlich lieber.“ – „Mir aber au“, äffte ich sie nach, und dabei blieb's. Für siebzehnhundert Deutschmark war sie mein, für die nächsten sieben Jahre. Nun ratet mal, was ich danach wieder fuhr...

Nein, ich hatte mich mit dem Kauf meiner „kleinen Geisha“, wie ich sie im Stillen nannte, nicht vertan; mit ihr hatte ich viel Spaß. Rückblickend muß ich sagen, es war ein teurer.

Zuerst wollt' sie nie voll ausdrehen, vielleicht mußt' sie so was bei ihrem Schwobemädle net. Bei mir hingegen gab's Zunder, und da regelte sie einfach ab.

So mögen wir's.

Ich testete alles Mögliche durch, fand aber nix, zefixhalleluja! Bei einer Kawa-Vertretung löhnte ich hundertachzig Mark und kam danach nicht einmal bis nach Haus, unterwegs fing sie wieder zu stottern an. Ich sah selbst nach, fischte eine nicht festgezogene Düse aus'm Vergaser und setzte sie wieder an ihren Platz. Schon schlimm, wenn begnadete Heimwerker talentierter sind als Profis.

Die Kawa mochte trotzdem nicht und regelte weiter so bei 8000 Umdrehungen ab. Wieder trabte ich zur Vertretung und reklamierte, schon etwas grantig. Weitere siebzig Mark wechselten den Besitzer, wofür, weiß ich bis heut nicht.

Es schloß sich eine heftige Debatte mit dem Kawa-„Fachmann" an, weil der glaubte, ich sei ein verdeckter Tester einer Stuttgarter Motorrad-Zeitschrift, nur weil das alte S-Nummernschild der Vorbesitzerin unter meinem N-Blech zu erkennen war. Er drohte gleich mit einem Anwalt. (Als ob mich so was einschüchtern könnte!) Und (sorry, liebe Nordlichter) ich mußte diesem großmäuligen Saupreißen zeigen, wo der Hammer hing, vielmehr der Fehler lag: Das Gummirohr zum Luftfilterkasten zog sich bei Vollgas einfach bei hohem Unterdruck zusammen, eine Art strömungsmechanischer Drehzahlbegrenzer. Rausgeschmissen, weggeschmissen, und die Geisha rannte, wie sich's gehörte. Wofür ich allerdings die zweihundertfünfzig Märker bezahlt hab?

Für diesen Betrag hätt' ich die Chefin eines Freudenhauses nackert auf'm Tisch tanzen lassen können. (Woher ich das weiß? In besagter Zeit wurde ich zur Eröffnung eines von mir installierten Puffs eingeladen. Bin mit der Kawa vorgefahren, und es ging keuscher zu als in einem Freibad.)

Kawavertretung und Noddelwerkstatt gingen übrigens danach bald pleite. So geht's, wenn begnadete Heimwerker talentierter sind... Aber ich schweife, und zwar ab.

Irgendwann fiel die Leistung wieder dramatisch ab, und Zylinderkopfabnahme war angesagt. Spätestens da sehnte ich mich nach meiner MZ zurück. Denn eine innere Ventilfeder war gebrochen, ein Einlassventil verbrannt. (Mit MZ wär so was nicht passiert.) Ausschleifen, neue Kolben, weil offensichtlich Ventiltellerbröckelchen in den Zylinder gefallen waren und ein paar Furchen gezogen hatten. Wer die japanischen Ersatzteilpreise kennt, weiß: Kost' ja alles fast nix.

Bei so etwa 18.000 Kilometern tat's unter mir einen fürchterlichen Schlag, und aus und vorbei war's mit der Kawa: Kurbelwelle übern Jordan! Das war praktisch ein Totalschaden, aber gegen alle Vernunft hab' ich sie wieder aufbauen lassen, irgendwie hing ich an diesem Ding. Wahrscheinlich, weil wir mitsammen und gleichzeitig getauft wurden. Von einem Rindviech. Auf der Autobahn. Bei hundertzwanzig. Beim Überholen eines Viehtransporters. Hat doch so ein hinterfotziges Kuhviech (nur ein solches kann es gewesen sein) sekundengenau quer von der Normal- auf die Überholspur geschifft, als wir ungefähr auf der Höhe des linken Hinterrades waren! Wir beide waren gleich glibberig, gleich grün und gleich stinkig! So was vereint.

Zweimal wollt ich sie verkaufen, einmal hat sie, als der Käufer zur Probefahrt starten wollte, das Minuskabel abgeschüttelt, wie gemein. Klar, daß der Interessent kein solcher mehr war. (Am Abend zuvor hatte sie mich noch brav bis vor die Haustür gebracht!)

Der zweite Käufer brachte gerade mal die Anzahlung zusammen, bei der ersten Rate schwächelte er bereits. Äußerlich erzürnt, aber innerlich erfreut nahm ich ihm die Kawa wieder ab, und er kriegte seine Anzahlung zurück. Hab' ihn sogar auf'm Soziussitz nach Haus gefahren, und dort ist er wort- und grußlos von hinnen nach dannen gewankt. Wahrscheinlich ist ihm die Demonstration der Kurvenlage, der Beschleunigung und des Bremsvermögens der Kawa nicht recht bekommen. Jetzt, beim Schreiben dieser G'schicht , fällt mir auf, ich muß immer Beifahrer minderer Qualität erwischt haben, ich kann mich nicht erinnern, daß ich einen noch mal mitgenommen hab. Sie sahen nach dem ersten Mal schon so aus.

Vorsorglich hatt ich mir beim Fürther Kawahändler zwei Z 250, jeweils mit Motorschaden, für 'n Appel und 'n Ei zum Ausschlachten besorgt, alle so um die 17.000 Kilometer auf der Uhr, schon seltsam, nich?

Hab' zu jener Zeit in einer Motorradzeitung gelesen, bei den Amis würden die Moppeds durchschnittlich so 16.000 Kilometer benutzt und dann weggeschmissen. Ich frag' mich noch heute: Hat Kawasaki deswegen solche Einweg-Feuerzeuge gebaut, oder hat die Kawa-Lebensdauer die Statistik so versaut? Wenn das bei MZ passiert wär', das Gschrei hätt' ich hören mögen!

Ein feines Ding der Kawa ist mir noch in Erinnerung: Der automatisch einklappende Seitenständer. Sagt jetzt nicht: „Olle Kamelle, gibt's seit Olims Zeiten." Nein, das war eine schlaue Konstruktion, beim Wegfahren zog ein Gestänge, betätigt durch ein Stiftchen am Antriebsritzel, den Seitenständer hoch. Nix Elektrik, die im ungünstigsten Fall die ganze Kiste fahrunfähig macht. Rein mechanisch, stinkeinfach. Warum das System wieder verschwand? Die Welt ist voller Rätsel.

So 1987, als ich meine MZ ETS wieder reaktivierte, wurde mir die Kawa von einem Jüngelchen entrissen. Glücklich ist er mit ihr nicht geworden, weil sie nach so zwei Kilometern immer stehen blieb. Der Nachnachbesitzer hat mir erzählt, wie billig er die Geisha erstanden hat, weil ... ja, weil er gleich nach dem Kauf den Wassersack am Benzinhahn abgeschraubt und ausgeklopft hat.

Was wohl aus beiden geworden ist, aus der Geisha und der Stuttgarterin? Aus beiden je eine Tonne? Für mich ein unerträglicher Gedanke... Des Schwobemädle war soo scheee, hanoi, s' isch wergli woahr, i ka's eufach net vergesse!

Dr. med. Erers schwierigste Fälle

Erlebt, erlauscht, erstunken, erlogen

Nach der Lektüre dieser absolut tatsächlichen, echten, erlebten, schwierigen, ja geradezu unglaublichen dramatischen Vorfälle auf dem Gebiet der Motorradchirurgie werden meine Leser Prof. Brinkmann samt seinem weißbekitteltem Gschwaddl, den Landarzt, den Bergdoktor und all die unsäglichen TV-Doktorserien auf den Müllhaufen der Fernsehgeschichte schmeißen und mich anbetteln: „Öl statt Blut, lieber Dr. Mederer!“

Okay, okay, ihr habt mich überredet, also frisch ans Skalpell, im Hirn(chen) nachgekramt, was sich in über fünf Jahrzehnten Motorradfahrerei, -bastelei, -schrauberei so alles an unglaublichen Fällen angesammelt hat.

Honda CB 450: Die hatte ich mir 1968 als erstes neues Mopped angeschafft, 3700 Deutschmark mußt' ich dafür löhnen. Mein Vater selig hätt' bestimmt wegen des Leichtsinns seines Bankerts blutige Tränen geweint, zu Recht. Aber jetzt ist Schluß mit dem Gebrauchtgeraffll, dacht' ich mir, ewig die dauernden Schraubereien mit den unzuverlässigen alten Karren am Wegesrand und so.

Und es war wirklich ein völlig neues Gefühl, denn jetzt schraubte ich am Wegesrand an einem unzuverlässigen *neuen* Karren, made in Japan. Die Scheißkiste wollte einfach nie auf Höchstdrehzahl kommen. Dauernd Aussetzer, der Verkäufer – ich vermeide den Begriff Fachmann – fuhr bei der

Suche nach der Ursache sozusagen mit der Stange im Nebel herum, fand den Fehler nicht, der Bosch-Dienst hatte anscheinend das gleiche Werkzeug und noch dickeren Nebel, es war zum Reißrausschwanzen. 7000 U/min und so etwa 130 km/h, mehr war nich, Leistung schätzungsweise 30 PS. 43 Pferdchen gab Honda an, 175 km/h sollte sie rennen und 8500 bis 9000 U/min drehen. Von dem, was alles an Versprochenem fehlte, hätt' man leicht noch ein Moppedle bauen können. Von meinem umsonst rausgeschmissenen Geld ein zweites.

Rettung kam von meinem damaligen besten Kumpel, einem Universalgenie, wirklich. Der baute einfach die Zündspule aus, bastelte einen provisorischen Prüfstand und fand den Fehler: Wasser in der Spule! Links und rechts spuckte das Ding zuerst Wasser, dann Dampf! Nachdem sie sich ausgekotzt hatte, das dauerte erstaunlich lang, verklebten wir alles mit Uhu, und seitdem: nix mehr Aussetzer.

175 ist sie aber trotzdem nie gerannt, hat dafür aber drei Satz Kolben auf 18.000 Kilometer gefressen. Ich verkaufte sie ohne Trennungsschmerz, und der Käufer wohnte weit weg. Gottseidank. Komischerweise war er aber recht zufrieden mit dem Ding, erfuhr ich durch die Buschtrommel.

MZ ETS: 'S war so vor etwa 13 bis 14 Jahren, da bracht' mich diese Scheißkarre fast zum Wahnsinn, wollt' nie richtig laufen, alles durchprobiert und getestet, nix gefunden. So was nagt am Selbstwertgefühl. Kaum, daß sie einmal wenigstens einen Tag so leidlich marschierte.

„Eintagsfliege“ schimpfte ich sie in meinem zerrütteten Innersten, ich fand ums Verrecken den Fehler nicht. Bis so beim hundertfünfundzwanzigsten Mal Zündung überprüfen – dabei drehte ich die Lichtmaschine entgegen der Drehrichtung – ich einen schwachen Luftzug auf meinem Handrükken spürte.

Da ratterte es in meinen grauen Zellen! Beim rückwärtslaufenden Motor schob der Kolben die angesaugte Luft in Richtung Vergaser, weil aber der Luftschieber unten war, presste die sich durch einen Haarriß und blies – zum Glück – auf meinen Handrücken. Diagnose: Defekt in den oberen Atmungsorganen! Gemeinerweise verlief der verdammte Riß genau paralell zur Gußnaht, also nicht sichtbar.

So was ähnliches weiß ich auch aus meiner Kölner Zeit (1951). Da reparierte der Meister meiner Stammwerkstatt einen Zweitakt-Stationärmotor. Alles schön zusammengebaut, aber das Ding sprang ums Verecken nicht an. Hätt's eigentlich sollen, nein, müssen, denn alles war okay. Alles? Ja, bis auf den Kolbenbolzen, der war beim alten Kolben Vollmaterial, beim neuen hohl, und das Frischgas blies duch den hohlen Bolzen vom Überström- direkt in den Auslaßkanal! Sag bloß einer, er hätt's sofort gefunden!

Wieder MZ: Ich hatte etwas Kleingeld übrig, von dem die zweitbeste aller Ehefrauen nix wußte, und dafür die ETS bei einem Spezialisten in Schwabach etwas aufmöbeln lassen. Der Mann verstand wirklich was von Zweitaktern, und die ETS rannte nach dieser Kur wie nie zuvor. Komischerweis' war auch das Licht viel heller. Eine Art willkommener Nebenwirkung, prima!

Nur: Warum fing die Kiste allmählich zu müffeln an, sie stank so verbrannt aus der Lichtmaschinengegend? Dann verabschiedete sich der Vorwiderstand auf der Lichtmaschine, natürlich bei einer samstäglichen Nachmittagstour mit meinem Spezi, Käpt'n Blaubeer. Der hatte nix Besseres zu tun, als Kübel von Hohn und Spott über mich und mein Emzettele auszugießen. SO kennt man seine Freunde.

Zu Haus hat er sich aber doch gleich über meine Elektrik hergemacht, bewaffnet mit meinem gelben Universaltester. Digital! Dasselbe Gelbe hatte auch der Schwabacher bei der Reglereinstellung, da hab' ich ihm, neugierig wie ich nun mal bin, über die Schulter geschaut.

Blaubeer fand eigentlich alles im grünen Bereich, der Regler lieferte so Stücker 7,5 Volt laut digitaler Anzeige. Vorwiderstand war schon erneuert, Probefahrt, der neue Vorwiderstand verabschiedet sich ebenfalls zu seinen Ahnen! Der Käpt'n holt sein analoges Zeigertestgerät, und siehe da: Der Regler schickt fast 12 Volt ins MZ-6-Volt-Kabelnetz!

Was lernen wir daraus? Nicht das „Ostglump" war die Ursache meiner Pannen, sondern die so hochgelobte West- oder Fernostelektronik, die einfach zu wenig Spannung anzeigte. Bloß: Warum passiert's immer mir? Ahnt ihr jetzt, warum ich so alt ausseh? Meine Falten müssen Namen kriegen: CB 450, R 69 S, Z 250, Horex Regina, Sachs usw.

Worauf geht der versierte Bastler los, wenn beim Lenkereinschlag der Motor seinen Dienst verweigert? Klar doch, auf die Kabeleien, die am Steuerkopf vorbeigehen. Vielleicht kommt da ein bisserl Zug an ein wichtiges Käbelchen, lockert sich am Steckerchen, und dem Zündschalterchen gebricht's an Strömchen. Man sollte Zug vermeiden, lehrte mich schon meine Mammi, er ist schädlich ohne Schal am Hals und am Bahnübergang (ach, heut bin ich wieder mal ein Schelm!).

Spaß beiseite, mir erging es so, und ich popelte mir die Finger an der Elektrizi wund, doch der Fehler blieb. Bis mir auffiel, daß der Motor nur im warmen Zustand verreckte. Beeinflußt Wärme Strom und Spannung? Ich schau mir den Bowdenzug zum Starterkolben an, der sollte etwas Spiel haben, hatte er auch, nur ein klitzekleinwenig zu wenig. Er hob sich beim Lenkereinschlag ebenso ein klitzkleinwenig, das genügte aber, um den Motor im warmen Zustand absterben zu lassen. Toll, nich? Passiert sowas immer nur mir?

Gottseidank passieren andern Leuten auch die tollsten Dinge, höret, nein, leset die für heute letzte Motorradgeschicht! Ich hatte vor rund 20 Jährchen einen Altbau zu installieren, die ganze Hütte wurde renoviert. Dabei kam ein Mordsriß in der Brandmauer zum Nachbarhaus zum Vorschein, das Haus war anscheinend im Krieg von den Bomben mächtig durchgeschüttelt worden. Der Hausherr bestellte also eine Spezialfirma, die in die schadhafte Mauer Beton injzierte. Dazu wurde mit einer Art Lanze Beton unter hohem Druck in die Schadstellen gepreßt. Hat auch anstandslos funktioniert, so gut, daß am nächsten Tag ein Mieter aus dem Nebenhaus zu uns rüberkam und sich bedankte – für seinen mit Beton halbgefüllten Kleiderschrank! (Wenn da der Hausfreund drin gewesen war!)

Und weil er zur Befreiung seiner Hosen deren Beine abschneiden mußte, hat er wahrscheinlich bis an sein Lebensende genügend Shorts gehabt.

Was das mit einer Motorradgeschichte zu tun hat? Na, auf seinem Schrank lag doch ein Sturzhelm, und so eine betonharte Story gab's noch nie – zumindest hier im Buch!

Liebe Mitmenschen

Würden sich Wünsche erfüllen, so wäre der Mond überbevölkert – bei der Menge an Zeitgenossen, die man hinaufschießen möchte.

Gut, den einen oder die andere könnte ein Space Shuttle dann doch wieder zurückbringen, wenn der gröbste Zorn verraucht ist. Denn selbst Franken sind ungern ganz allein; und deshalb manchmal nur aus Geselligkeitsbedürfnis schizophren.

Home, sweet home

Der Mensch, zumal der motorisierte, braucht ein Heim. Wie könnte er sonst fortfahren? Im besagten Heim haust – allermeist – ein Eheweib (oder eine ähnlich geartete amouröse Altlast aus der Jugendzeit), das nicht immer uneingeschränkt Verständnis hat für Motorräder und was dazugehört. So soll es vorgekommen sein, daß die Hausfrau in ihrem Kochstudio beim Anblick ihres Kuchens ebenso zusammengefallen ist wie ihr Sonntagsguglhupf, der unfertig aus dem Backrohr gerissen wurde, weil dringend das Motorgehäuse zwecks Lagererneuerung angewärmt werden mußte. Hier müssen doch die Prioritäten beachtet werden! Von dem anschließenden Schreikrampf spricht heute noch die halbe Siedlung.

Sonntag nachmittags sah man dann die solcherart Entnervte traurig im Kaffeehaus sitzen, während zu Hause der Hund das pfannkuchenähnliche Etwas – laut Rezept Guglhupf – fraß. Und spie. Und fraß. Und... Der Alte düste derweil durch die Lande und fuhr, ohne es zu wissen oder gar zu wollen, Tagesbestzeit in einer Radarfalle.

So hatten doch alle drei noch ein glückliches Wochenende: Der Hund, der dauernd satt wurde; das Weib, das im Café einen Porschefahrer kennenlernte; und der Alte, weil er von Radar und Porsche noch nix wußte.

Nun, bei mir geht's weitaus harmonischer zu, aber kleine Problemchen gibt's schon hier und da. Es läßt sich eben manchmal nicht vermeiden, daß ich in meinem Bastelkeller ab und zu etwas schräubeln muß. Meist abends so zur Dallas-Denver-Zeit, da sitzt mein Weibi vor der Glotze, unverrückbar. Und wie's so geht, pinkelte mein Motor ein paar Tröpfchen Öl auf die Werkbank, nix Aufregendes, i wo! Nur das Näschen meiner Süßen meldete Ölalarm: „Mach sofort die Türen zu, es stinkt nach Motoröl!" Nun stinken bei mir weder Motoren noch Öl, und mein Hinweis, daß vielleicht einer aus der Ewing-Sippschaft stinke, wurde schon gar nicht mehr wahrgenommen.

Die so aufgetretene eheliche Disharmonie mußte aber schleunigst aus der Welt geschafft werden, der weitere friedliche Verlauf des Abends und der kommenden Nacht schien gefährdet. Zufällig (?) lag auf der Werkbank ein Parfümspray – so schien mir's wenigstens – meines Töchterleins, und es wäre bestimmt gut, wenn ich mich und ganzen Keller damit bestäuben würde. Die Düfte des vereinten Orients und Okzidents würden mich unwiderstehlich machen.

Ein voller Strahl also ins Gesicht, begleitet von einem schrillen Pfiff – wieso pfeift Parfüm? Dann hörte ich jemanden umfallen, und gleich darauf wußte ich, daß ich das war. Hingestreckt von Christines Verteidigungsspray! Die Augen brannten höllisch, die Tränen schossen nur so hervor, und ich stank wie ein brünftiger Geißbock.

Echt wahr, wer jetzt über mich lacht, darf sich selber eine runterhauen! (Ich bitte um vertrauliche Hinweise aus der männlichen Leserschaft, ob die Waffen der Frau heutzutage aus chemischen Keulen bestehen. Mir sind sie anders in Erinnerung, da war doch was?)

Blind, tränentropfend und winselnd kroch ich auf allen Vieren die Treppe hoch, tastete mich zum Wohnzimmer, um Trost, Hilfe und Mitleid bei meinem Weibe zu erheischen. Doch da kam ich zum falschen Zeitpunkt. „Aus der Optik, du Memme, kein Auge schaukelt auf der Backe, keine Rippe hat dein Hemd durchbohrt (wer müßt's wieder flicken? Ich!), also schleich dich!" Wahrscheinlich hatte gerade J.R. seine schärfste Kuh auf Southfork zungengeküßt, da blieb kein Blick für das wahre Drama auf dem heimischen Teppich.

Und so tappe ich auf allen Vieren auf meiner Tränenspur zurück wie ein Biber in seinem heimischen Bachbett. Auf der Kellertreppe werde ich das Opfer von Aquaplaning und rausche weitab jeder Ideallinie Richtung Bastelraum. Oben schluchzt mein Weib; Bobby, das Wollhasi von Texas, ist ungewollt im vierten Monat, oder Miss Elli hat ihre Rabattmarken von Aldi verlegt, das geht ans weibliche Gemüt.

Doch obwohl ich glaube, meinen Motor mit verbundenen Augen montieren zu können, ist mir die Lust am Basteln vergangen, mit geschlossenen Augen tast' ich mich nach oben ins Bad. Beim abendlichen Körperservice quetsche ich – immer noch tränenblind – Rheumasalbe auf die Zahnbürste, jetzt brennt auch noch die Waffel – teuflisch und echt wahr. Wer jetzt über mich lacht, darf sich selber die zweite runterhaun! Es gibt eben Tage, da sollte man früh gar nicht aus dem Bett, eine Erkenntnis, die meist abends reift.

Halb im Traum erscheint mir zum Trost eine Schöne aus der Heftmitte eines gewissen Magazins. Toll, denke ich, den Vorschlag mach ich der STRESS PRESS: Mein Mopped als Playbike des Monats! Morgen zerflexe ich den Rahmen und schweiß Scharniere rein, zweng's dem Faltblatt!

Dann gleite ich hinüber ins Reich der Träume, all die süssen Mädels vom Stammtisch erscheinen und flüstern mir ins Ohrli: „Mederers Vadder, du spinnst!"

Auch nix Neues.

Freunde und Helfer

Was wären wir ohne sie? Ohne die Kumpels, die man nachts bei größtem Schneesturm rausklingeln kann, um uns oder unser Mopped aus dem Sumpf zu retten, die Karre aus dem Graben oder den Fahrer aus einem üblen Preßluftschuppen, oder wo immer sie versackt sind?

Ohne die Helfer, die uns beim Basteln statt des verlangten 13ers den Vierzehnerschlüssel in die Hand drücken, den wir unbesehen und vertrauensvoll mit Schwung ansetzen? Mit den Kanten der Schraube sind meist auch die Fingerknöchel weg, und man kann dem Helfer die verdiente und versprochene Mordstrumm-Watschen nicht verabreichen, weil er *a)* noch unser Freund ist und *b)* an der Flosse die Tapete weghängt und der Rötel spritzt.

Sollte allerdings der Übeltäter statt des ausgehandelten Kastens Weltenburger Klosterbieres als Schmerzensgeld nur ein lasches Supermarktsonderangebots-Flaschenbier aus den Bierpanschbrutstätten nördlich der Mainlinie anschleppen, darf man nicht länger zögern, ihm einen Platzverweis mittels schwungvollen Arschtritts auszusprechen.

Es gibt natürlich Ausnahmen von dieser Regel:

1. Man sollte niemals den Freund aus dessen eigener Werkstatt rausschmeißen!

2. Er hat, neben der Werkstatt, eine ebenso gut gebaute und ausgestatte Schwester, und man hat vor, an und in beiden noch heftig zu basteln.

Es gibt hierbei jedoch das bekannte elfte Gebot zu beachten, sich beim Basteln am lebenden Objekt nicht von der eigenen Alten erwischen zu lassen. Denn die zieht dir dann mit dem Hinweis auf die Unproduktivität in der gemeinsamen Werkstatt den Scheitel mit dem Nudelholz nach, und du kriegst die anschließende Sternfahrt der Rotkreuz-, Samariter- und Malteserschaschlikwagen zu deiner heimischen Hütte leider nicht mit.

Wie Freunde das eigene Leben bereichern können, will ich euch im zweiten Kapitel meiner unwahren Lügengeschichten erzählen. Ich saß an einem langen Winterabend mit einem von mir sehr geschätzten Freund bei ein paar Bierchen zusammen, und wir simpelten Fach über Thema Nummer Eins. (Motorräder, oder was habt ihr Ferkelchen gedacht?)

Wir waren uns einig, daß – fast – alle Motorräder Mist seien, und es sei endlich Zeit, etwas Neues, Revolutionäres auf diesem Gebiet zu entwerfen. Zufällig lag ein Schuhkartondeckel in unserer Reichweite sowie – leider – nur ein Kugelschreiber. (Komisch, wo ich die doch zu Dutzenden klaue!) Doch das genügte, um unsere Ideenproduktion auf Hochtouren laufen zu lassen. Mit ein paar genialen Strichen zeichnete mein Kumpel einen Rahmen auf den Karton; daß er einem Wasp-Gespann ähnlich sah, war reiner Zufall.

„Was willst du? Das Ding ist so stabil, damit kommst du nonstop nach Dakar.“ – „Dort kenn ich doch niemanden“, warf ich ein. „Und ohne Motor kommst nirgends hin. Was hältst du von einem Dieselmotor?“ – „Jaa, Mensch, da hab ich doch noch einen von meinem Opel, Zweiliter-Vierzylinder. Aber wie bringen wir den Brocken in den Rahmen?“ – „Halbieren!“ rief ich. „Und ich stifte auch die Flexscheiben, dann ham wir zwei Nürnberg-Dakar-Motoren!“

Mein Freund meinte, dann bräuchten wir auch zwei Fahrgestelle, und wir hätten doch nicht mal eins. Daraufhin sackte ich etwas zusammen, war aber mit dem Wort „Turbolader“ gleich wieder obenauf. – „Selbstverständlich“, meinte mein Mitkonstrukteur und konterte mit „Kardan“. – „Jawoll, und 150-Liter-Dieseltank im Seitenwagen, das gibt Reichweiten bis zum Südpol. Mindestens!“ Und wir setzten den Normverbrauch unseres Wundervehikels auf 3,18 Liter pro

100 Kilometer fest, bei voller Beladung, versteht sich. (Ich verrate euch die Verbrauchsformel, aber nicht weiter sagen: 10% Stammwürze durch $\pi = 3{,}18$!) Wir sprühten vor Ideen, wanden uns dauernd Karton und Schreiber aus der Hand und waren uns so einig, daß wir uns beinahe gestritten hätten.

Und als die Zeichung fertig war – sie war als solche kaum mehr zu erkennen, und später hab ich sie meinem Weib als Schnittmusterbogen untergejubelt –, sahen wir uns gerührt in die Augen: Wir hatten soeben das Rührei des Kolumbus erfunden!

Und auch weiterhin stellten wir unsere Legebatterie auf Dauerfeuer. „Das Schmieröl leiten wir durch eine Wärmflasche, die Saharanächte sollen kalt sein," meinte ich, „und außerdem haben wir dadurch eine größere Ölreserve." Er schalt mich einen Deppen, was ich ihm (noch) nicht übelnahm, und wir stießen mit den Bierflaschen auf die Realisierung unserer Pläne an. Würde dies geschehen, die Erde würde beben in Tokio, Zschopau, Milwaukee und Berlin!

Das Genie in mir befahl mir noch die Konstruktion einer Kamelmisteinspritzung mit eingebautem Trinkwasserabscheider, aber da wurde mir das Schreibzeug schon wieder entrissen: Beeindruckend, wie mein Freund eine Trockenkupplung mit Pizzabelag konstruierte, für den Notfall, meinte er. Wir hatten das Gefühl, am Vorabend der dritten industriellen Revolution zu sitzen und schworen uns ewige Freundschaft.

Doch wie so oft in der Geschichte scheitern geniale Ideen an Kleinigkeiten, so auch hier. Denn als Krönung des Ganzen malte ich auf den Tank: „MMW". „Mederers Motorrad-Werke!" verkündete ich stolz. Daraufhin verengten sich die Augen meines Spezis zu Schlitzen. „Wieso MMW? Ich hatte doch die Ideen, also muß es BMW heißen!" (Der Kerl heißt wirklich so.) Leicht verärgert griff ich nach einer Flasche, um die Verstimmung hinunterzuspülen, doch er hatte das gleiche Bedürfnis, und so zerrten wir an der Flasche, bis wir merkten, daß sie längst leer war.

Um keinen weiteren Streit aufkommen zu lassen, schlug ich vor, um die letzte Halbe zu knobeln, eine Art Gottesgericht, und der Herr vis-a-vis willigte ein. Er gewann. Doch ich war schneller (Gott kann sich nicht um alles kümmern) – wär' ja noch schöner, einen Patent-Erschleicher auf meine Kosten abzufüllen!

Zornbebend sprang dieser mir schon fast fremde Herr auf, nannte mich etwas, was mir nun auch schon scheißegal war (in der Niederlage zeigt sich der wahre Charakter!), ging aus dem Haus und dann nach Afrika. Das hätt' er mir nicht antun dürfen, wegen einer Halben Bier in die Fremdenlegion!

Es wurmte heftigst in meinem Gewissen, bis ich erfuhr, daß er dort mit gebrauchten Peugeots die Neger erfreute und die Negerinnen mit wasweißichichwillsgarnichtwissen!

Die Féte nach seiner Heimkehr ging jedenfalls in die Geschichte unseres Stadtviertels ein, mir fiel ein Stein vom (schuldbewußten) Herzen und bei ihm der Putz von den Wänden. Überall leere Flaschen und volle Kumpels!

Inzwischen ist bei ihm frisch verputzt, und der Vermieter hat die Kündigung zurückgenommen. Schließlich ist mein Kumpel ja ein Freund, wie man ihn sich wünscht, nur auf Bierknobeln laß ich mich nicht mehr ein, denn ich bin sowieso der Verlierer, das Zeug stammt ja aus meinen Beständen.

Später hat er sich doch tatsächlich ein Gespann selber gebaut. Super, aber ohne Diesel, Turbo et cetera, hat er etwa doch Patentstreitigkeiten erwartet? Bei seiner Jungfernfahrtsféte war ich seltsamerweise gleich benebelt und mußte vorzeitig in die Heia.

Im Traum erschienen mir dann die netten Mädels vom Stammtisch und flüsterten mir vorwurfsvoll ins Ohrli: „Mederers Vadder, als Trinker bist aber wenig standfest!" – „Regt euch nicht auf, Mädels", murmelte ich im Schlaf zurück. „Seid froh, daß ich nicht euer Lover bin!"

Musik ist Trumpf

Kürzlich, bei einem Trip über den Großglockner: In einem Tunnel umhüllten mich plötzlich Sphärenklänge, und ich mußte nicht lange nach dieser Geräuschquelle suchen, sie fuhr direkt vor mir her: eine Goldwing, meterbreit, über die Toppen beflaggt und im Heck schätzungsweise eineinhalb Kilowatt Rotlichter – eine Beileidigung für Aug' und Ohr.

Natürlich hab' ich den Mann aus dem Land der Tulpen, des gammabestrahlten Käses und der geschmackfreien grünen Wassertomaten nach dem Überholverbot gnadenlos abgehängt. Aber seitdem geht mir eins nicht in den Kopf: Wie kann man beim Moppedfahren Radio hören? Aug' und Ohr, Hand und Fuß sind doch, wenn man richtig, das heißt konzentriert, wie sich's gehört, Motorrad fährt, pausenlos beschäftigt; alles andere lenkt doch nur ab, und dann wird's gefährlich! Wenn mich ein Wiener Walzer, der ja rechtsrum getanzt wird, in einer Linkskurve überraschen würde – ich wär' draußen, echt!

Aber die Goldwingtreiber, die ich später auf einem Parkplatz wiedersah, schienen von solchen Gedanken weniger geplagt. Mit ihrer Krächze beschallten sie den ganzen Platz flächendeckend, was für die Rücksichtslosigkeit (oder ist's schon Schwerhörigkeit?) solcher Hirnheinis spricht.

Vielleicht könnte man den Unterhaltungs- und Kommunikationsirrsinn noch ausweiten: Ich warte seitdem auf den ersten GSXRRZZ-Rennerlesfahrer, der – tiefgeduckt hinter seiner Verkleidung – am Autotelefon hängt, ein Aug' auf den

Minifernseher, das zweite Ohr wird vom Radio beschallt, und ins dritte flüstert seine Sozia über die Gegensprechanlage etwas, das beim besten Willen nicht beim Moppedfahren ausführbar ist, denn bekanntlich sind Steckverbindungen an Fahrzeugen unzuverlässige Bauteile.

Dabei piept der Radarwarner mit dem Abstandswarner um die Wette, der Bord-Computer spuckt inzwischen Flugbahn, Einschlagstelle, Notruf und die Postleitzahl des nächstliegenden Krankenhauses aus, denn der so gestresste Biker wird's bald brauchen; oder auch nicht mehr...

Neulich rollte ich neben einem BMW-Fahrer auf eine rote Ampel zu. Der Gummikuh-Treiber wippte so komisch, was ich ausnahmsweise nicht auf das Fahrwerk schob, da ich ein Spiralkabel vom Armaturenbrett in seinen Helm verschwinden sah. Ein Blick aus dem Augenwinkel: Aha, ein ebenso alter Dackel (nein, lieber Lektor, so darfst du das nicht reinschreiben, bitte! – Jetzt hatters doch reingesetzt, wie gemein!) – also auch so ein älterer Herr, der Glenn Miller hörte. (Ganz bestimmt, den Rhythmus kenn' ich, es muß „In the Mood" gewesen sein.)

Jederzeit zu einer Gemeinheit aufgelegt, brüllte ich zu dem Musikfreund hinüber: „Na, Alterla, hast wohl deinen Herzschrittmacher an der Zündspule angeschlossen?" Ein maßlos beleidigtes Gesicht sah mich an, und er brüllte zurück: „Nein, ich hab' Stereo im Helm."

Er machte Anstalten, auf Armlänge längsseits zukommen. Da hab ich blitzschnell Gas gegeben, denn wahrscheinlich wollte er mir ein paar Watschn verpassen, stereo, versteht sich. Aber davon halt' ich nix, schon gar nicht beim Moppedfahren.

Rache für 1866!

Also, Soziusgeschichten kann ich eigentlich wenige erzählen, meine Nerven sind für's Beifahren stark unterdimensioniert. Und sollte es sich wirklich nicht vermeiden lassen, hintendrauf (oder im Boot) sitzen zu müssen, brodelt es in meinem Bauch, als wäre dort ein Nest mit Kreuzspinnen.

Als Copilot bin ich äußerst unbeliebt, und den Erfinder der Rückenprotektoren vermute ich im Kreis meiner Chauffeure. Aber auch mein Erfindergeist war nicht untätig, und vor -zig Jahren konstruierte ich – als Sozius – den Prototyp der Inkontinenzwindel mit abwerfbarem Zusatztank. Der geneigte Leser ahnt, warum.

Einerseits bewundere ich die Mädels, die Ehefrauen oder sonstige gschlamperte Verhältnisse, die gottergeben und vertrauensvoll (oder ahnungslos?) in der zweiten Reihe kauern und stumm leiden. Andererseits soll es schon wegen angespannter sozialer Verhältnisse noch Scheidungsabsichten kurz vor der anstehenden Silberhochzeit gegeben haben, und nur die ungeklärten Besitz- und Besuchsrechte des gemeinsamen Familienzamperls oder Wellensittichs halten manche Ehefassade noch zusammen. Dahinter kracht's aber mächtig, und man hat die angeblich bessere Ehehälfte schon in finsterer Neumondnacht und zur Geisterstunde mit Zukkerdose und Seitenschneider in die Garage verschwinden sehen.

Ganz anders sieht die Welt nur 30 Zentimeter weiter vorne auf der Sitzbank aus, und man kann von dort aus den hintensitzenden äußerlich stahlharten Schwarzenegger-Typ mit Beschleunigung, Höchstgeschwindigkeit und Kurvenlage seines Moppeds vorführen. Der Kerl erweist sich in Nullkommanix als Memme, er wäre höchstens noch an der Wirksamkeit der Bremsanlage interessiert, und beim ersten Stop sieht man ein menschliches Wrack davonschleichen.

So ein lebender Leichnam wird am besten wie folgt behandelt: Achttägiger Heilschlaf per Hypnose, oberen Einfüllstutzen mit Baby-Schnuller verpfropfen, Dauerberieselung mit psychedelischer Musik. Danach kann mit leichter Kost begonnen werden, die Zubereitung darf jedoch nicht mit dem dem Küchenmixer erfolgen (Motorengeräusche!).

Nach vier Wochen kehrt auch auch die Sprache langsam zurück, als Sozius ist er aber lebenslang untauglich. Man kann ihn bedenkenlos wegschmeißen (Ergebnisse eines Selbstversuchs).

Wie der humane Umgang mit dem Sozius auszusehen hat, will ich euch anhand von zwei Beispielen erläutern. Da packte ich mein (damals noch ahnungsloses) Brüderlein auf meine NSU Fox, nur so, für einen Sonntagnachmittagstrip. Und – rein zufällig – kam ich auf meine Lieblingsgeisterbahn.

An deren Ende heulte mein Bruderherz wie eine Kirchweihsau (das ist das Schwein, das zur Kirmes dran glauben muß), und ich schämte mich (k)ein bißchen, schließlich wußte ich doch, wie man das Foxl um die Ecke lassen konnte. Heut' weiß es auch mein klein' Brüderlein, und seitdem bedauert er, der kleinere, Schwächere zu sein. Er ist nie mehr mit mir gefahren und später ein paar hundert Kilometer weit weggezogen. Berufsbedingt, behauptet er, der Feigling.

Ein andermal hab ich mich an einem Berliner gerächt, hundert Jahre, nachdem die Preußen uns Südstaatlern 1866 militärisch eins fürchterlich auf die Mütze gegeben hatten. Bat mich doch dieses ahnungslose Milchgesicht irgendwo in der tiefsten Oberpfalz – er sah an einem Ampelstop mein N-Schild –, ihn doch nach Nürnberg mitzunehmen. Ich willigte freundlichst ein, denn es war ein Sommertag wie aus dem Bilderbuch, so richtig zum zügig Moppedfahren. Und warum sollte er nicht an diesem Vergnügen teilhaben?

Robert (rechts) wird hier – lange nach 1866! – nur mit Mühe daran gehindert, sich an den Saupreißen zu rächen. Aber wart! Aber später!

Er schwang sich lässig hinten drauf und hielt sich so lala mit Däumchen und Zeigefingerchen an meinem Wachsjäckchen fest. In meinem väterlich-fürsorglichen Ton riet ich ihm, sich richtig festzuhalten. „Ja ja, ick bin schon öfta aufm Mopped mitjefahn", kam's arglos und lässig von ihm.

Nun, das änderte sich blitzartig, an diesem Tag ging meine Karre (*Honda CB 450* stand drauf) bestens, und die Erkenntnis, eben nicht auf einem „Mopped" gelandet zu sein, kam ihm spätestens nach acht Sekunden, da war er auf 100, sein Puls und Blutdruck zeigten den doppelten Wert, so geht's, wenn man das Kleingedruckte nicht liest.

Seine Finger krallten sich in meine Speckschwarte wie ein Geier in ein Schweinchen. (Gefällt mir gut, dieser Vergleich!) Und in der Oberpfalz ist's kurvig, die Honda war berg- und talfreudig wie nie zuvor (wenn sie ging, ging sie ungeheuer, wenn sie nicht ging, ging sie ungeheuer nicht), im Vadder erwachte eine Art Bonsai-Agostini, und er ließ die Sau raus, sehr zum Pech des Berliners.

Die Krönung von dett Janze war dann die Autobahneinfahrt Grafenwöhr, herrlich rechtsrum, runter bis Anschlag Ohrläppchen (des Beifahrers, versteht sich, denn der hatte ja keinen Helm!), und die Funken stoben von Rasten und Auspuff. Doch als ich in die Bahn reinbeschleunigen wollte, prasselten plötzlich fürchterliche Prügel auf mich nieder, und mein Passagier, von dem ich die ganze Zeit keinen Mucks gehört hatte, brüllte plötzlich los, als stecke er am Spieß.

Seinem dezent vorgebrachten Wunsch, anzuhalten, kam ich selbstverständlich sofort nach und stoppte. Mein Sozi sprang ab, klammerte sich an meinen Arm und Lenker und röchelte, winselte: „Meesta, dett wa ja die Hölle, die Hölle wa dett!“ (Herrlich, ein Berliner findet seine Stimme wieder!)

Tränenspuren führten beiderseits bis hinter die Ohren, und jetzt, im Stand, suchten sich die Wassertröpfchen ihren Weg durch ein faltiges Gesicht. (Komisch, vom Aufsteigen her hatte ich ihn höchstens als Twen in Erinnerung.) „Also, was is, nix Nürnberg?“ fragte ich honigsüß und scheinheilig, innerlich dem Platzen nahe. „Nee, nee“, schluchzte mein neuer Freund (?), „ick nehm'n Auto, dett wa die Hölle!“ Und es klang, als hätte er soeben in eine laufende Kreissäge gegriffen.

Dann wankte er seltsam breitbeinig hinter die Büsche, und gleich darauf hörte ich noch ein lautes „Scheiße!“ Mich plagt seitdem die Frage: Trat er in solche oder war's die Inhaltsübersicht seiner Unterhose?

Ich schloß aus diesem undankbaren Verhalten, daß er auf's Moppedfahren mit mir verzichtete, dabei war es doch so ein herrlich warmer Sommertag, wie aus dem Bilderbuch, so richtig zum zügig Moppedfahren!

Meinem Weibi mußte ich wortreich die von ihr auf meiner Wampe entdeckten blauen Flecken erklären. Ganz geglaubt hat sie die Geschichte vom Berliner nicht, sie verdächtigt mich noch heut, es sei wahrscheinlich eine Berliner*in* gewesen. Sie kennt deren Gefährlichkeit, schließlich ist sie ja selber eine. Und auch jetzt, wo sie mir beim Schreiben über die Schulter guckt, muß ich ihr beim Damenbart meiner Omi schwören: Genau so war es! '68 in der Oberpfalz!

Und zur Entschuldigung meiner kleinen Gemeinheit von damals erzählte ich ihr vom Sieg der Preußen 1866 über uns Südstaatler. Das hat sie sichtlich aufgebaut, denn wenn die Bayern gewonnen hätten, müßten heut' die Preußen jodeln, ein gräßlicher Gedanke!

Seitdem widerspricht sie mir viel öfter, und nun will sie mir sogar den Dienstags-Stammtisch verbieten! Aber da hau' ich ihr die '66er Kapitulationsurkunde um die Ohren, da steht sowas nicht drin!

Jetzt beeinflußt sie sogar meine Traumfrau, denn als die mir zu Mitternacht im Schlaf erschien, flüsterte sie mir tadelnd (den Ton kenn' ich doch!) ins Ohrli: „Mederers Vadder, mei, du bist aber ganz nachtragend, die G'schicht war doch vor über hundert Jahr!" – „Mir wurscht", grummele ich im Schlaf zurück, „ich hab's erst vorige Woch' erfahrn."

P.S. Sollten Leser mal bei der Grafenwöhr-Einfahrt Richtung Nürnberg vorbeikommen, seht bitte mal hinter die Büsche rechts. Vielleicht entdeckt ihr dort einen gut abgelagerten Dörrfleisch-Ötzi aus'm zweiten Jahrtausend n.Chr. Wenn er in Blue Jeans und einer alten braunen Jacke steckt (beim Absteigen sah die eher wie ein schlecht gewickelter Notverband aus), sachd ma Bescheid bei Vaddern. Und Millionen Leser interessiert's auch.

Kindermund

Im Jahre 1987 wollte ich es noch einmal wissen und meiner Regierung und Opposition (Frau und Kindern) zeigen, daß Vaddern noch lange nicht zum alten Eisen gehört (oder „noch nicht lange"?). Wie konnte man so etwas besser beweisen, als wann man so einen richtigen Eisenhaufen bewegt in Gestalt einer Kawa Z 750 B Twin? Die hatte ich von einem gekauft, der sie nicht hergeben wollte, und später – zu spät – hat er's bitter bereut. Fast hätt' er mir meine Silberlinge – dreieinhalb Tausend waren's – wieder ins Kreuz geschmissen, um seinen Schatz zurückzubekommen. Verständlich, den sie lief tierisch gut und war haltbar über 100.000 Kilometer.

50 PS standen in der Geburtsurkunde, aber was sie ausserdem noch darüber hatte, hätt' locker für ein weiteres Mopped gereicht.

Aber wo Licht ist, ist bekanntlich auch Schatten, und ich will nicht verschweigen: Mit ihren 250 Kilo war sie so handlich wie ein Klavier in einem Stiegenhaus. Deswegen kam sie auch zu dem Spitznamen „Baumaschine", sehr zu recht, denn Drehmoment (63 Nm bei 3000) hatte sie wie ein Caterpillar. Dahintuckern mit 40 im Fünften, und dann den Hahn aufmachen: Sie zog los wie ein Stier bis 8000 Touren und 190 km/h.

Das müßte das Richtige für's Gebirge sein! An einem 24. April zog ich bei herrlichstem Sommerwetter los, Richtung Kärnten. Die Twin ging saugut, schnell, spurtreu und sparsam. Der Vadder wähnte sich im 7. Himmel, und es hätt' nicht viel gefehlt, und er wäre auch vorzeitig dort erschienen.

Irgendwo auf einer tiroler Landstraße überholte ich einen Pulk einheimischer Moppedfahrer und wollte mir als nächstes das vorausfahrende Auto schnappen, Tempo etwa 100, Abstand etwa 30 Meter, und was kommt unter dieser Karre hervor? Ein brotlaibgroßer Wackerstein!

Gesehen, darübergeflogen, und bei jedem meiner Überschläge sah ich die Kawa, die sich immer wieder aufrichtete (ein echtes Solo-Motorrad!), torkelte und sich endlich auf die Seite legte. Schmerzhaft für Körper und Seele, schließlich liebt man auch sein Mopped.

Ich war der festen Oberzeugung, abgenippelt zu sein, ein bedauerlicher Irrtum, denn dann hörte ich tiroler Dialekt um mich herum, da wußte ich, das kann noch nicht der Himmel sein. Es waren die Kollegen von vorhin, die wie ich aufatmeten, als ich mich mit dem Wort „Scheiße" selbst reanimierte. Aufgeregt schnatternd schilderten sie, wie sie durch die Unfallstelle geschossen waren, rechts purzelte ich und auf der Straße keilte die Kawa aus wie ein Brauersgaul.

Des Klempners Baumaschine.

Insgesamt aber Glück im Unglück. Die Austrianer brachten Fahrzeug und Fahrer wieder in die Senkrechte und stellten fest, daß an beiden kaum etwas abgebrochen war. Dann fuhren sie von hinnen. Meine Wenigkeit ebenfalls, nachdem ich die Baumaschine wieder unter teuflischen Schmerzen fahrbereit gemacht hatte.

Der Urlaub war natürlich passé, zurück ging's in den Schoß der Familie, um dort Heilung, Trost und Mitleid über mich ergehen zu lassen, wozu hat man schließlich seine Lieben? Also tuckerte ich mit maximal 100 heim, vielleicht hatte der Vorderreifen doch einen Treffer? (Hatte er nicht.) Und mein ganzes Untergestell brannte höllisch. Leute, lieber einen Knochenbruch als solche Prellungen! Ein schwacher Trost war bei dem Tempo der Verbrauch der Kawa, dreieinviertel Liter auf hundert.

Daheim fuhr zur Abwechslung mal der Sohn den Vater ins Krankenhaus. Nix Ernsthaftes, aber nachfolgend sieben Wochen Urlaub auf dem gelben Schein. Ab den nächsten Tagen sah ich aus wie eine männliche Milka-Kuh, biologisch zwar unmöglich, aber übersät mit blauen Flächen (kein Druckfehler).

In einem Anfall von Selbstmitleid und schwarzem Humor röchelte ich im Kreis meiner Lieben: „Stellt euch vor, ich hätt' beim Sturz den Löffel abgegeben, die Lebensversicherung hätte sich rentiert, ihr wäret jetzt um XX-hunderttausend Mark reicher."

Cool konterte das Fräulein Tochter: „Da siehst du's, Vadder: Immer wir müssen so ein Pech haben!" Monetär betrachtet, hatte sie natürlich recht, aber seit diesem Tag hatte das Wort „Familienbande" eine neue Bedeutung für mich.

Ist ein solch mißratener Keimling nicht schon Strafe genug? Muß sie auch noch die berüchtigte Ätzwaffel ihres mutmaßlichen Erzeugers geerbt haben? Welch Natterngezücht habe ich über zwei Jahrzehnte an meiner Brust genährt? Ich fürchte, sie wird mir immer ähnlicher! Jemand muß doch da mal ein ernstes Wort mit ihr reden! Meine Baumaschine erbt sie jedenfalls nicht!

Und meinen Stapel STRESS-PRESS-Hefte auch nicht!

Unruhige Nächte

Schlafenszeit ist's, der Vadder liegt in seiner verkehrsberuhigten Zone und seine neuen Mürbteig-Reißer im Kukidentsprudelbad. Beide haben sich heut' mal wieder durch den grauen Alltag gebissen, und zum Ausklang des Tages pflegt der Vadder in seinem Bett gern was Einschläferndes zu lesen, STRESS PRESS eignet sich hervorragend dazu.

Doch dann weiten sich seine von *Sex 'n' Drugs 'n' Rock 'n' Roll* verquollenen Äuglein, und mit der Ruhe ist's vorbei: Brüstet sich doch Vally vom Demolition-Team mit ihren Stürzen, die sie bei „waghalsigen Überholmanövern oder nicht angepaßter Geschwindigkeit" gebaut hat! Ja, san die Weiber narrisch?

Der Vadder erinnert sich noch an die geruhsamen Zeiten, in denen das Leben der Frau von den berühmten drei Ks bestimmt wurden: Kirche, Küche, Kinder. Definieren's die Weiberleut heut' etwa mit „Kneipe, Kondom, Kawasaki"?

Wenn die Demolition-Hexen ihre persönlichen Nahverkehrsmittel beherrschen, soll's mir ja recht sein, aber: Will das Heizer-Weib als langjährige Theologiestudentin nach einem mißglückten Überholmanöver – folienflach gebügelt von einem Vierzigtonner – vorzeitig bei ihrem allerhöchsten Herrn und Meister antanzen? Dieser wird ihr mit Donnergrollen verkünden, daß das Gras, das er geschaffen hat, nicht von ihr dazu mißbraucht werden darf, schon in Jugendjahren hineinzubeißen, um es anschließend von unten zu betrachten.

Der Vadder, zu Unrecht als schlimmer Heizer verschrieen, möchte dir doch folgende Frage an dein wohlgeformtes Herzchen legen: Haben wir es nötig, riskant zu überholen?

Wir haben es nicht!

Weil wir schon mit einem Mittelklassemopped bewaffnet den allermeisten Verkehrsteilnehmern in punkto Beschleunigung haushoch überlegen sind. Und diese Überlegenheit gibt uns doch Gelassenheit! Also warum überholen, wenn schon das Weiße im Auge des Entgegenkommenden zu erkennen ist? Wenn du behauptest, sportlich zu fahren, überlege eins: Treibe deinen – unseren – geliebten Sport mit heißem Herzen, aber kühlem Kopf. Dann hast du ihn auch länger auf, und dein Freund und dein Friseur erfreuen sich daran. Eingeklemmt und zerquetscht zwischen LKW-Zwillingsreifen wirkt er entsetzlich.

Auch ein verkrüppeltes Mopped bereitet einem echten Motorradfan gewaltigen Seelenschmerz. Wie kann man nur mit seinem Lieblingsspielzeug so umgehen? Das Wrack einer Honda hingegen sieht der Vadder nicht als Schaden an, denn die „Hält Ohnehin Nur Drei Ampelstarts", also Exundhoppundwegdamit.

Ich will gar nicht auf all den Paragraphen herumreiten, gegen die man beim riskanten Fahren verstößt. Dies ist des Vadders allerletzte Sorge, wo er doch seit Jahrzehnten mit dem Grundsatz lebt: Nur die ständige Mißachtung der Verkehrsgesetze garantiert einen reibungslosen Verkehrsfluß. Dieser Satz, in jahrelangem Hirnen von Vaddern erdacht und eigenhändig aus seinem Sprachschatz gemeißelt, wird jetzt neben Einsteins $E = mc^2$ die nächsten paar tausend Jahre Gültigkeit haben.

Mit diesem Grundsatz im Hinterkopf kann man sicher und getrost schnell unterwegs sein, schließlich ist Schnellfahren harmlos. Im richtigen Moment vielmehr langsam genug zu sein, ist die Kunst, die es zu erlernen gilt. Hat man's erstmal intus, bleibt man/frau dabei gesund und in der höchsten Rabattklasse. Man kann so gesehen eine Spende in die Radarkasse leichter verschmerzen, Stürze sind teurer.

Zufrieden ob seiner geistigen Stabhochsprünge pennt der Vadder ein und träumt, die Demolition-Weiber könnten so gut fahren, wie er einen fahren läßt. Tja, einem alten Hasen macht man eben nix vor. (Nicht jedes Tier mit langen Ohren ist allerdings auch ein Hase.)

Doch plötzlich, weit nach der Geisterstunde (sie hat jetzt einen längeren Anfahrtsweg!), taucht, einer Rachegöttin gleich, Vadders Traumfrau in seinen Gehirnwindungen auf und legt los: „Denk an deine Sturm- und Trankzeit, mit deiner Raserei hast du die Leute in die Kirchen getrieben und wieder beten gelehrt! Deine Eltern haben Dankesmessen gestiftet, als du endlich ausgezogen bist." (Die Theologie ist eine Wachstumsbranche, solange ich Mopped fahre, liebe Vally!) „Du warst der Rentnerschreck von Nürnberg-Süd! Und die 140 auf der Von-der-Thann-Straße im Nürnberger Stadtgebiet, nennst du das angepaßte Geschwindigkeit?" – „Unbedingt, Traumfrau! Vor mir war eine RD 250, die galt es niederzumachen!" – „Schweig' und schäm' dich!"

Ein Blick aus ihren waffenscheinpflichtigen Augen vernichtet mich fast. Sie besteigt ihren Hexenbesen, um in den nebligen Norden zu fliegen, an eine Stelle, wo ich nicht gefreckt* überm Zaun hängen möcht'. Ich schäme mich befehlsgemäß fürchterlich, erröte wie eine Bremsscheibe, stekke mein Haupt in Kissen und benetze es.

Und wer glaubt, es sei das Kopfkissen gewesen, der irrt.

* *fränkisch-heimelig für: tot.*

Home sweet home, reloaded

Samstagnachmittag, Weibi und Tochter frönen ihrem Hobby – Stadtbummel und Christkindlesmarkt –, also stundenlang sturmfreie Bude. Günstige Situation, um diffizile Arbeiten zu erledigen, von denen Frauchen nicht unbedingt etwas erfahren soll. Seit der Lima-in-Constructa-Geschichte (siehe dort) vermeide ich solch' bürgerkriegsähnliche Situationen.

Ist mir doch wieder so ein Kleinkalibermoped (TS 150) zugelaufen, das nach etwas Aufarbeitung schreit. Die Seitendeckel der TS 250 müssen angepaßt, entrostet, entlackt und neu gespritzt werden. Ein paar Löcher gilt es zuzulöten, alles Arbeiten, die, wenn ich ehrlich bin, mit etwas Geruchsbelästigung verbunden sind.

Und ich stürze mich unternehmungslustig in meinen Arbeitskeller. Die Bastelwut ist groß und die Olle weit (= liebevolle Bezeichnung für die zweitbeste aller Ehefrauen). Bald ringeln sich Blechabfälle wie Angelhaken auf dem Boden, kein Problem, Enkelchen wird's beim Barfußlaufen schon wieder finden. Lötlampe angeschmissen, der Altlack löst sich in Rauch auf, Löcher im Blech zugezinnt, Lötwasser läßt alle Eisenteile anrosten; und erst der Duft! Aber das krieg ich sicher am Ende mit Lüften in den Griff.

Nächster Arbeitsgang: Spraydosenlackierung in Türkis, wirklich toll! Im Garten einen großen und, wie mir scheint, leeren Blumentopf auf den Kopf gestellt, als Werkbank zum Deckelspritzen. Halt, da fallen noch ein paar Knollen raus, unbekannten Typs und Fabrikats, wahrscheinlich Grauimporte. Sellerie ist's nicht, den kenne ich, der hat mich neulich so maßlos enttäuscht.

„Laß' das Zeug verschwinden, Robert", sag ich mir, „sonst gibt es Zoff mit dem Aufsichtsrat." Und so verschwinden die Dinger tief im Kompost. Wochen später fragt mich mein Weibi nach den Hyazinthenzwiebeln! Scheiße, ich hab' meine Lieblingsblumen gekillt!

Der Deckel wird mit Dosenspray eingenebelt, alles läuft nach Plan, bloß: Wie erklär' ich meiner Süßen, warum unser Rasen plötzlich türkis ist? Rechen und Besen beseitigen die Spuren nur unwesentlich, und laut Wetterbericht ist nichts mit Schneefall. Hoffentlich verreckt unser Wimbledonrasen nicht.

Rettende Idee: Von meiner NVA-MZ hab ich noch einen Rest Dosenspray "Opel laubgrün". Unter meiner fachkundigen Hand verwandle ich es in „Vadders grasgrün", und siehe da, nach meiner Behandlung ist unser Rasen besser wie neu. Noch einen Huscher Klarlack drüber, und die Nachbarschaft beneidet uns. Bin ich nicht ein schlaues Kerlchen? Und ganz tief in meinem Innersten auch noch ein perfekter Gärtner!

Von meinem Rest „Ford venedigrot" werde ich im nächsten Jahr unseren Tomaten ein Optik-Tuning verpassen und sie unseren Gästen servieren. Ich selber steh' ja nicht so auf das chemische Zeugs.

Nach Erledigung der Außenarbeiten konzentriere ich mich wieder auf die Zustände im Hausinneren. Als erstes deponiere ich die Seitendeckel auf dem Kachelofen zum Schnelltrocknen. Die dünsten wie die Sau, und unsere seit Jahren über der Ofenecke hausende und zur Familie gehörende Spinne plumpst ohnmächtig aus ihrem Netz, ihr Leben verzischt auf der heißen Eisenkachel.

Mir wird siedendheiß klar: In meiner Hütte wabert ein Cocktail aus Salzsäure, Lackrauch und Neulackdämpfen. Ich düs' mit flotter Sohle vom Keller bis zum Dach, um alle Türen (16) und Fenster (13) aufzureißen. Nützt nix, null Luftbewegung.

Keine Panik, Robert, jetzt hilft nur mehr der Thermik-Trick: Heizkessel und Kachelofen Vollgas und sämtliche Heizkörper auf Anschlag. Und tatsächlich: Langsam setzt sich der selbstgebraute Smog in Bewegung und strömt durch die Dachfenster ab. Demonstrativ gelassen lehn' ich unter meiner Haustür, um die Heimkehr meiner Kommandantura zu erspechteln.

Zwischendurch mache ich immer mal wieder Riechtests: Bingo, Innen- und Außenluft werden sich immer ähnlicher und meine Hütte allmählich zur qualmfreien Zone. Jetzt alle Schotten dicht und aufheizen, der Gaszähler ächzt, so wie ich später beim Bezahlen der Heizrechnung. Jetzt kann Weibi kommen, Timing ist alles, das weiß ich seit der Constructa-Geschichte.

Zufrieden ob meiner Leistungen auf dem Gebiet des häuslichen Katastrophenschutzes flack' ich mich in den Sessel, benutz' mein gutes Gewissen als sanftes Ruhekissen und entschlummere. Ich werde durch die Heimkehr meiner Chefin geweckt, die sofort wie ein Polizeihund schnüffelt: „Was riecht denn hier so komisch?" Um ein Haar hätte ich – eingeschüchtert durch ihren strafenden Blick – alle meine Untaten voreilig gebeichtet. Doch ihr Schuldspruch: „Alter Saubär, zieh dir frische Socken an und wasch' dir endlich mal die Füß'!" retten mich.

Und die Fußwaschung, versprech' ich ihr, werd' ich in einer der kommenden Wochen vor Weihnachten in einer Autowaschstraße erledigen. Fenster runter, Füsse raus, und die Borsten kitzeln so herrlich an den Fußsohlen! Mit der Feststellung, daß ich mit fortschreitendem Alter immer kindischer würd', hat sie natürlich recht, aber der Abend und die darauffolgenden Stunden sind gerettet.

Pünktlich zur Geisterstunde erscheint im Schlaf meine Traumfrau auf ihrer Felgen-Silberwolke (Bestellnummer 132) und hüstelt: „Mederers Vadder, in deiner Hütte stinkt's wirklich wie im Bitterfelder Bahnhofspissoir." – „Du bist eben nix Gutes mehr gewöhnt", hüstle ich zurück, „du müßtest erst mal früh in mein Schlafzimmer kommen!"

Ach, du fröhliche

Alljährlich wird die Menschheit durch das plötzlich hereinbrechende Weihnachtsfest regelrecht überrascht. Wie wäre es sonst zu erklären, daß von dieser Katastrophe überfahrene Menschen wie angeschossene Karnickel durch die Ramschtempel des Konsums wetzen und mit irrem Blick überflüssige Dinge für ihre Lieben kaufen, die diese nach den Festtagen in weniger überflüssige umtauschen?

Der Vadder geht da viel abgeklärter, planvoller vor. Ohnehin sieht er Weihnachten nur als letzten kalendarischen Stolperstein vor der eigentlichen Sause, dem Silvesterrausch. Sind die Folgen des Neujahrskaters überwunden, steht das STRESS-PRESS-Gespanntreffen an. Die heidschibumbeidschibumbumgeschwängerte Vorweihnachtspanik läßt ihn kalt, generalstabsmäßig macht er sich am 24.12. auf, um seinem Hanuta-Racing-Spezi ein Geschenk zu besorgen. Der hat ihm nämlich kurz zuvor eine Weihnachtsüberraschung überreicht, eine Flasche edler Flüssigkeit, die runtergeht wie Öl, weil es eben solches ist, auf den Namen Aral hört und mit dem Vornamen Zweitakt heißt. Rauch- und geruchsarm! Wahrscheinlich aus Notwehr heraus, weil er immer hinter Vaddern herjagt, und 1998 darf er hoffen, daß ihm dessen mobile Räucheranlage seine Raucherlunge etwas milder beizt.

Und so parkt der Vadder kurz vor Mittach mit seinem Auto hinterm Nürnberger Bahnhof, füttert die Parkuhr lässig mit nem Obolus für 'ne halbe Stunde und schlurcht in den

Hauptbahnhof Nürnberg, überzeugt, daß es in den dortigen Buchläden haufenweise das „Motorradland Franken" gibt.

Die Enttäuschung ist eine herbe, diese Saftläden haben zentnerweise Lady-Di-Biografien, erstunken und erlogen von der Wiege bis zu ihrer ersten Ruhe. Das Weibervolk kauft wie verrückt. Die Verkäuferin weist den Vadder zur Reiselektüre, der kämpft sich durch sämtliche Titel: „Mit der V-max in zehn Sekunden durch den Vatikan", „Die schönsten Radwanderwege durch die Sylter U-Bahn", „Mit 'nem Hamburger durch Paris" (den umgekehrten Fall mag sich Vadders Phantasie erst gar nicht vorstellen).

Die Zuhauf anwesenden Zuspätkäufer schieben den zunehmend nervöser werdenden Vadder unbarmherzig Richtung Ausgang, Widerstand zwecklos, außerdem tickt in seinem Hinterkopf die Parkuhr. Gerade noch rechtzeitig erreicht er das Groschen-, nein, Markgrab, in Sichtweite schon die Polizei. Uff, geklappt, Uhr gefüttert, sie läuft jetzt eine Stunde bis 13.30 Uhr. Die Bullerei macht mit mir heute kein Geschäft, ha!

Nun mit leicht verschärfter Gangart zurück in die Innenstadt, dort muß der Kauf klappen. Kaufhof, Karstadt, Hertie und Campe, mit dreimal Umfallen bist du in vier Läden. Erste Enttäuschung: Hertie hat aufgegeben; haben Kaufhäuser jetzt auch schon die Lebensdauer von Jeansläden? In den Buchabteilungen der anderen Konsumpuffs dasselbe Sortiment wie in den Bahnhofbuchläden. Und überall Gedränge wie in einer Legebatterie. Bayern 3 müßte jetzt eigentlich durchgeben: „In der Innenstadt Nürnberg nur mehr Stehen auf einem Bein erlaubt!"

Der Vadder beeilt sich aber, so schnell es sein morsches Gebälk zuläßt, als letzte Rettung zum Buchhändler zu wetzen. Alles rappelvoll, die Parkuhr im Hinterkopf tickt, eine höchstbusige italienische Mama versperrt ihm das Weiterkommen, und er kommt gar nicht auf die Idee, sich mittels seines berühmt-berüchtigten Test-Untergriffs freie Bahn zu verschaffen. Parkuhr und Weihnachtsstreß beeinflussen eben den Hormonspiegel eines Rentners stark negativ. Dabei rückt doch das Fest der Liebe in greifbare Nähe!

Der Vadder spart sich die Suche nach dem „Motorradland Franken" und stellt sich der Einfachheit halber gleich bei der Auskunft an. Vor ihm ein altes Weiberl, die unbeholfen und wortreich ein englisches (!) Kochbuch will. Und die Zeit verrinnt. Hinterfotzig greift der Vadder zu Trick 17, deutet in die entfernteste Ecke und empfiehlt: „Da hinten liegt's, heißt ‚Catch the Can-Opener' von McMampf", und schiebt die sich Wehrende in die angegebene Richtung.

Endlich bei der Auskunftsdame angelangt, hört er sich fragen: „I mechert des Buch ‚Radfranken Motorland' vom ‚Zweilag Radverleih'." Mitleidig korrigiert die Verkäuferin den Verwirrten: „Ach, Sie meinen ‚Motorradland Franken' vom ‚Zweirad Verlag' in Erlangen. Haben wir, Parterre, Reiselektüre."

Im Kraulstil kämpft sich Vadder zu besagten Regalen, tatsächlich, Büchlein ist da, leider war's nur die alte Ausgabe. Jede Deckung ausnützend – italienisch Mama und British-Kitchen-Friend sind in der Nähe – geht's zurück zur Auskunft, Verzweiflung in Blick und Stimme, klagt er sein Leid. Behutsam nimmt ihn die Auskunfterin an der Hand und führt ihn zurück zum Reiselektüreregal. Und, oh Wunder, sie zaubert die druckfrische Ausgabe hervor. Vadder zahlt überglücklich und verläßt unter Beachtung aller Vorsichtsmaßnahmen – italienisch Mama und British-Kitchen-Friend sind immer noch in der Nähe – den Laden. Endlich wieder an der unfrischen Luft!

Draußen sammeln ein Eselchen und sein Herrchen wieder einmal für einen armen Zirkus. Vadder, der Tierfreund, beobachtet sie eine Zeitlang, stellt fest, die Besserverdienenden, erkennbar an den Luxus-Geschenktütchen, spenden so eine Mark, die Armen mindestens das Doppelte. Das erklärt wohl auch die Kontostände dieser Kreise, und so spendet auch der Vadder irrtümlich eine Mark. Vadder stellt weiter fest, daß ihm die Parkuhr noch zehn Minuten gibt, und er sprintet zurück zum Golf. Zeit reicht gerade noch: 13.25 Uhr. Jetzt nur noch zum besten aller Spezis, milde Gabe überreichen, alles im grünen Bereich.

Vadders weihnachtsverklärtes Auge wird durch ein untern Wischer geklemmtes Papierchen getrübt, schöne Bescherung, die Bullerei war aktiv! „Gibt's nicht, es ist fünf Minuten vor 13.30 Uhr, ihr Haubentaucher!" Gibt's doch, denn: Die Verwarnung beträgt 30 D-Mark – wegen ewig abgelaufener Abgasprüfung!

Denkpause. Dann klärt sich das Auge wieder, denn der Golf ist ja längst an Tochter und Schwiegersohn verkauft und umgemeldet!

Weihnachtlicher Friede senkt sich auf Vadders schwarze Seele: Morgen, Kinder, wird's was geben! Unterm Tannenbaum seines Jungvolks wird das Christkindl in einer Papierwindel liegen, gestiftet vom Polizeipräsidium Mittelfranken, und sie werden Worte gebrauchen, die sich für einen Heiligen Abend nicht gehören. Das Fest der Liebe und der Schadenfreude kann kommen.

In diesem Sinne: Frohe Ostern!

Probier mal Göttingen

Ich hab‘s probiert und kann allen Lesern nur abraten, denn die Probe besteht aus einem Brief vom dortigen Ordnungsamt – gestempelt eben mit diesem Slogan: „Probier mal Göttingen!“ Inhalt: Ein leider scharfes Frontfoto, ansonsten miserable Qualität: Gesicht à la Ötzis Opa nach dem Verfallsdatum. Ich gestehe, es sieht mir unheimlich ähnlich und glotzt durch die Frontscheibe meines VW-Bullis. Hab‘s Foto in meinen Bastelkeller gepinnt, und seitdem sind dort die Kellerasseln weg.

Jedenfalls „bittet“ mich die Stadt Göttingen in diesem Brief um rund 300 Märker für die ordnungsgemäße Aufbewahrung meines Führerscheins für vier Wochen. Zur Belohnung krieg‘ ich noch vier Pünktchen in Flensburg; scheint die Partnerstadt von Göttingen zu sein.

Alles in allem ein miserables Preis/Leistungsverhältnis, wie man es eben von Ämtern und Behörden gewohnt ist. Der Grund: Ordnungswidrigkeit nach § 24 StVG, einkommazwei Sekunden Überschreitung der Rotlichtphase auf der B 27 stadtauswärts an einer Fußgängerampel.

Peng! Es hat mich also erwischt. Nach 44 Jahren unfallfreiem Auto- und Motorradfahren (mit dem Mopped sogar noch ein paar Jahre länger). Auf der Heimfahrt vom SPI-Treffen in Immenhausen trifft mich voll die Keule. Seit ich erfahren habe, daß mir hier in Bayern die Behörden nur so 60 Mark übergebraten hätten (Grund: Bei uns in den Südstaaten ist die Gelbphase eine Sekunde länger), toben Rachededanken in meinem Innersten.

Ich werd' mich an den Preußen rächen. Den Reichstag anzünden! Der ist sowas schon gewöhnt. Oder dem Sachbearbeiter in Göttingen die Eier wegschießen! Ein Kleinkalibergewehrchen dürfte für den reichen. Ich ruf' also voll heiligem Zorn den Kerl an, und am Telefon meldet sich ein zartes Frauenstimmchen. Ich kann die Geschichte mit dem KK-Gewehrchen also vergessen und schalte blitzschnell um auf Süßholz. Ich bettle um Rabatt wegen 44 Jahre unfallfrei, sie bleibt hart, sowas gäb's nur bei einem Unfall. Na gut, laß' ich eben beim nächsten Mal am Zebrastreifen 'ne Omma unterm Bus durchrutschen, wenn sie mir nur nicht dabei den Auspufftopf dabei wegreißt!

Ich mache auf Mitleid, daß mir selber fast die Tänen kommen: Armer Rentner, der schon den Kitt aus der Brille frißt, Vollwaise, der sich nicht mehr an Mutters Brust ausweinen kann (mir ist jede andere auch recht, Leserinnen, meldet euch!), der Herzkasper steht bei mir deswegen schon vor der Tür, und ich bin kurz vor dem sozialverträglichen Frühableben. Doch weder meine Mitleidsnummer noch meine Einschleimerei ziehen. (Da fällt mir ein, sie hat ja mein Ötzi-Foto vor sich: Null Chance.)

Ich bin an den Typ „eiskalter Engel" geraten, der nur an meinem Baren und an meinem Lappen interessiert ist, und ich solle mich nicht so aufregen. Ein Anflug von Mitleid am anderen Ende der Leitung kommt auf, als ich erwähne, daß mein Nervenkostüm so zerrüttet und ich ständig gereizt sei, seitdem ich mit dem Rauchen aufgehört habe. Seit wann ich denn dem Glimmstengel entsage? Na ja, den letzten hab' ich 1948 von einem Ami gekriegt, weil ich seinen Chevrolet angeschoben und seitdem 50 Kilo zugenommen hab'! Echt wahr!

Ich solle ihr doch mit meiner Blödelei nicht die Zeit stehlen, aber es waren doch schließlich meine Telefoneinheiten, oder? Na ja, Ratenzahlungen gestattet sie mir trotzdem.

Bei einem späteren Telefonat stellt sie sich als echt lustiger Typ dar, die wäre richtig in unserem Kreis am Treffenlagerfeuer. Wir schäkern viel miteinander.

Der üble Scherz mit der versteckten Kamera und die feindliche Übernahme meiner dreihundert Märker durch die Preußen bestärkt mich in meiner Überzeugung: Man darf dem räuberischen Volk im Norden nicht eine Sekunde trauen! Erst recht nicht einskommazwei Sekunden!

Ich werd' den Reichstag ...! Und die Eier ...! Jawoll!

Hab' ich nicht kürzlich gelesen, die Regierung sei bestrebt, in allen Teilen der Birnen-Republik Deutschland (Steigerung von Bananen-Republik) annähernd gleiche Lebensbedingungen zu schaffen? Die schafft nicht einmal, einheitliche Gelbphasen durchzusetzen (bringt nämlich Kohle), und was schert's schon die Verantwortlichen, wenn es deswegen einem Reisevertreter, Kurier- oder LKW-Fahrer an die Existenz geht? Speziell letztere sind sehr erfreut, wenn sie ihre 40-Tonner in drei Sekunden auf Null runterbremsen müssen (Reaktionszeit inklusive). Die Betroffenen können sich nach dem Führerscheinentzug schon mal einen passend abgelängten Schlauch vom Auspuffende zum Fahrerhaus besorgen. Keine Sorge: Der Kat ist da kein Lebensretter!

Und überhaupt „gleiche Lebensbedingungen"! Jammern nicht seit Jahren die Ostfriesen über ein beträchtliches Kopfwehdefizit gegenüber den Oberbayern wegen nicht vorhandenen Föhns? Die Fischköppe hoffen jetzt auf El Niño, der soll ja auch nicht ohne sein.

Hab' den ADAC auf die unterschiedlichen Gelbphasen in den deutschen Landen hingewiesen. Für's Porto hätt' ich mir lieber 100 Gramm Göttinger Wurst kaufen sollen.

Wieso komm' ich grad darauf? Weil Weibi und ich am Tag nach dieser häßlichen Post aus Göttingen einen Ausflug in die Fränkische Schweiz machten und bei einem Bäuerlein, das am Wegesrand seinen Stand mit seinen Produkten aufgebaut hatte, stoppten. Was er denn so anzubieten habe? „Selbtgemachte Göttinger. In Dosen."

Ein paar Minuten später, so erinnere ich mich wenigstens, hangelte ich mich an einem Löwenzahnstengel wieder hoch mit der festen Absicht, diesem Provokateur die Fresse zu polieren. Ich stelle jedoch fest: Der Landmann ist jünger, stärker und wahrscheinlich auch schneller als ich, und so kauf' ich ihm aus lauter Verlegenheit ein paar Birnen und Äpfel ab.

Zu Haus muß ich feststellen: Weibi hat die Zeit meines Blackouts benutzt, um sich mit Dosenwurst einzudecken. Ratet mal, welche!

Nein, Göttingen liegt mir schwer im Magen! Jedenfalls bis zum 25. Februar. Ratet mal, warum!

Mederers Vadder fühlt sich seit heut' jedenfalls wie ein Ochse, der bis gestern noch ein Bulle war.

Alles Wurst

In der Zeit seelischer Tiefs, ausgelöst durch den dritten Motorschaden in vier Monaten, die unerwartete Leere meines Weltenburger Klosterbierkastens, die vorzeitige Rückkehr der zweitbesten aller Ehefrauen vom Stadtbummel (Lackiervorgang im Wohnzimmer mußte abgebrochen werden) und des Entzugs des Führerscheins ist man über positive Überraschungen ganz besonders erfreut. Zum Beispiel über ein gut gemeintes Carepaket.

Abgeschickt von den „Fotofreunden grün-weiß Göttingen". Nein! Nicht schon wieder Post aus Göttingen! Sehr verdächtig. Prüf's per Ohrli – nein, kein verdächtiges Ticken; prüf's per Nasi – nein, riecht nicht nach Nitroglycerin, Sempex oder TNT. Öffne es also, herzklopfend wie ein Schlagbohrer. Wühle mich durch Styroporwürfelchen. Stoße auf eine Ansichtskarte von Göttingen, bekritzelt mit gemeinhöhnischem Text, der meine wunde Seele grausam verätzt: „Als Dank für die hochherzige Spende" (300 Mark Geldstrafe ans Ordnungsamt Göttingen, R.M.) „beiliegend ein Glas Göttinger Weißwurst."

Welch sittlich verrohtes Individuum drückt damit mein sensibles Seelchen unter die Oberkante des Teppichbodens? Ein Spätwerk der Stasi oder des STRESS-PRESS-Abschirmdienstes (SPAD)?

Erster Eindruck: Sieht aus wie schlecht verdaute Nürnberger Bratwurst. Ich werd's in die Fettpresse stecken, damit ich wenigstens mein Moped damit abschmieren kann. „Nein", so schwör' ich meinem Weibi, „ich werd die nicht fressen! Ich nicht!" Bloß: wer dann?

Als größter Hundefreund Europas samt umliegender Weiler und Einöden kommt mir natürlich der Gedanke, den Inhalt des Glases an die Wuffis meines Viertels zu verfüttern. Doch keimt in mir die Sorge, ob das Zeugs vielleicht vergiftet sei? Gehen meine vierbeinigen Lieblinge ein, oder kriegen sie Dünnschiß, weil der Absenderverbrecher Rizinus reingemischt hat? Ich stochere in dem Wurstgehäck herum, kann nix Verdächtiges finden und vertage die Sache.

Gut, daß die zweitbeste aller Ehefrauen mir heute meine Lieblingsspeise kocht (Wirsing), ehe sie sich zu einem Stadtbummel aufschwingt und in einem teueren Lokal zu Mittag speist. Das hebt die Laune und beweist, daß Weibi sich in meinen Seelenzustand hineindenkt. 38 Jahre Ehe lassen einen eben blind verstehen.

Andernmorgens werd ich von Weibi fürsorglich gefragt, wie es mir denn so gehe, und ich fühle mich gleich viel wohler. Dankbar ob soviel Zuneigung, schneid und streich ich ihr ein Frühstücksbrötchen mit der verdächtigen Göttinger Wurst, und sie verzehrt es mit Behagen. So ein harmonisch-fröhliches Frühstück haben wir seit unseren Flitterwochen nicht mehr zelebriert.

Natürlich beobachte ich sie den ganzen Tag aus den Augenwinkeln, sie wird nicht grün im Gesicht, sie röchelt nicht, kein Anzeichen von Dünnpfiff. Alles *roger*. Sie ist fröhlich, friedlich, freundlich wie immer. Also wird die Göttinger meinen vierbeinigen Freunden auch nicht schaden. Doch dann kommt mir die Idee: Wenn die Wurst schon einwandfrei, warum eß' ich sie nicht selber? Sollen die Köter doch ihr Schnappi schlabbern, die geben mir doch auch nichts davon!

Die Göttinger schmeckt gerade so annehmbar, Nürnberger Wurstwaren sind eben haushoch besser. Abends gibt es den Rest Wirsing, da ist Vadders Geist und Seele wieder zu hundert Prozent ausgewuchtet.

Verliebt wie ein schnurrender Kater, schmieg ich mich in meinem Heia an die Zweitbeste und gestehe unter anderem meine kleine Gemeinheit mit dem Wurstsemmeltest, und daß ich über den Ausgang doch recht glücklich bin, was wär ich ohne sie? Sie schnurrt mir ebenso zärtlich zurück ins Ohrli, daß sie mir überhaupt nicht böse sei, aus Sorge um die

Hunderl habe sie mir einen ordentlichen Batzen Göttinger in meinen Wirsing gehauen und mich somit bereits alles vorher testen lassen. Sie habe somit längst gewußt, daß die Wurstsemmel ungefährlich war.

Sind wir nicht ein ideales Ehepaar? Wir haben den gleichen guten Geschmack und die gleichen Ideen. Nur hat sie sie leider immer etwas früher.

Und eines hat sich wieder mal bestätigt: Frauen sind im Fall des Falles die perfekten Mörder.

Nein, Göttinger liegt mir schwer im Magen.

Frühling 2000

In besagter Jahreszeit ließ sich der Vadder überreden, seine uralte Barbourhose endlich außer Dienst zu stellen und sich was Neues anzuschaffen. Aber gleich vorweg: Die alte Wachscotton-Wohnhose wird nicht weggeschmissen! Man weiß ja nie, und außerdem, ein Dutzend Jahre und viele tausend Kilometer ließen die beiden regelrecht zusammenwachsen.

Also begibt er sich in den Konsumtempel vom Lumpen-Loui, um sich was Passendes anzuziehen. Der Verkäufer empfiehlt ihm ebenso wie sein bester Kumpel Käpt'n Blaubeer etwas aus Bore- oder Antipatex. Läßt angeblich keine Flüssigkeiten von außen nach innen, sondern nunmehr von innen nach außen. „Prima“, denkt Vadder, „es können also zukünftig die zeitraubenden Pinkelpausen entfallen. Man läßt es einfach verdunsten.“ Die Reiseschnitte steigen, und man spart sich ein teueres Motortuning. Und in seinem Hirn blitzt der Gedanke auf, von diesem Material Verhüterli zu bauen – vom Papst empfohlen, das Überraschungsei der Swinger-Szene und der Kracher beim Lesertreffen, Rätselspaß für neun Monate inklusive! Die Idee werden die Japaner klauen und verwirklichen.

Der Vadder kauft eine Hose für knappe 160 Märker und testet sie beim 1.-Mai-Ausflug. Zur Testfahrt gehört natürlich auch reichlich Regen, und der kam wie bestellt. Ergebnis: Hose dicht. *(Vadder nicht! Anm. v. Mederers Tochter.)*

Die böse Überraschung beim Absteigen: Arsch naß! Der Vadder zweifelt an sich selbst, grübelt und kommt zu der erlösenden Erkenntnis, daß Feuchtigkeits-„Export“ im Bereich der Sitzbank nicht funktionieren kann.

Seine Stammtischspezln klären ihn auf (manchmal sind sie doch zu was nützlich): Boretexhose funktioniert nur im Zusammenspiel mit Funktionsunterhose! Aha!

Nun dürfte sicherlich niemand etwas gegen ein Zusammenspiel mit einer Funktion in der Unterhose haben – schon gar nicht im Frühling. Bloß, wie funktioniert das alles auf dem Moped, womöglich in Regen, Kälte und ohne Sozia? Wo heutzutage die Weiber doch alle selber biken, es aber nie richtig begreifen. *(Schwestern, ich habe euch gerächt! Vadder frißt sich in den nächsten Tagen mit nem Plastiklöffel durchs Milupa-Angebot. Anm. v. Mederers Tochter.)* Es wird Zeit, daß sich die Fachwelt dieses Problems annimmt. Her mit dem Unterhosen-Untersuchungs-Ausschuß! Ziel: Funktionsunterwäsche in Tuningsstufen „Sellerie“ und „Viagra“ für frühjahrsmüde Eheknacker! Es gibt viel zu tun...

Klar, daß Vadders Traumfrau dieses Thema erregt, freundlich wie ein Azorenhoch und erwartungsvoll schwebt sie zur Geisterstunde im Traum durch Vadders Gehirnwindungen, fest entschlossen, die Funktion unter der Wäsche zu testen und ziehtog grollend wie ein Islandtief wieder von dannen. Denn: heut nacht nix Funktion, nur Schießer-Feinripp von Aldi. Man macht keinen Stich beim schönen Geschlecht, wenn man im entscheidenden Moment die falsche Wäschemarke am Body hat! Merkts euch!

Titan(ic?)

Wir schreiben den 2. Oktober des Jahres 2001, die frechste aller Töchter karrt mich mit ihrem Auto zur Klinik, wo ich morgen ein neues Hüftgelenk eingepflanzt kriege: Titan, selbstlaufend! Wir verabschieden uns scheinheilig-tränenreich, aber ich bin mir sicher, der gefährlichste Teil der Operation liegt nach dem Aussteigen bereits hinter mir. Beim Durchschreiten der Eingangspforte wird mir schlagartig klar: Ab jetzt bin ich nur mehr Operationsmaterial, nix mehr Mederers Vadder oder so.

Außerdem hab ich Schiß, mein Operateur hat dummerweise meinen Organspenderausweis gesehen! Sie werden meine Leber unter den Säufern verteilen, meine reine Lunge dem meistbietenden Raucher einpflanzen und über mein Mopped das Los werfen!

Zwar beruhigt mich mein Chirurg bei der Vorbesprechung, alles sei paletti, ich könne nach der Operation sogar wieder Walzer tanzen (was ich in meinem Innersten als unerwünschte Nebenwirkung einstufe). Schlauerweise behalte ich das bei mir, wer vergrault schon seinen Knochenbrecher vor so einem lebensgefährlichen Eingriff? Schließlich ist so 'ne Gelenkimplantation eine rein handwerkliche Arbeit, und als ehemaliger Handwerksmeister trau ich da keinem übern Weg!

Im OP-Saal herrschen ja für zwielichtige Gestalten ideale Bedingungen: Die Kundschaft liegt flach und ist nicht bei Sinnen, kann also die verrechnete Arbeitszeit nicht kontrollieren, und das Material verschwindet unter Putz, respektive in der Arschbacke. Man kennt das...

Ein klein wenig will ich die Medizyniker aber schon erschrecken. Vor'm Einschlummern nehme ich mir ganz fest vor, beim Aufwachen laut zu stöhnen: „Sind meine eitrigen Mandeln etz endlich raus?" Und am ausbrechendem Chaos würd' ich mich köstlich amüsieren.

Aber ich glaub, das schafft keiner. Nur während der Röntgenkontrollaufnahme höre ich mich grummeln, ob sie wohl ein Werkzeug vermissten? Als Gegenbeweis zeigen sie mir später das Kontrollbild, nix is mit 'ner dreizehner Stecknuß, die ich eigentlich hätt' gebrauchen können.

Meine größte Sorge gilt meiner Beinspreizung, lausige 40 Zentimeter sind's bei der Einlieferung, was verdammt wenig ist, denn's Mopped legste da leicht um, weil die Haxe als Ausleger nicht mehr taugt, wennst direkt neben dem Mopped stehst. (Jetzt endlich hat die G'schicht einen Bezug zum Motorrad!)

Ich bin noch nicht richtig wach, da befehlen meine grauen Zellen den Gebeinen, sich zu spreizen, und siehe da – so Stücker 60 Mentizeter sind's schon gleich nach der Reparatur! Wenn's so weitergeht, krieg ich vielleicht noch eine Grätsche wie 'ne Puffmutter nach'm fuffzigjährigen Berufsjubiläum, und beruhigt dämmere ich mit der Gewißheit wieder ein: Mein wunderschöner MZ-ETS-Tank paßt wieder schmerzlos zwischen meine Knie!

Natürlich reißen sich die reizenden Schwestern auf meiner Station um einen so prominenten Patienten und fragen alle Augenblicke, wie es mir so gehe? Pinkelflasche gefällig? Mann ist dem lüsternen Karbolmäuschen ziemlich hilflos ausgeliefert, solange die Waffel noch nicht die alte Betriebstemperatur erreicht hat. Es geht alles so langsam. Irgend jemand rät mir, noch nicht laut zu denken, mein Hirn wär noch in der Vulkanisierwerkstatt. Welch ein Scherzkeks!

Andernmorgens bin ich wieder ganz der Alte! Ich vergleiche das Fassungsvermögen der Speischüssel mit der Menge des Frühstücks, esse nur die Hälfte, und das ist gut so. Die Schwestern und Putzfrauen haben mich seitdem in ihr Herz geschlossen.

Klar, drei Wochen Krankenhausaufenthalt zwidern einen schon an, und so freut man sich über jeden Besuch (so lang's nicht die eigenen rotzfrechen Keimlinge sind – nee, is natürlich gelogen!), darum hier Dank an alle Stresser, die mir geschrieben und angerufen haben, die Kumpels vom Stammtisch, die Freunde vom Boxdorfer Behinderten-Fahrer- und Beifahrerkreis und vom Hanuta-Racing-Team, das sich aus gegebenem Anlaß in „Kukident-Racing-Team“ umgetauft hat. Ja, man wird halt älter...

Hat mir doch der Röntgenfritze ein Polaroidfoto von meinem neuen Hüftgelenk geschenkt und, weil er von meiner Motorradleidenschaft wußte, bemerkt: „Titan! Das war bestimmt früher mal ein Rennmotoren-Pleuel!“ – „Das wird's auch bestimmt wieder werden“, entgegne ich, „nach dem Krematorium.“ Er verläßt fluchtartig den Raum, manche Leut' verstehn halt kein Späßchen.

Tja, Loide, seit dem 23. Oktober bin ich endlich wieder daheim bei meinen Lieben als da sind: die zweitbeste aller Ehefrauen; die Gelbe (Solo-ETS); Adam (das Gespann); die Rote (300er); die 150er und ein noch namenloses MZ-ES-2-Gespann.

Tröstlich: Meine Keimlinge erzählen mir ihr Notprogramm, das angelaufen wäre, falls der Doktor gepfuscht hätte: Im Falle eines GAUs hätten sie mich im Garten verbuddelt und den Arsch rausschauen lassen, der wäre so praktisch als Fahrradständer. Und Meze, mein Herr Sohn, erbot sich, im Falle einer Doppel-Bein-Amputation mich wie einen Sackkarren auf meinen Eiern spazieren zu rollen. Sie sind halt nicht weit vom Stamm gefallen...

Und wißt ihr, was ich seit Ende Oktober weiß? Ich kann wieder problemlos auf dem Adam sitzen! Weibi weiß es allerdings noch nicht, sie war bei der Sitzprobe ausgerechnet beim Einkaufen und hat mir auch was Gutes mitgebracht. Zufälle gibt's...

Und wißt ihr, was ich seitdem noch weiß? Ich werd' mit meinen Kumpels eine herrliche Saison 2002 haben, wir werden wieder die französische Alpentour packen, die italienischen Seen und so weiter!

Es soll ja ein herrlicher Sommer werden, nächstes Jahr, mein Titangelenk juckt schon so komisch, 's wird bestimmt mein neuer Langzeitwetterfrosch. Und die Zukunft wird umso kostbarer, je weniger man noch davon vor sich hat.

Gruftis Alltag

Alles unterliegt der natürlichen Alterung, nur unsere so (unverdient) verehrten Damen werden reifer.

Lassen wir sie in diesem Glauben. Unsereiner merkt das herannahende Verfalldatum zum Beispiel an den immer enger werdenden Hosen, dem weiter werdenden Scheitel, höher werdenden Arztrechnungen und den tiefen Depressionen, die einen befallen, wenn man nicht mehr weiß, warum man hinter den Mädels herpfeift und dabei das Gebiß rausrutscht.

Auch die Vorbereitung einer Moppedtour – in dieser Altersklasse besser „Greisverkehr" genannt – wird ohne die Hilfe der Ehefrau, einer ähnlich verbandelten amourösen Altlast oder eines nachsichtigen Kumpels zu einem Desaster. Weil man die Einnahme der Knoblauchpillen gegen die Vergeßlichkeit vergessen hat, gilt es, mühsam das restliche Gehirn auszuwinden.

Gruftis Vorbereitungen sollten normalerweise so ablaufen: Körper ganz mit Rheumasalbe einbalsamieren (brennt wie die Hölle!), sich wundern, warum die Dritten heut' ums Verrecken nicht passen (weil's die der längst verblichenen Schwiegermutter sind) und im Dreieck springen, weil die verfluchte Salbe in die Waffel gelangt ist und höllisch brennt.

Die eigenen lachen ihn schadenfroh aus'm Kukidentglaserl an. Anziehen (sehr wichtig!). Wo hat er zuletzt sein Mopped abgestellt? Brillen für nah und fern, Gummistrümpfe überziehen, feststellen, daß selbige nicht über die Stiefel und Barbourhose passen. Alles wieder retour, man hat ja Zeit. Katheder einführen und Urinbeutel installieren, wie praktisch, wenn man bei hundertsechzig unter Putz schiffen kann!

Paß, Rentnerausweis, Zulassung, Führerschein und Blindenausweis nicht vergessen! Wie wir ja alle wissen, sind die Bullen bei einer Kontrolle gnadenlos. Tja, wenn Grufti nur noch wüßt' , wo er die Knoblauchpillen gegen die Vergeßlichkeit aufbewahrt hat! Ganz einfach: in der Vergißmeinnicht-Samentüte! Doch irgendwie logisch, oder?

Inzwischen ist es bereits später Nachmittag, und Grufti findet mit nahezu schlafwandlerischer Sicherheit sein immer noch heißgeliebtes Mopped, schupft sein morsches Gebälk auf die Kiste, drückt auf den Anlasserknopf und wundert sich, daß die Hupe losbrüllt. Weil er aber sein Hörgerät vergessen hat, hört er nur ein leises Pfeifen, und daß ihm die Nachbarschaft eine Packung Watschn androht, läßt ihn deswegen ebenfalls kalt. Daß die Karre nicht anspringt, wundert ihn weitaus weniger, er ist so was eigentlich gewöhnt. Noch nicht gewöhnt hat er sich daran, daß seine Kiste gar keinen Anlasser hat. Wo er doch so gern einen haben und auch brauchen tät, wegen seines alten Hüftleidens. Flüche hallen durch den aufziehenden Abend...

Im milden Licht des Vollmondes nimmt Grufti resigniert den Vollvisierhelm ab, und weil er dabei die Brille zerbröselt, tritt er auf allen Vieren – stilgerecht, wie es sich für einen alten Dackel gehört – den Rückzug ins vertraute Heim an.

Seinen Stammtischkumpels wird er was vom fabelhaften Wetter an jenem Tag erzählen. Was ja nun wirklich nicht gelogen ist. Mit dem Rest seines Geschwafels treibt er sie anschließend zur Verzweiflung, weil sie's jedesmal dreimal über sich ergehen lassen müssen. Peinlich für ihn wird's auch, wenn die Kumpels wissen wollen, wo er denn so überall gewesen sei? – Na ja, in Dings, ah, in Dingsbums, mit B geht's an, oder vielleicht mit G...? Jedenfalls habe er in H... Kaffe getrunken, das wisse er noch ganz genau. Noch peinlicher für Grufit wird's, wenn ein sogenannter Freund eine Landkarte hervorzaubert und Grufti die Strecke mit dem Finger nachfahren soll. Dabei stellt sich heraus, er war keineswegs in Dingsbums B, sondern in K, fuhr niemals duch G sondern durch R, hat nie Kaffee in H geschlürft, dafür Suppe in T, worüber sich die Gäste am Nachbartisch fürchterlich aufgeregt hätten. Das weiß er noch ganz genau, jedenfalls wahrscheinlich, so ungefähr. Die ehemaligen „Freunde" feixen schadenfroh, und Gruftis Miene wandelt sich in Richtung naturtrüb.

Seine Stimmung wird auch nicht besser, als bei seiner Heimkehr seine Kommandantura spitz bemerkt, er rieche etwas streng, ob er etwa seine Tages-Inkontinenzeinlage etwa als Monatsbinde ansehe?

Klar, daß nach so einem anstrengenden Tag der Verlauf der kommenden Nacht ebenso sorgfältig geplant werden muß. (Nein, nicht, was ihr jetzt wieder denkt, Gruftinächte verlaufen etwas anders.) Unser Held nimmt eine Riesentasse Schlaftee ein, schluckt gleich zwei, wie er meint, Antivergeßlichkeitsknoblauchpillen. Viel hilft viel.

Stimmt, es waren nämlich zwei Abführtabletten, und damit läutet er für morgen einen Großwaschtag ein. Er weiß es nur noch nicht.

Nur die Leser wissen's jetzt schon, drum für heute: Tschau!

Jungspund (hinten!) mit ES 2 (= Enkelsohn Nr. 2).

Mederers Motorrad-Märchen IV

Erlebt, erlauscht, erstunken, erlogen

Also, die heutige Gschicht' muß ich endlich mal loswerden, mit der geh' ich seit Jahren schwanger. Sie ist erlauscht, und, wenn man so will, ein bisserl erstunken, aber garantiert nicht erlogen!

Hauptakteur war ein damals in der hiesigen Motorradszene beliebter Schrauber und Fahrer, nennen wir ihn mal Mister X, nein, besser Mister XS, das war damals sein Lieblingstyp. Yamaha, ihr wißt schon.

Sein Zentralersatzteillager war eine gemietete Garage in der Nähe seines Hauses, zu Fuß so etwa drei Minuten Wegs. Ich beschreib' das deswegen so genau, weil es im späteren Verlauf des nun folgenden Dramas von entscheidender Wichtigkeit sein wird.

XS werkelte also wieder einmal abends in seiner Garage, als ihn ein heftiges menschliches Rühren plagte, so stark, daß die Drei-Minuten-Sprintstrecke zum Häuserl in seinem Haus einfach nicht mehr zu schaffen war. Sein Innerstes wär' garantiert schneller gewesen. *Katastrophe grande* im Anzug, beziehungsweise in der Hose! Und wer kann in diesem Zustand noch rennen? Bestenfalls noch gaaanz langsam trippeln.

Hektisch schnappte er sich also eine Aldi-Plastik-Einkaufstüte und verschwand in seinem vor der Garage parkenden Kastenwagen. Er ernannte ihn zum Sitzungssaal der IG Druck und Papier, die Einkaufstüte beförderte er in den Rang eines

WCs, was so nicht ganz stimmte, denn von W (wie Wasser) war keine Spur. Doch in der Not frißt bekanntlich der Teufel Fliegen, und XS sch... in die Tüte. Zielgenau!

Erleichtert stellte er danach sein Aldiklo neben einen Berg Sperrmüll, der am nächsten Tag von der Stadtreinigung Nürnberg abgeholt werden sollte, XS ist eben ein ordentlicher Mensch.

Nun, eben diesen Sperrmüllberg duchstöberte gleich darauf ein Mitbürger und griff bei der Kontrolle der Alditüte voll in die ... na, ihr wißt schon. Der Flucherei nach war's ein Türke, aber was an seinen Pfoten klebte, war garantiert kein türkischer Honig!

Es ist nicht überliefert, ob XS, der das alles mitgekriegt hat, vor Lachen trotzdem in die Hose gesch... hat, möglich wär's schon.

Und was lernen wir daraus? Man muß nicht jeden Scheiß haben!

Adams Apfel

Es muß so neunzehnhundertzweiundachtzig gewesen sein, es war an einem heißen Spätsommertag, und für mich sollte er noch heißer werden.

Die ganze Woche über war ich – wie immer – brav und fleißig gewesen, also gab's von meiner Kommandantura freien Auslauf für eben diesen Spätsommersonntagnachmittag, natürlich auf der Kawa Z 250, der kleinen Geisha. Ich steuere als ungefähres Ziel die Oberpfalz an, ist ja nie verkehrt, und zwecks Zeitersparnis nahm ich gleich die Autobahn Richtung Amberg. Erinnern wir uns: Es gab damals noch kaum Verkehr Richtung Ostblock, und am Sonntag schon gleich gar nicht, es ging also flott voran. Allerdings nicht lang, denn da sah ich einen Motorradfahrer, nein, -geher, der seine Kiste zu einem nahen Parkplatz schob. *'S gibt Arbeit für dich, Robert,* ging's mir durch den Kopf, denn einen Moppedfahrer läßt man bei einer Panne nicht im Kalten stehen, auch wenn's noch so heiß ist.

Ich warte also an der Parkplatz-Einfahrt auf den Unglücksraben – und bin erfreut über meinen Irrtum, es naht nämlich eine -räbin, und was für eine! Sakra!

Sie bockt ihre Kiste neben mir auf, und ehe ich überhaupt eine Frage loslassen kann, stellt sie ihre Waffel auf Dauerfeuer. So erfahre ich, daß der Motor plötzlich ausgegangen sei, sie aber kurz vorher getankt habe, es also nicht am Spritmangel liegen könne, ihr Freund die Kiste erst kürzlich durchgesehen und nix gefunden habe, sie die Schnauze voll habe von Freund und Mopped, beide demnächst ihren wohlverdienten Arschtritt bekämen undwasdergleichendingemehrsind. Nun ja, kann man in dieser Situation ja verstehen.

Dann folgt der gemütliche Teil des Nachmittags: Sie beginnt zu strippen. Helm runter, *raaatsch!* den Reißverschluß auf bis Anschlag Leitplanke – *Mamma mia*, das ist kein Dekolleté, sondern die Eröffnung einer Spielwarenausstellung! Als Nürnberger kann ich so etwas beurteilen. Tja, mit Speck fängt man Mäuse und mit Möpsen hilfreiche Kerle.

Automatisch verirrt sich eine meiner Pupillen in ihre Abteilung Herrenspielzeug und findet nicht mehr heraus, die andere sucht derweil, neidisch und gar nicht eilig, nach dem Fehlerchen. Männlein genießt die Einsicht und Weiblein die Aussicht – auf die baldige Weiterfahrt zu ihrem Lover, der, so höre ich, in der Amberger Kaserne als hoher Offizier der Bananenrepublik dient. Dabei werde ich pausenlos von ihr beschallt und bekomme den Eindruck, nein, die Überzeugung: Ich bin an eines der scheckheftgepflegten Luxusweibchen geraten, die eigentlich seit Nitribitts Zeiten nur Vierrädriges fahren, wegen der eingebauten Werkstatteinrichtung und so.

Und während ich den Fehler in einem verbastelten Kabelbaum suche, finde und beseitige (einäugig geht das natürlich nicht so schnell), erfahre ich noch, daß sie beim Film beschäftigt sei und ihr (bedauernswerter) Daddy eine Fabrik besitze.

Da ihre Kiste inzwischen wieder läuft und mir die Alte (na gut, alt ist sie wahrhaftig nicht, sondern wirklich recht hübsch, aber nee, nee!) allmählich unsympathisch wird, pfeife ich meine Spähtrupp-Pupille aus ihrer Unterwäsche zurück, höre das bereits bekannte *raaatsch!*, und ehe Madame wieder startet, frage ich sie süßlich und gemein, ob ihre Filmfirma vielleicht *Tesa* heiße und sie dort ab und zu eine Rolle bekomme? Und ob Daddies Firma vielleicht Knopflöcher produziere und exportiere? Da kriege ich was ganz Undamenhaftes zu hören, was mir aber ziemlich wurscht ist, denn schließlich habe ich noch nie so ein (k)nackiges Trinkgeld zu sehen bekommen.

Aber sind wir Mannsbilder nicht seit der Vertreibung aus dem Paradies die Hanskaschperl der Frauen? Wer weiß ein Gegengift? Sollt' ich mal bei Westerwelle anfragen?

Und wie zum Trost steht hinter der Leitplanke ein Apfelbaum, ich klau' mir eine seiner Früchte, beiße hinein, der Geist Adams schwebt über mir und flüstert mir zu: „Vergiß sie, Vadder, es sind gottseidank schon viel nettere Mädchen als dieses auf'm Scheißhausdeckel eingeschlafen."

Schon in zarter Jugend hat's der Robert mit die Weiberleut.

Inhalt

Dr. med. Erer, noch unstudiert.

Dankeschön

Klempner im Allgemeinen verstehen etwas von Rohrverlegung, Mederer im Speziellen etwas von Motorrädern. Was allerdings das Setzen und Drucken von Büchern angeht, war ich auf karitative Pflegedienste angewiesen. Das gleiche gilt für Computer, was ich bisher für einen Lockruf für Truthähne hielt.

Voller Dank drücke ich daher an meine Heldenbrust (zum Glück der Gedrückten lediglich virtuell): Bernhard, Birgit, Frithjof, Gaby, Hans, Hubärt, Nadja sowie alle, die ich jetzt infolge meines frühen Baujahrs vergaß und daher kurzerhand unter den Sammelbegriff „liebe Stresser und -innen" zusammenfasse.

Robert Mederer
Nürnberg,
im September 2006

Der Autor mit Frack und Zylinder.